大学生体育与健康

主　编　单玉玮　李泽豪　任文超

副主编　王　静　杨新新　刘　瑛　程康康

参　编　穆　良　王　烁　韩健康　莫重阳

　　　　徐明谦　张　浩

北京理工大学出版社

BEIJING INSTITUTE OF TECHNOLOGY PRESS

内 容 简 介

本书坚持以健全健康教育体系，提升全民健康素养，推动全民健身和全民健康深度融合理念，核心宗旨为体育与大健康。主要涵摄以下六大方面内容：一是体育与健康教育，介绍体育的概念、功能与分类，让学生对体育有清晰的基本认知。二是体育运动与生理健康，详细分析体育运动对人体各器官系统的积极影响。三是体育运动与心理健康，探讨体育运动与大学生人际交往的关系，说明体育活动如何为大学生提供社交平台，增强他们的沟通与协作能力。四是体育运动与疾病预防，讲解体育运动与常见疾病预防之间的关系。五是常见体育项目介绍与技能训练，涵盖田径、篮球、排球、足球、乒羽网、游泳、健美操、体育舞蹈等多种体育项目。六是健身方法与健康生活方式。本书所服务的读者群体主要为高等院校学生、高校体育教师和教育工作者，也可以为体育爱好者提供指导。

图书在版编目（CIP）数据

大学生体育与健康／单玉玮，李泽豪，任文超主编.

北京：北京理工大学出版社，2024.8.

ISBN 978-7-5763-4079-2

Ⅰ．G807.4；G647.9

中国国家版本馆 CIP 数据核字第 202452BK55 号

责任编辑：赵　岩　　　　**文案编辑：**赵　岩
责任校对：周瑞红　　　　**责任印制：**李志强

出版发行 / 北京理工大学出版社有限责任公司
社　　址 / 北京市丰台区四合庄路 6 号
邮　　编 / 100070
电　　话 / (010) 68914026（教材售后服务热线）
　　　　　　（010) 63726648（课件资源服务热线）
网　　址 / http：//www.bitpress.com.cn

版 印 次 / 2024 年 8 月第 1 版第 1 次印刷
印　　刷 / 涿州市新华印刷有限公司
开　　本 / 787 mm×1092 mm　1/16
印　　张 / 15
字　　数 / 349 千字
定　　价 / 79.00 元

党的二十大报告明确提出要建设体育强国，强调体育对于国民身心健康的重要作用，并将体育作为提升全民素质、增强国家软实力的关键环节来抓。本书贯彻落实党的二十大精神关于体育强国等方面的要求，并且体现了对学生综合素质的全面培养。通过系统的理论学习与实践训练，旨在引导学生树立正确的体育观念，掌握科学的锻炼方法，形成良好的生活习惯，全面提升身体素质和心理素质，为成为德智体美劳全面发展的社会主义建设者和接班人奠定坚实的基础。

体育是人类文明的重要组成部分，它不仅能够促进个体的身体健康发展，更是塑造人格、培养团队协作能力的有效途径。在高等教育阶段，体育课程不仅是教学计划中的重要组成部分，更是实现学生全面发展不可或缺的一环。通过体育活动，不仅可以提高学生的身体机能，更能激发其创造力、增强集体荣誉感和社会责任感。尤其是在当今社会，面对日益激烈的竞争环境，具备良好的身体条件和心理素质已成为个人成功的关键因素之一。

本书采用模块化的编写方式，每个模块围绕一个主题展开，既相互独立又彼此联系，便于教师根据实际情况灵活选择和安排教学内容。同时，模块化的设计也有利于学生自主学习，根据自己的兴趣和发展需要选择相应的模块进行深入学习与实践。

本书共分为十一个模块，涵盖了体育文化、体育运动与人的健康、合理营养与专项营养补给、体育运动与卫生保健、体能训练与发展、田径运动、球类运动、操类运动、武术与民族传统体育、游泳运动以及新兴体育运动等内容。此外，还特别设置了附录部分，收录了《国家学生体质健康标准》测试与评价的相关信息，旨在帮助学生了解并掌握自我评估的方法，从而更加科学地指导日常锻炼。

本书由滨州科技职业学院单玉玮、李泽豪、任文超担任主编，王静、杨新新、刘瑛、程康康担任副主编，穆良、王烁、韩健康、莫重阳、徐明谦、张浩担任参编。其中，单玉玮、李泽豪、任文超负责编写模块一、模块九和模块十一；

王静负责编写模块二、模块三；杨新新负责编写模块四、模块五；刘瑛负责编写模块六、模块七；程康康负责编写模块八、模块十；穆良、王烁、韩健康、吴重阳、徐明谦、张浩在数据收集、资料整理等方面做了很多工作，并在本书的编写过程中提出了许多宝贵意见与建议，在此一并表示感谢。因时间仓促，书中错误在所难免，敬请广大读者批评指正！

编者

目录
Contents

学习导论

上好高等职业教育体育与健康课程的意义

一、体育与健康课程是学校体育教育的重要内容

《中共中央国务院关于深化改革全面推进素质教育的决定》明确指出，健康体魄是青少年为祖国和人民服务的前提，是中华民族旺盛生命力的体现。学校体育是学校教育的重要组成部分，体育与健康课程是学校体育教育的重要内容之一。随着我国高等教育改革的不断深入，体育与健康课程改革也从理念上发生了较大的变化。在"健康第一"的思想指导下，体育与健康课程的理念由重视学生"增强体质"转化为"全面育人"，进一步强调学生身心的全面发展。大学阶段是青年学生身体发育的旺盛阶段，也是个性形成的关键时期，面对竞争日益激烈的社会环境，学校开设体育与健康课程具有重要的意义。

体育与健康课程注重体育与健康的有机结合，使大学生锻炼身体的同时，学习一些体育保健知识和健康教育知识，使体育教学内容既达到身体锻炼的目的，又阐述了身体锻炼的基础理论和健康生活的科学方法，为学生自我身体锻炼提供科学的指导，促进学生德、智、体、美、劳的全面发展，为推进全面素质教育奠定一定的理论基础。

二、体育与健康课程和职业素质培养

学校对学生实行专业化教育，不同专业要求掌握不同的专业技能，不同的专业技能需要相应的身体能力作为保证。

体育教学围绕专业、工作岗位的实际，实行有针对性的身体锻炼，这对强化学生专业体能、提高学习质量具有积极的意义。

高等职业教育旨在培养生产、管理、服务一线的技术技能型人才，高职生今后的工作特点是脑力劳动和体力劳动相结合，体育教育在职业素质培养中起到至关重要的作用。

1. 增强自学能力

自学能力是一个人独立学习的能力，也是一个人获取知识的能力。它是一个人多种智力因素的结合和多种心理机制参与的综合能力，是现代人应具备的基本能力。高等职业教育是按职业岗位需求来组织课程体系的，随着产业升级发展，岗位的工作要求也不断发生变化，所以特别强调学生的自学能力。

参与体育活动，掌握一定的运动技能，一般要经过观察—模仿—练习—反馈等几个阶段。在这几个阶段中，教师不可能都在现场全程指导，需要学生具有自主学习的能力。如，要提高投篮的准确度，就必须不断改进投篮的姿势；当别人帮你纠正动作后，更多的要靠自己多练、多体会、多总结，从错误和失败中不断体会动作要领，提高运动技术水平。从这个意义上说，参与体育实践可以有效地提高学生的自学能力和独立解决问题的能力。

2. 增强动手能力与身体活动能力

高等职业教育强调学生的动手能力。经常进行体育锻炼，能有效地增强学生的动手能力。运动技术与技能的提高，不可能通过"纸上谈兵"式的想象来获得，而必须通过活动

身体各部位来获得。体育活动每一个动作的完成，都要求参与者手脑并用，运用许多技巧和方法。

体育是以身体运动为基本手段、促进身心发展的文化活动。在职业劳动中，身体的活动能力在许多工作岗位的劳动中显得至关重要。身体的活动能力，可以通过体育锻炼的方式加以增强。

3. 增强组织表现能力

高职学生工作后一般会成为生产、服务一线的工作人员，在其职业生涯中，良好的组织表现能力是非常重要的一种职业能力。参加体育锻炼，特别是体育竞赛，无论是参赛者还是组织者，都需要对活动过程中的细节进行协调处理，这对学生的组织协调能力是很好的锻炼。另外，体育竞赛一般都是在公众场合进行的，需要个人在活动中克服自卑、胆怯的心理，勇敢地去面对对手，充分地展现自我，完成比赛任务，因此，体育活动是增强学生表现能力的有效方式。

4. 增强社会适应能力

在复杂的社会结构中，每个人在社会中都具有一定的地位，充当特定的角色。体育的社会性功能，在于培养参与者适应社会的角色观念。在体育活动环境中，参与者可以更直接、更主动地以集中的方式接触、体验各种情景，如竞争、冲突、分享、合作、包容、角色和角色的转换、赞扬、批评、成功、失败等，从而不断增强自我调控的意识和能力。从这个意义上说，体育活动是增强高职学生社会适应能力的绝佳实践平台。

模块一　体育文化

知识目标

1. 了解大学体育的地位与作用。
2. 了解大学体育的特点。
3. 了解现代奥林匹克运动的发展。

能力目标

1. 能够通过查询相关资料，总结体育的发展历史。
2. 能积极参加课外体育锻炼，养成终身体育意识和锻炼习惯。

素养目标

通过体育运动建立良好的人际关系，表现出高尚的体育道德和相互合作精神，能正确处理竞争与合作的关系。

导入案例

青岛某学院立足当前大学公共体育教学现状和学校教育教学改革发展，进一步深化公共体育"俱乐部式"的教学改革，围绕"立德树人"根本任务，落实"五育并举"的人才培养要求，始终把育人当作人才培养最根本和最核心的任务，体育"俱乐部式"教学改革不断取得新成效。

该学院坚持以学生为中心，不断优化课程设置，引进开发新项目，创立单项"俱乐部"，以满足学生多元化的需求。学校先后设立健身、游泳、足球、篮球、排球、橄榄球、乒乓球、羽毛球、网球、台球、武术、有氧健美操、瑜伽、田径、攀岩、搏击、跆拳道、自行车、飞盘等19个特色体育"俱乐部"以及30多种高质量体育课程。在深化课程建设方面做到了让学生自主选择喜爱的运动项目、自主选择运动时间、自主选择指导教师，把体育教学、课外锻炼、运动训练、群体竞赛全部纳入课程体系，真正打破课内外教学的界限，提高了教学质量和学习效果。近3年来，约5.3万名学生参加19门体育课的选课学习，2万多名学生参加了"俱乐部"训练课。

任务一　大学体育概述

体育作为一种社会现象，随着人类文明的进步而发展。它已经成为人类丰富多样的实践活动之一，是社会文化教育系统中的一个重要组成部分。在物质文明和科学技术飞速发展的今天，体育在人类的现实生活中显示出越来越重要的地位和作用。高职院校体育是寓大学生身心和谐发展于其中，集思想道德教育、科学文化教育、生活与体育技能教育和身体运动于一体的一门课程。

一、大学体育的地位与作用

在高等教育中，体育与德育、智育有着密切的关系，是培养全面发展的高级专门人才的重要组成部分，高等教育中体育的地位与作用不容忽视。改革开放以来，我国十分重视大学体育工作，先后颁发了《学校体育工作条例》《国家体育锻炼标准》《大学生体育合格标准》及《大学生体质健康标准》等条例与规定，并多次修订《全国普通大学体育课程教学指导纲要》，这些都说明了大学体育在高等教育中的重要地位，在高级人才培养目标中起着不可忽视的作用。

大学体育发挥其特有的特点与功能，能够起到以下促进作用。

（1）增强学生体质，树立学生"健康第一"的思想，培养终身体育理念和兴趣。

（2）培养学生的各种优良品质，对学生的生理机能、心理健康、社会适应能力，以及道德观都起到了积极的作用。

（3）给学生带来了愉悦的心情，释放学习压力，丰富校园的课余文化生活。

（4）使学生掌握一定的运动技能与方法，为终身体育打下良好的基础。

二、大学体育的特点

大学体育是中小学体育教育的延续，是学校体育的高级阶段。它既不同于基础体育教育，又不同于社会体育和竞技体育，有其自身的特点。

1. 培养终身体育观念

大学体育是终身体育观念形成的关键期，大学体育通过教育行为对学生施加影响，使他们对体育产生浓厚兴趣，积极主动地获取运动科学知识，掌握运动的技术与方法，为将来科学地锻炼身体打下良好的基础。

2. 健身与娱乐相融

随着社会的发展和体育教育理念的更新，大学体育在使学生学习和掌握健身方法、运动技能的同时也重视体育活动中的娱乐功能。充分利用各类运动项目的娱乐功能，让学生有更多的选择，使学生在体育活动中得到身心满足。

3. 群体学习与个性化发展共存

群体活动强调人与人之间的关系，而个性发展对学生的未来更为重要。许多运动项目既具有集体性又具备个体性，如，篮球、足球等群体项目根据场上不同的作用划分不同的位置，对技术要求也各不相同，这些活动能锻炼学生协调群体与个体关系的能力，实现集体和个性共同发展的目标，对学生的心理发展有积极意义。社会是一个竞争与合作共存的舞台，群体学习可以体验集体的力量，掌握交往和协作的技巧，为今后走上社会积累经验，提高社会适应能力。

4. 多种组织形式满足学生需要

大学体育既有传统教学模式，又有俱乐部、协会、兴趣小组等其他形式，学习的项目也灵活多样。以体育课为主导，课外锻炼为辅助，各层次的体育比赛为拓展，让体育锻炼发展成为校园文化的重要组成部分，在学校文化建设中发挥着重要的作用。

5. 体育文化学习与人文素质修养

体育运动是人类文化的组成部分，体育教学也是运动文化学习的过程，体育文化并不是孤立的，而是与其他领域知识有着密切的联系，在人类的生活和娱乐中是不可或缺的。学生通过体育理论知识的学习，可以拓展知识面，丰富文化底蕴，促进人文素质修养。

任务二　奥林匹克运动文化

奥林匹克运动是以体育运动和四年一度的奥林匹克庆典——奥运会为主要活动内容，促进人的身心健康和社会道德的全面发展，增进各国人民之间的相互了解，在全世界普及奥林匹克主义，维护世界和平的国际社会运动。奥林匹克运动包括以奥林匹克主义为核心的思想体系，以国际奥委会、国际单项体育联合会和各国奥委会为骨干的组织体系与以奥运会为周期的活动体系。

一、古代奥林匹克运动会

古代奥林匹克运动会从公元前776年起，到公元394年止，经历了1 000多年，共举行了293届。按其发展历程，大致分为三个时期。

（1）公元前776年至公元前388年，逐渐兴起。公元前776年，伯罗奔尼撒的统治者伊菲图斯，努力使宗教与体育竞技合为一体。他不仅革新了宗教仪式，还组织了大规模的体育竞技活动，并决定每四年举行一次。时间定在闰年的夏至之后。所以，公元前776年的古代奥林匹克运动会就被正式载入史册，成为古代奥运会的第1届。当时仅有一个比赛项目，即距离为192.27米的场地跑。

各城邦之间虽有纷争，但古希腊作为一个独立的国家，政治、经济、文化都较发达，这一时期是运动会的黄金时期。特别是公元前490年，希腊雅典在马拉松河谷大败波斯军之后，民情奋发，国威大振，兴建了许多运动设施、庙事等，参赛者遍及希腊各个城邦，奥运会盛极一时，成为希腊最盛大的节日。

（2）公元前388年至公元前146年，开始衰落。由于斯巴达和雅典长期的伯罗奔尼撒战争（公元前431年至公元前404年），古希腊国力大减，马其顿逐渐吞并了古希腊。马其顿君王菲利普还亲自参加了赛马。随后，亚历山大大帝虽自己不喜爱体育活动，但仍积极支持，并视奥运会开幕式为古希腊的最高体育活动开幕式，为其增添设施。不过，这一时期的古代奥运会精神已大为减色，并开始出现职业运动员。

（3）公元前146年至公元394年，古代奥运会由衰落走向毁灭。罗马帝国统治古希腊后，起初虽仍举行运动会，但奥林匹亚已不是唯一竞赛地了。如，公元前80年第175届奥运会，优秀竞技者就被召集在罗马比赛，而奥林匹亚只举行了少年赛。这时职业运动员已开始大量出现，奥运会成了职业选手的比赛，希腊人对之失去了兴趣。公元2世纪后，基督教统治了包括希腊在内的整个欧洲，开始反对体育运动，奥运会也随之更趋衰落，变得名存实亡。公元393年，罗马皇帝狄奥多西一世宣布废止古代奥运会。公元395年，拜占庭人与歌德人在阿尔菲斯河发生激战，使奥林匹亚各项设施毁失殆尽。公元426年狄奥多西二世烧毁了奥林匹亚建筑物的残余部分。公元511年、公元522年接连发生的两次强烈地震，使奥林匹亚遭到了彻底毁灭。就这样，顺延了1 000余年的古代奥运会不复存在了，繁荣的奥林匹亚变成了一片废墟。

二、现代奥林匹克运动

1894 年 6 月 16 日，巴黎国际会议上通过了由顾拜旦倡议和制定的第一部《奥林匹克宪章》。它涉及奥林匹克运动的基本宗旨、原则及其他有关事宜。1921 年在瑞士洛桑奥林匹克会议中，制定了《奥林匹克法》，包括《奥林匹克运动会宪章》《国际奥林匹克委员会章程》《奥林匹克运动会竞赛规则及议定书》《奥林匹克运动会举行通则》《奥林匹克议会规则》5 部分。百年来，奥林匹克法曾多次修改、补充，但由顾拜旦制定的基本原则和精神未变。

在 1900 年第 2 届巴黎奥运会上，有 11 名女子冲破禁令，出现在运动场上。国际奥委会经过数次争论，终于在 1924 年第 22 次会议上，正式通过允许女子参加奥林匹克运动会的决议。此后，女子项目成为奥运会不可缺少的组成部分，参赛的女运动员也越来越多。

1913 年，根据顾拜旦的构思，国际奥委会设计了奥林匹克会旗：白底无边，中央有五个相互套连的圆环，分成上下两行，自左而右自上而下看，环的颜色为蓝、黑、红、黄、绿。五环象征五大洲的团结和全世界运动员以公正、坦率的比赛精神和友好态度在奥运会上相见。1914 年，为庆祝现代奥林匹克运动恢复 20 周年，在巴黎举行的奥林匹克大会上，会旗被首次使用。1920 年，安特卫普奥运会举行时，在运动场上升起第一面五环会旗，在以后历届奥运会开幕式上都有会旗交接仪式和升旗仪式。1913 年，为了宣传奥林匹克精神、鼓励参赛运动员，由顾拜旦提议，经国际奥委会批准，将"更快、更高、更强"作为奥林匹克格言。1908 年伦敦奥运会举行时，在圣保罗大教堂举行的奥运会宗教仪式上，美国宾夕法尼亚州大主教在其布道词中说，奥运会重要的是参与，不是胜利，顾拜旦对这句话极为赞赏，以后多次引用，因此不少人认为，这句话应该成为奥林匹克理想。从 1920 年第 7 届奥运会开始实施运动员宣誓。1968 年第 19 届奥运会又增加了裁判员宣誓。1936 年第 11 届奥运会时，国际奥委会正式规定，在主体会场点燃象征光明、友谊、团结的奥林匹克火焰。此后，这一活动成为每届奥运会开幕式不可缺少的仪式之一。奥运会开始前，在奥林匹亚希腊女神赫拉（宙斯之妻）庙旁用凹面镜聚集阳光点燃火炬后，进行火炬接力，于奥运会开幕前一天到达举办城市，在开幕式上由东道国运动员接最后一棒点燃塔上火焰，闭幕式时火焰熄灭。

三、中华民族奥运之路

（一）中国进入国际奥委会

1949 年，中华人民共和国成立。1952 年，第 15 届奥运会在芬兰的赫尔辛基举行，我国派出了 40 人的代表团。之后，中国曾退出国际奥运会。1979 年，随着中国国际地位的提高和国际形势的变化，中国奥委会向国际奥委会提出了解决中国在国际奥委会的合法席位问题的建议。同年的 11 月 26 日，国际奥委会经全体委员表决，以 62 票赞成、17 票反对、2 票弃权，通过了国际奥委会执委会在名古屋做出关于中国代表权的决议，决议指出，确定中华人民共和国奥林匹克委员会的名称为"中国奥林匹克委员会"，使用中华人民共和国的国旗和国歌。

（二）辉煌的篇章

1984 年，第 23 届奥运会在美国洛杉矶举行，中国在重返国际奥委会后首次派出了由 225 名运动员组成的大规模代表团参加了本届奥运会，标志着我国全面登上奥林匹克舞台。在该届奥运会上，中国代表团共获得 15 金、8 银、9 铜，金牌数列第四位。其中，许海峰在男子自选手枪射击比赛中夺冠，为我国实现了奥运会金牌零的突破；吴小旋获得女子标准步枪 3×20 项目冠军，成为中国奥运史上获得金牌的女子第一人；中国女排在直落三局的情形下击败东道主美国队，夺得中国在奥运会上的第一枚"三大球"金牌，鼓舞了全国人民。这届奥运会是我国奥运辉煌篇章的起点，之后中国在奥运赛场上一直不断突破。

2008 年，我国成功举办了第 29 届奥运会，主办城市为北京，协办城市为上海、天津、沈阳、秦皇岛、青岛、香港等，共有 204 个国家及地区参赛，参赛运动员达 11 438 人，共创造 43 项新世界纪录及 132 项新奥运纪录，有 87 个国家和地区在赛事中取得奖牌。在北京奥运会上，中国派出了由 639 名运动员组成的有史以来人数最多的中国代表团，中国选手也创造了中国代表团有史以来最好的奥运成绩，以 51 金、21 银、28 铜的成绩排名金牌榜首位，是奥运历史上首个登上金牌榜首的亚洲国家。

北京奥运会开幕式

2015 年 7 月 31 日下午，国际奥委会第 128 次全会在马来西亚吉隆坡投票决定，将 2022 年冬奥会举办权交给北京，14 亿中国人民再次拥抱奥林匹克运动，续写我国奥林匹克运动的辉煌篇章。

2024 年第 33 届奥运会在巴黎举行，中国体育代表团参赛运动员 404 人，共参加了 30 个大项 42 个分项 232 个小项的比赛，在 11 个大项 14 个分项上获得 40 金、27 银、24 铜共 91 枚奖牌，取得了我国 1984 年全面参加夏季奥运会以来境外参赛历史最好成绩。

任务三　大众体育文化

在 2000 年世界体育奖颁奖典礼上,南非前总统曼德拉曾经说过,体育拥有改变世界的能力,但是体育要改变世界,凭借的不是覆盖面狭小的部分体育,必须是亿万民众参加的大众体育。

一、大众体育的概念

大众体育是与学校体育、竞技体育对应的概念,是指在闲暇时间里,居民自愿参加的以增强体质、增进健康、增添情趣、增加交往、增长技能为主要目的的自主性体育活动。

二、奥运会对大众体育的影响

众所周知,奥运会对举办国家的深刻影响已经从初创阶段的体育领域上升到政治、经济、环境等方面的综合影响,但更重要的是对大众体育的推动作用。

随着社会的发展,体育逐渐开始分化,其中最引人注目的是高水平经济运动与大众体育的分化。在规律与科技的支持下,奥运会沿着更快、更高、更强的方向迅猛发展,成为观赏性极强的文化现象。与此同时,大众体育则沿着深入群众、融入生活的方向发展,形成了大规模的大众健身和娱乐活动。然而,体育作为一种以身体运动为基本手段,促进人的身心健康的活动,根本目的是以人为本,促进和谐社会的发展。无论以奥运会为代表的高水平竞技运动还是普通民众参加的大众体育,都有着同样的手段——身体运动,同样的目标——人的全面和谐发展。目标与手段的统一性,使两者建立了不可分割的密切联系,因而从本质上说,两大体育形态相辅相成、相互依存。大众体育是奥运会的重要目标。

早在 1919 年,现代"奥运之父"顾拜旦就提出"一切体育为大众"的思想,在2003 年,奥林匹克宪章又清晰表述为"大众体育是高水平竞技运动基础的组成部分,而高水平竞技运动又反过来促进大众体育的发展"。在这一思想的指导下,"鼓励和支持大众体育的发展"成为国际奥委会的一项职责。

2008 年北京奥运会为我国大众体育带来了发展机遇。

1. 体育观念的更新

北京奥运会的筹办过程是中国人大规模普及以奥林匹克为核心的奥运理念的过程。奥林匹克强调以体育带动人的发展,以人为本,人文奥运,绿色奥运,创建和谐社会的新理念。

2. 体育参与者队伍均衡

北京奥运会不仅对部分残疾人体育有直接促进作用,而且促使整个社会以前所未有的注意力关注弱势群体的体育需求,在其促进下,我国妇女、老年人、残疾人的体育等得到进一步的发展。

3. 大众体育的组织化提高

群众社区自发组织参与体育锻炼,加大宣传建立基层群众体育组织机构。各级体育协会带动并加以沟通和给予方便,让更多的民众参与到体育锻炼中来,比如学习某项体育运动项目，组织接受体质测试等。

三、全民健身运动

全民健身旨在全面提高国民体质和健康水平，以青少年和儿童为重点，倡导全民做到每天参加一次以上的体育健身活动，学会两种以上健身方法，每年进行一次体质测定。

2008 年 11 月 5 日，国务院法制办在其官方网站公布了《全民健身条例（征求意见稿）》，广泛征求公众意见。其中第十三条明确每年 8 月 8 日为全民健身日，要求"各级人民政府及体育行政主管部门应当在全民健身日组织开展健身宣传、教育和活动，国家机关、企业、事业单位、社会团体和其他组织应当结合自身条件积极参与。"

2022 年 3 月，中共中央办公厅、国务院办公厅印发了《关于构建更高水平的全民健身公共服务体系的意见》，并发出通知，要求各地区各部门结合实际认真贯彻落实。

伴随着全民健身活动的蓬勃开展，人们的生活观念发生巨大变化。在一些大中城市，为健康而消费成为新时代提高生活质量的一种时尚。部分新兴体育项目，如攀岩、马术、蹦极、保龄球、滑板、女子拳击、沙弧球、跆拳道、高尔夫球等运动，尤其受到年轻人的青睐。

任务四　校园体育文化

一、大学校园体育文化概述

（一）校园体育文化的内涵

校园体育文化主要是指人们在学校体育教学过程中所创造和拥有的精神财富和物质财富的总和。校园体育文化是体育文化的子系统，它是呈现在校园内的一种特定体育文化氛围，是以学生为主体，以体育文化活动为主要内容，以校园环境为主要活动空间，以校园精神为主要特征的一种群体文化，涵盖了校园体育意识文化、校园体育行为文化和校园体育物质文化三大类。

校园体育意识文化包括体育意识、体育价值观、体育道德观等；校园体育行为文化表现为科学锻炼、体育竞赛、体育制度、体育规范等方面；校园体育物质文化主要反映为校园体育建筑、体育环境、体育设施、体育服装等。

（二）校园体育文化的特征

校园体育文化特征是指校园体育文化区别于其他文化特有的、独立的典型特质。第一，校园体育文化具有内隐性：校园体育文化是以间接、内隐的方式呈现的，是通过无意的、非特定心理反应机制影响学生的。大学生在体育文化环境中学习、生活，在不知不觉中接受体育文化信息，并受到感染，潜移默化地实现着文化的心理积淀，并逐渐内化成为自己的行为方式。第二，校园体育文化具有独立性：校园体育文化是校园里的人群共同参与体育活动形成的一种文化，它有特殊的主体和环境，这一主体具有较高的知识水平，在接受传统体育文化精神和物质的同时，还能主动吸取世界优秀体育文化精髓，并逐步创造发展具有特色的校园体育文化。第三，校园体育文化具有多样性：校园文化的优势注定了校园体育文化的多样性，无论是体育意识文化、体育行为文化还是体育物质文化，都极为丰富多彩。以人为本，注重学生个性培养的体育教育指导思想，使个性鲜明的体育文化主体得以充分展示个体的创造性，显示其独立性和自主性，因而极大地丰富了校园体育文化生活的内容。

二、校园体育教学的任务

根据《全国普通大学体育课程教学指导纲要》提出的课程目标，和新时期对高校体育课的要求，大学体育教学的任务主要包括如下几方面。

1. 提高学生的运动参与意识

学生能积极参与各种体育活动并基本形成自觉锻炼的习惯，基本形成终身体育的意识，能够编制可行的个人锻炼计划，具有一定的体育文化欣赏能力。使部分学有所长和有余力的学生形成良好的体育锻炼习惯；能独立制订适用于自身需要的健身运动方案；具有较高的体育文化素养和观赏水平。

2. 提高学生的运动技能

学生能够熟练掌握两项以上健身运动的基本方法和技能；能科学地进行体育锻炼，提高自己的运动能力；掌握常见运动创伤的处置方法。使部分学有所长和有余力的学生积极提高运动技术水平，发展自己的运动才能，在某个运动项目上达到或相当于国家等级运动员水平；能参加有挑战性的野外活动和运动竞赛。

3. 促进学生身体健康

学生能测试和评价体质健康状况，掌握有效提高身体素质、全面发展体能的知识与方法；能合理选择人体需要的健康营养食品；养成良好的行为习惯，形成健康的生活方式；具有健康的体魄，使部分学有所长和有余力的学生能选择良好的运动环境，全面发展体能，提高自身科学锻炼的能力，练就强健的体魄。

4. 促进学生心理健康

使学生能根据自己的能力设置体育学习目标；自觉通过体育活动改善心理状态、克服心理障碍，养成积极乐观的生活态度；运用适宜的方法调节自己的情绪；在运动中体验运动的乐趣和成功的感觉。使部分学有所长和有余力的学生在具有挑战性的运动环境中表现出勇敢顽强的意志品质。

5. 增强学生社会适应能力

表现出良好的体育道德和合作精神；正确处理竞争与合作的关系。使部分学有所长和有余力的学生形成良好的行为习惯，主动关心、积极参加社区体育事务。

三、校园体育的组织形式

大学体育的目的与任务是通过体育的各种组织形式来实现的。大学体育教育主要有以下几种基本组织形式：体育课、课外体育活动、课外运动训练和课外体育竞赛。

（一）体育课

《中华人民共和国体育法》明确规定，学校必须开设体育课，体育课是考核学生成绩的必有科目。体育课的内容由理论和实践两部分组成：理论课主要给学生传授体育的科学知识，使学生掌握基本体育理论和实践方法，它主要以专门的理论课和实践课中教师的专项理论传授为主；实践课以学生的身体练习为手段，发展和提高学生的身体素质与能力，学习运动的技术与技能，培养学生的锻炼习惯。

体育课是我国高等学校教学计划的重要组成部分，是高校体育教学的中心环节，也是高校体育教学的最基本的组织形式。它通过分班教学为高校体育的目的和任务的圆满实现提供了具体途径。

体育课主要是实践为主的课程，同时注重理论课与实践课相结合，在运用基本的教学方法和遵循基本的教学原则的同时，根据实际的教学条件组织体育教学。教师的示范与学生练习以及练习情况的及时反馈是体育课的重要内容。

体育课还要注重特殊群体学生的健康，对部分身体异常和病、残等特殊群体的学生，开设以康复、保健为主的体育课程。

（二）课外体育活动

课外体育活动是高校体育课的延续和补充。《学校体育工作条例》规定，普通高等学校除安排有体育课外，每天应当组织学生开展各种课外体育活动。根据学校的实际情况和传统特点，因人、因时、因地制宜地开展多种形式的课外体育活动，对巩固和提高体育课的教学效果，增强大学生体质，提高文化学习效率，丰富校园生活，增强集体凝聚力，促进精神文明建设等方面都会起到良好的促进作用。课外体育活动主要有以下一些形式。

1. 早操

早操是大学生作息制度中的重要组成部分，也是构建科学、文明、健康生活方式的基本因素，早操可以采取集中做操或分散锻炼的形式。大学生可以根据个人的兴趣爱好，每天坚持 20~30 分钟的活动，一般选择散步、健身跑、太极拳等锻炼内容，运动量不宜过大。

2. 课后体育活动

课后体育活动，是指学生利用课余时间进行的体育活动，在校大学生的课后体育活动要保证每周不少于两次，活动方式可以是个体也可以是群体，内容大多是从事体育比赛活动、健身娱乐性活动和一般性身体锻炼活动。

（三）课余体育训练

1984 年，国家教委颁发了在高校试办高水平运动队的文件，这使高等学校的课余训练走上了一个新的台阶。大学课余运动训练是利用课余时间，对部分身体素质较好并有某项运动专长的学生进行系统训练的一种专门教育过程，它是高校体育的一种主要组织形式，也是认真贯彻执行普及和提高相结合的重要措施。由于高校具有其他单位无法比拟的科研力量和优秀教师队伍，因此高校运动水平在近些年不断提高。学校运动水平的发展可以推动学校体育活动的开展，能够使学校更好地贯彻我国的教育方针。它一方面肩负着提高运动技术水平、创造优异成绩、参与校际和国际交往、为校为国争光的光荣使命，另一方面又承担着指导普及、促进高校体育运动蓬勃开展的艰巨任务。

（四）体育竞赛

《学校体育工作条例》规定，学校体育竞赛应贯彻小型多样，单项分散，基层为主，勤俭节约的原则。每年至少举行一次以田径项目为主的全校性运动会。高校体育竞赛活动不仅可以检阅学校体育工作，而且通过体育竞赛，可以吸引学生参加到体育活动中来，推动体育活动的开展。体育竞赛的竞争性和对抗性，培养了学生集体主义精神，锻炼了学生的意志品质，发展了学生的社会适应能力。体育竞赛能够展现学校的风采，提高学校的声誉，促进校际的交流，丰富学校的文化生活。

（五）体育节

体育节以其具有的时代特点和独特的表现形式，成为校园文化的重要组成部分。体育节一般是结合有意义的节日或重大国际、国内的体育活动，利用体育周或体育日形式，开展专项的体育活动，进行体育教育和锻炼，如体育专题报告、体育讲座、体育知识竞赛、体育表演和体育比赛等。体育节活动能激发学生的体育兴趣，调动其参与体育锻炼的积极性，对增强学生的体育意识、提高体育素养、扩大知识面、培养能力等方面都有重要意义。

总结案例

深圳大学：体教融合"开花结果"

孙颖莎在第33届巴黎奥运会上参与混双、单打等3个项目，取得2枚金牌和1枚银牌。孙颖莎还有一个身份，就是深圳大学俱乐部队员。

近年来，深圳大学正在深化体教融合的道路上不断拓展边界、多面开花。早在1983年建校之初，深圳大学便设立了体育教研部。2022年，深圳大学体育部与师范学院（教育学部）体育学院合并为体育学院。深圳大学体育教学所形成的独特发展经验，为之后深化体教融合打下了良好的基础。

据介绍，深圳大学以公共体育教学、体育专业教学和运动队建设为主，开展体育教学，并因材施教，探索形成了差异化培养模式。在公共体育教学方面，深圳大学坚持以学生需求为导向，创设俱乐部式教学，依托俱乐部开展学生组织、自主参赛的集体竞赛活动，形成"周周有预赛、月月有决赛"的体育活动氛围。

"建设高水平运动队和培育运动训练专业学生，都是体教融合培养竞技后备人才的有效途径。"深圳大学体育学院院长刘建表示，学校科学规划体育专业人才培养的顶层设计，以学生高质量就业为目标导向，构建科学实用的专业课程体系。

在运动队建设方面，深圳大学综合考虑不同项目和运动队伍的现实基础，分级分档合理布局，支持重点项目先行发展。同时，学校每5年对运动队进行一次动态调整。

训练和竞赛是运动队建设的重点，"学训矛盾"是运动队建设发展的一大难题。在教育数字化转型背景下，深圳大学积极开发数字化教学资源，实施送教到队，开展远程教学。在设计教学内容时，学校充分结合运动员在训练和竞赛过程中的实际感受、现实困惑和发展需求，以专题形式整合相关课程内容，提高学生的知识水平以及解决实际问题的能力。

"学校非常重视体育竞赛，也有着非常浓厚的比赛氛围。"深圳大学体育学院学生蓝燕说。赛艇是一项需要高度配合的团体运动，在赛艇训练和比赛中，蓝燕不仅学会了一项新的运动技能，也逐渐强化了团体意识，树立了不畏艰难的信心。

建校40多年来，深圳大学不断探索，形成具有自身特色的竞技体育后备人才培养模式。

深圳大学持续推进体教融合，对内坚持以体育人、服务学校师生，对外输送优秀人才、下沉基础教育，进一步促进体教融合"开花结果"。

探索与思考

1. 大学体育具有哪些特点？
2. 简述我国的奥运之路。
3. 举例说出你认识的中国奥运冠军，并选出你最喜欢的一个奥运冠军进行介绍。
4. 校园体育的组织形式有哪些？

模块二　体育运动与人的健康

知识目标

1. 了解体育运动对身体健康的促进作用。
2. 了解体育运动对心理健康的促进作用。

能力目标

1. 通过体育运动改善心理状态，克服心理障碍。
2. 能够科学地进行体育运动。

素养目标

1. 养成积极乐观的生活态度。
2. 在体育运动中体验运动的乐趣和成功的感觉。

导入案例

没有运动就没有生命

有人曾在动物身上做过一个实验：将兔子、乌鸦和夜莺在很小时就关进笼子。从外表上看，这些动物长大后似乎发育正常。然而，当将它们放出笼子后，惨不忍睹的情景出现了：兔子刚跑了几步便倒下死去，乌鸦在天空飞了半圈就一头栽下，夜莺欢唱了几句就死去了。实验者对这些动物死亡的原因进行了解剖分析，发现兔子和夜莺死于心脏破裂，乌鸦则死于动脉撕裂。显而易见，这是由于它们长期不运动导致内脏器官发育不良，一旦激烈运动就不能适应的结果。

国外对人也做过类似的实验：将若干 20~30 岁的健康男子分成两组，要求第一组被试者在 20 天里一直躺着，不许他们起坐、站立；第二组被试者也按同样的规定，所不同的是该组被试者每天虽然仍保持躺着的姿势，但可以在专门的器械上锻炼 4 次。20 天的实验结束后，第一组的被试者感到头昏眼花、四肢乏力、心慌气短、肌肉酸痛且不想吃饭；第二组被试者依然有一定的活动能力，身体反应也没有第一组被试者那样剧烈。

动物和人的实验均表明，没有运动就没有生命，运动得少，生命力就弱。要保持旺盛的生命力，就应该进行有规律的体育锻炼。

任务一　体育运动对人身心健康的影响

一、体育运动促进身体健康

良好的体质是促进身体健康的有效保证，体质是指有机体在遗传变异和后天获得的基础上所表现出来的综合的、相对稳定的特征，是人的运动能力、劳动工作能力乃至全部生命活动的物质基础，而体育运动是增强体质最直接、最有效的手段。

（一）体育运动对身体形态结构的作用

身体形态结构主要由先天遗传因素决定，但是后天因素对形态结构的影响也是不容忽视的。我们可以将人体生命的全部过程大致分为四个时期，即婴幼儿时期、童年时期、青少年时期和中老年时期。不同时期生长发育的速度不同，而且每个人在相同时期的发育速度也是不同的。也就是说，虽然总的发育规律不可改变，但变化的速度却可以控制。

青少年时期是人体生长发育的最佳时期，也是人的体型、体力和健康奠定的关键时期。此时，后天因素对机体的影响比任何时期都大。实践证明，经常参加体育运动对身高、体重、围度（如胸围、大小腿围等）等指标的可塑程度为50%～70%。

（二）体育运动对生理机能的作用

人体是一个完整、统一的有机体，由不同的器官构成，按功能可分为神经系统、呼吸系统、血液循环系统、消化系统和运动系统等。体育运动可对人体各个系统产生影响，促进机体全面发展。

1. 体育运动对神经系统的作用

神经系统由中枢神经系统和周围神经系统组成，体育运动可以改善神经系统的功能。

（1）体育运动可以提高人体对刺激的反应速度。体育运动的项目种类繁多、技术复杂，越是对抗性和技术性强的运动越能有效地强化细胞的生理功能，使神经细胞的兴奋强度、反应速度、兴奋抑制转换的灵活度及均衡度得到提高。

（2）体育运动有助于增强记忆力，提高大脑工作效率。经过长时间的思考学习，专管学习的神经细胞群会产生疲劳感，进而由兴奋转为抑制。在此时进行体育运动，专管运动的神经细胞开始兴奋，而其他细胞群可以得到良好的休息，使头脑更清醒，思维更敏捷。

（3）体育运动可以帮助改善神经衰弱。经常从事体育运动可以使大脑皮质兴奋增强、抑制加深，且兴奋和抑制都更加集中，进而使大脑的兴奋与抑制两种功能保持平衡。

2. 体育运动对呼吸系统的作用

呼吸系统由鼻、咽、喉、气管、支气管和肺等器官组成。其中，肺是气体交换的场所，其他器官是气体交换的通道。

在安静状态下，呼吸系统的各个器官只需要很小的工作强度就能完成呼吸过程。长此以往，很可能会导致相关器官的萎缩，使呼吸系统功能降低。体育运动时，人体对氧的需求量增加，呼吸频率加快，从而使呼吸系统的各个器官逐渐改善自身机能。坚持锻炼，可以使呼吸肌逐渐发达有力、耐久，可以提高呼吸深度，增大肺活量。

3. 体育运动对血液循环系统的作用

血液循环系统又称心血管系统，是由心脏和血管组成的闭锁的管道系统，心脏相当于全身的"发动机"，推动血液在血管不断地流动，以便把氧气和营养物质运送到身体各处，同时把细胞代谢过程中产生的废物和二氧化碳运到体外。

（1）体育运动可以使心脏组织结构增强，心脏工作寿命延长。体育运动时，血液循环加速，进而改善心肌的供血机能，使心肌得到更多的营养物质，心壁增厚，心脏容量增加，使外形更加圆满，搏动更加有力。长期运动的人在正常状态下的心跳频率比一般人每分钟减少20次左右。由于总体上减少了心脏的搏动次数，因此延长了心脏的工作寿命。

（2）体育运动可以使血管功能变强，血红蛋白增多，血液微循环强化。体育运动使血液循环加快，血流量变大，血管经常收缩或扩张，从而使血管壁弹性增强、血管表面积增大，血管对血液的运输功能增强。经常锻炼也可使血液中的白细胞、红细胞和血红蛋白含量增多，结合氧的含量增大。代谢和耐缺氧的能力提高，从而改善血液循环系统的功能。

4. 体育运动对消化系统的作用

消化系统由口腔、咽、食道、胃肠、胰腺、肝脏和肛门等器官组成。

（1）体育运动可以促进食物的消化和营养物质的吸收。经常参加体育运动使消化腺分泌的消化液增多，消化管道的蠕动加强，胃肠的血液循环得到改善，从而使食物的消化和营养物质的吸收更加充分和顺利。

（2）体育运动可以促进肝脏健康。体育运动使体内糖分的消耗增加，因此肝脏需将储备的糖原及时向外输送，肝脏工作量的增加使其机能得到锻炼和提高。

5. 体育运动对运动系统的作用

运动系统是使人们做出各种动作的器官，由骨、关节和肌肉三部分组成。体育运动是在运动系统的协调工作下完成的，并在完成运动的同时使运动系统的各个部分更加坚固、灵活、结实且粗壮有力。

（1）体育运动可以使骨性能、形态发生良好变化。长期的体育运动使骨变得粗壮、坚固，增强其抗折、抗弯、抗压缩和抗扭转等方面的机械性能。

（2）体育运动可以提高关节的稳固性和灵活性。经常从事体育运动可使关节囊、肌腱和韧带增厚，关节的稳固性、延展性增强，关节的弹性、灵活性和柔韧性提高。

（3）体育运动可以提高肌肉性能。运动过程中，肌肉工作加强，蛋白质等营养物质的吸收、存储能力增强，使肌纤维增粗，肌肉体积增大，从而使肌肉结实有力。

（三）体育运动时身体素质的作用

人体的基本活动能力是通过身体素质来描述的。体育运动可以提高身体素质，增强基本活动能力。身体素质表现在速度、力量、耐力、灵敏和柔韧等多个方面。

1. 速度素质

速度素质是指人体快速运动的能力，是人体身体素质中最基本的素质之一。体育运动可使人体对外界的反应速度加快，并使人在较短的时间内完成指定动作。

2. 力量素质

力量素质是指人的机体或机体的某一部分肌肉工作（收缩和舒张）时克服外界阻力的能力。力量素质在体育运动中最为重要，没有力量素质作为基础，任何体育运动都不可能完成。日常的体育锻炼和专门的练习可以显著提高肌肉力量，有利于更好地学习、生活和娱乐。

常用的发展肌肉力量的运动有俯卧撑、引体向上、仰卧起坐、收腹举腿，以及杠铃、哑铃等。俯卧撑主要发展三角肌的前部、胸大肌和三头肌等上肢肌肉的力量；引体向上主要发展胸大肌、背肌和射关节屈肌力量；仰卧起坐主要发展腹肌和髋腰肌力量；收腹举腿主要发展腹肌和关节屈肌群力量；杠铃发展大肌肉群力量，哑铃发展小肌肉群力量。

3. 耐力素质

耐力素质是指人体长时间活动或对抗疲劳的能力，是反映人体健康水平或体质强弱的一个重要标志，进行体育运动可发展肌肉耐力和全身耐力，促进心肺功能的提高。

4. 灵敏素质

灵敏素质是指在外界刺激突然变换的条件下，人体能迅速、准确、协调地改变身体运动方向和位置的能力，它是人的运动技能、神经反应和各种身体素质的综合表现，进行体育运动可较好地发展灵敏素质，体操、武术、冰球类运动等都是发展灵敏素质的有效项目。

5. 柔韧素质

柔韧素质是指人体在运动时各关节的活动幅度和范围，以及肌肉和韧带的伸展能力。

柔韧素质由三个因素决定，即关节的骨结构，关节周围组织的体积大小，关节的韧带、肌腱、肌肉和皮肤的伸展性。体操、武术、跳水和田径运动等项目，可较好地发展人体的柔韧素质。

二、体育运动促进心理健康

体育运动既是一种身体活动，也是一种心理活动，不仅有助于身体健康，而且对心理健康也有积极的作用。大量的研究表明，体育运动是一种低风险和低副作用的有效促进心理健康的方法，主要表现在以下几个方面。

（一）体育运动有助于改善情绪体验

情绪状态的调控能力是衡量体育运动对心理健康影响的最主要指标。个体在复杂多变的社会环境中常常产生紧张、压抑、忧虑等不良情绪反应，体育运动可以使个体摆脱烦恼和痛苦。

体育运动之所以能够改善情绪体验，是因为体育运动的参加者能体验到运动带来的快感。心理学家认为，适度负荷的体育运动能够促进人体释放一种多肽物质——内啡肽，它能使人体获得愉快兴奋的情绪体验。因此，参加体育运动，尤其是参加那些自己喜爱和擅长的体育运动，可以使人从中得到乐趣，从而产生良好的情绪。

（二）体育运动有助于提高智力

正常的智力是正确感知和认识世界的前提，是心理健康的基础，经常参加体育运动不仅使锻炼者的注意力、记忆力、反应、思维、想象力等得到提高和改善，还可以让人情绪稳定、性格开朗，而这些非智力因素对人的智力具有促进作用。

（三）体育运动有助于形成和谐的人际关系

随着现代社会生活节奏的加快，人们越来越趋向封闭的状态，人与人之间缺乏感情交流，人际关系渐渐疏远。体育运动可以打破这种封闭状态，让不同年龄、文化素质的人聚集在运动场上，进行平等、友好、和谐的交往，使人们互相产生信任感，从而有效地进行情感和信息的交流。

（四）体育运动有助于培养坚强的意志品质

意志品质是指一个人的果断性、坚忍性、自制力、主动性及独立性等，它是在克服困难的过程中表现和培养出来的。参加体育运动可以使人不断克服主观和客观上的各种困难，如懒惰、胆怯、疲劳、损伤等，从而培养人的优秀意志品质。

（五）体育运动有助于治疗心理疾病

社会竞争的日益激烈和生活压力的加大会使人产生焦虑、忧愁、烦恼、悲观等情绪，这些不良情绪容易导致心理障碍。适当的体育运动能使有心理障碍的个体获得心理满足，产生成就感，从而摆脱不良情绪，消除心理障碍。

任务二 科学进行体育锻炼

一、长期体育锻炼的科学安排

只有持之以恒，体育锻炼才能使人们获得理想的健身效果。因此，锻炼者在体育锻炼前应根据自身的条件、健身目的，制订出一个长期稳定而又切合实际的锻炼计划。在制订长期锻炼计划时，至少应考虑锻炼者的健身目的、年龄和季节等多方面的因素。

（一）根据健身目的科学安排体育锻炼

在进行体育锻炼前，每个人都要有较明确的健身目的，这是人们科学安排体育锻炼的重要依据。如果是为了增强体质，提高健康水平，那么安排体育锻炼的内容和时间就比较灵活；如果是为了提高肌肉力量，发展肌肉，那么应以力量练习为主；如果以减肥为主要目的，那么应以有氧运动为主，运动时间要长。

（二）根据季节科学安排体育锻炼

不同季节的气候条件对体育锻炼也有影响，要根据季节气候的变化规律安排体育锻炼，并注意季节交替时体育锻炼的内容衔接。

1. 春季锻炼

在春季进行体育锻炼时，要做好准备活动，充分伸展僵硬的韧带，以减少运动损伤。同时，要注意脱、穿衣物，防止感冒。

2. 夏季锻炼

夏季天气炎热，最好是在清晨或傍晚进行锻炼，锻炼后要注意水分的补充，以防身体脱水和中暑。夏季最理想的运动是游泳，但并非所有人都有条件或适合游泳，那么可供选择的其他较合适的项目还有慢跑、散步、打太极拳、打羽毛球等。

3. 秋季锻炼

秋季天气变化无常，早晚气温较低，要注意增减衣服。另外，秋季天气干燥，锻炼前后要注意补充水分，以促使黏膜能够正常分泌黏液来保持呼吸道的湿润。

4. 冬季锻炼

冬季参加体育锻炼，不仅可以提高身体的健康水平，更重要的是可以提高身体的抗寒能力，预防各种疾病的发生。冬季锻炼时身体生理机能惰性较大，肌肉组织易受伤，所以要做好准备活动。运动最好采用口鼻呼吸方式，吸气时口不要张得太大，防止冷空气直接刺激口腔黏膜。

（三）根据年龄科学安排运动量

体育锻炼时，运动量是影响锻炼效果的重要因素。运动量过小，锻炼效果不明显；运动量过大，会对机体产生不利的影响，并且不同年龄的人，由于身体状况不同，体育锻炼的运动量也不同。

二、单次体育锻炼的科学安排

体育锻炼参加者应学会科学地安排每次锻炼，以获得理想的健身效果。

（一）　充分的准备活动

准备活动不仅可以增强锻炼效果，还可以减少损伤。通过准备活动不仅要使身体机能进入最佳状态，而且要使心理活动达到最佳水平，准备活动结束时，应保证全身心地投入。

（二）　运动强度逐渐增加

在进行每次锻炼时，不要一开始就强度过大，这样会使身体出现一系列不适反应。这是因为人体中的各器官都有一定的惰性，通过准备活动，肌肉已经能够进行大强度的活动，但内脏器官的活动并不能立即进入最佳状态，从而造成内脏器官与运动器官的不协调，出现各种不适症状。因此，活动开始后，运动强度要逐渐增加。

（三）　足够的锻炼时间

以健身为目的的体育锻炼，应以有氧运动为主，因此，运动强度不要过大，但要保证足够的锻炼时间。为了保证锻炼效果，每天的锻炼时间至少要在 30 分钟。在运动强度与时间发生矛盾时，应首先考虑运动时间，如果每天锻炼不能保证 30 分钟，即使增加强度，健身效果也不明显。关于锻炼时间，可以采取化整为零的办法，尤其是对于那些刚开始锻炼不能坚持到 30 分钟或工作、学习繁忙的人。当然，并不是锻炼时间越长越好，每天锻炼 1 小时效果最好，身体机能好的人锻炼时间可适当延长一些，但即使是散步这种强度小的锻炼，时间也不要超过 2 小时。

（四）　身体疲劳与恢复

锻炼一段时间后，必然会产生疲劳。疲劳是一种生理现象，人体只有通过体育锻炼产生疲劳，才会出现身体机能的超量恢复。另外，疲劳的不断积累也可能造成身体的疲劳过度，从而对身体产生不利影响。了解锻炼时疲劳产生的原因，掌握诊断和消除疲劳的方法，对提高锻炼效果具有重要的意义。

1. 疲劳产生的原因

运动性疲劳是一个复杂的问题，由于体育锻炼的形式不同，产生疲劳的原因也不同。疲劳产生的原因主要有以下几种。

（1）能量大量消耗。能量的大量消耗将导致体内能源物质供应不足，从而造成身体机能下降。

（2）代谢产物堆积。在体育锻炼过程中，随着能量物质的大量消耗，体内代谢产物也急剧增加，代谢产物的堆积可造成体内代谢紊乱。在所有代谢产物中，乳酸是引起身体疲劳的主要物质，它是糖原在缺氧状态下的分解产物，它的堆积可使肌肉 pH 值下降，引起脑和肌肉工作能力下降。此外，脂肪代谢产生的酮以及蛋白质代谢产生的氨类物质在体内的堆积都可使身体疲劳。

（3）水盐代谢紊乱。大量排汗、不注意补水或者补水方法不科学，都可能造成体内水盐代谢紊乱，使渗透压改变，引起细胞内外水平衡失调，导致身体机能下降。

2. 疲劳的判断

及时判断疲劳是否已经出现是防止过度疲劳、提高锻炼效果的重要保障，下面介绍几种判断疲劳的方法。

（1）简易的生理指标测定法。肌力是常用的生理指标之一，若体育锻炼后肌肉力量不增加，反而下降，则说明身体产生疲劳。心率是判断疲劳的最简单的生理指标，体育锻炼后心率恢复时间延长，或第二天清晨安静心率较以前明显增加，表示身体产生疲劳。

（2）主观感觉。如果锻炼后感到头昏、恶心、胸闷、食欲减退，甚至厌恶体育锻炼，则说明身体疲劳程度较严重，应及时调整运动量。

总结案例

健康生活从科学运动开始：全面提升运动效果

在快节奏的现代生活中，运动已成为提升健康素质的重要途径。科学运动不仅能帮助我们达到减肥、塑形的目的，还能全面提升身体素质，预防多种疾病。

一、科学运动的四大原则

（1）适度负荷：根据自己的身体状况和运动目的，选择适当强度的运动项目。一般而言，运动强度应保持在最大心率的60%~80%。

（2）持续时间：每次运动时间应保持在30分钟以上，每周至少进行3~5次运动。持续时间过短的运动无法达到预期效果。

（3）频次安排：遵循"三天打鱼，两天晒网"的原则，合理安排运动频次。避免运动过度，给身体足够的恢复时间。

（4）多样化：丰富运动项目，结合有氧运动、力量训练、柔韧性训练等多种运动方式，全面锻炼身体各部位。

二、全面提升运动效果的四大策略

（1）热身运动：在正式运动前进行充分的热身，以提高心率、增强肌肉柔韧性，降低运动损伤的风险。

（2）呼吸技巧：运动时保持规律的呼吸，可提高运动效果。例如，在跑步过程中，每三步吸气一次，每两步呼气一次。

（3）个人体质监测：通过心率、血压等指标实时监测身体状况，调整运动强度和方式，确保运动安全有效。

（4）坚持运动：长期坚持运动，形成良好的运动习惯，才能收获运动带来的健康效益。

三、运动的选择

有运动基础的人可以照自己的常规计划训练，没有运动基础的人，锻炼应从简单的、低强度、短时间开始，根据身体的情况，逐渐增加时间和强度，循序渐进，避免运动损伤。

老年人运动中要特别注意身体的平衡，防止摔倒。

对于有腰背痛及膝关节疼痛的人，推荐水中运动，因为在运动中不会对腰背和关节造成过度的压力和负担，还可以提高心率，加强心肺功能，并增加肌肉的力量。

运动可以按照其耗氧量分为有氧运动和无氧运动。

（1）有氧运动：是指运动中肌肉需要消耗氧气来进行有氧代谢，以满足运动中的能量需求。

有氧运动又称为耐力训练或心肺训练，一般为持续较长时间的运动，并保持心率在一定水平以上，达到锻炼心肺功能的目的。有氧运动包括中长距离的跑步、游泳、骑自行车、徒步行走、有氧健身操等。

最大心率的计算公式：最大心率＝220−你的年龄；运动中的目标心率为最大心率的70%～85%。比如，30岁的人，其运动目标心率为（220−30）×70%＝133。

也就是说，在运动中，心率需要达到133次/分以上，运动才最有效。

（2）无氧运动：短暂、快速、需要爆发力的运动方式，运动中肌肉进行的是无氧代谢，肌肉可以短时间内爆发出巨大的力量，但不能持续很久。

无氧运动包括快速短跑（如百米冲刺）、短距离快速游泳、力量训练（如举重、腹肌锻炼）等。

无论是哪种运动方式，在最初运动的30分钟内，主要是由身体内肝脏储存的肝糖原来提供能量；30分钟后，肝糖原已基本消耗殆尽，新的肝糖原尚未合成，机体将动员分解身体中的脂肪，来提供继续运动的能量。

因此，持续稳定的有氧运动更适合于减肥，而短暂快速的无氧运动则更适合于增长肌肉。

通常锻炼时，可以将这两种运动方式结合：先进行力量训练，比如平板支撑、仰卧起坐、哑铃推举等，不仅可以增加腹部、背部、上臂等肌肉的力量，使肌肉更强壮，还可以消耗大量的糖原；然后开始跑步、游泳、自行车等有氧运动，这时候，就以消耗脂肪为主了。

探索与思考

1. 体育锻炼对身心健康有哪些促进作用？

2. 举例说出你最喜欢的运动项目，并选出你最喜欢的一项运动，说说它对健康的促进作用。

模块三　合理营养与专项营养补给

学习目标

知识目标

1. 认识六大营养素。

2. 了解各项运动的营养特点。

能力目标

1. 在合理营养的基础上能进一步提高体育锻炼水平。

2. 制订合理的膳食计划，以满足身体在体育活动中的能量需求。

素养目标

1. 养成良好的膳食习惯。

2. 不断提高身体素质和健康水平。

导入案例

延年益寿五要点

（1）12345：即每日吃1个鸡蛋，250毫升鲜牛奶，300克粮食，400克水果，500克蔬菜。按此食谱基本可防止肥胖及缺钙，总热量在2 000卡（1卡=4.186 8焦耳）左右。

（2）红黄绿白黑：即每日喝50~100克红葡萄酒，多吃点黄皮水果、绿色蔬菜、乳白色豆制品和黑木耳、黑芝麻等。

（3）"一个中心，两个要点"：在维护健康方面以自我保健为中心，烦恼时"糊涂点"，得意时"潇洒点"。

（4）三个半分钟和三个半小时：即醒后静卧半分钟再起来，起床后静坐半分钟再起立，起立后静站半分钟再活动。早晨运动半小时，中午睡眠半小时，晚间散步半小时。

（5）一戒二忌三不：戒烟；忌酗酒，忌贪色；不暴躁，不妒忌，不与人攀比高低。

任务一　体育锻炼与合理营养

人体健康，营养为本。合理营养是健康的重要基石，也是影响体育锻炼效果的重要因素。因此，针对大学生锻炼过程中的营养问题进行研究，对提高学生的健身效果、增进学生的身心健康具有深远的意义。

营养是人体不断从外界摄取食物，经过消化、吸收、代谢和利用食物中身体需要的物质（养分或养料）来维持生命活动的全过程。人体为了维持正常生命活动和从事劳动，必须每日不断地摄取食物和饮水，食物和饮水中含有50多种营养素，这些营养素包括7大类：蛋白质、脂肪、碳水化合物、维生素、矿物质（包括微量元素）、水和膳食纤维。

营养与健康的关系极为密切，近年来的研究发现，细胞的类型和多种功能取决于营养素的适宜摄入量。营养素与基因的相互作用对人类的受孕、生长、发育、健康、长寿都有潜在的影响，营养是生命和生存的物质基础。

一、营养素的营养功能

不同营养素对人体的作用各不相同，但总的来说，有以下五大功能。

（1）提供热能，维持体温，满足生命活动和生产劳动所需的动力。碳水化合物、脂类（其中绝大部分为脂肪）和蛋白质在体内氧化产生热能供维持生命和从事活动时使用，所以这三类为产热营养素，又称热源物质。

（2）构成身体组织，供给生长、发育、修补、更新所需的材料。从化学结构来看，身体是由蛋白质、脂类、碳水化合物、矿物质、水和维生素所组成。由于维生素在体内含量甚微，以毫克或微克计，可以忽略不计。肌肉主要含有水分和蛋白质。骨骼主要含矿物质，其次为水和蛋白质。血液主要含水分，其次也有相当数量的蛋白质。

（3）调节生理活动。维生素、矿物质、蛋白质和水都具有各自不同的调节生理活动的作用。很多维生素是各种酶的辅基。很多矿物质是酶的激活剂。蛋白质是酶、激素、抗体等的组成成分。

（4）保护器官功能，调控代谢反应，维持内环境的相对稳定，使机体各部分工作得以协调地进行。

（5）具有强身、益智、祛病、防癌、维护健康、延缓衰老等一种或多种营养功能和药理作用。

二、合理营养与健康

合理营养是指全面而平衡的营养，它对健康至关重要。运用饮食来养生健体在我国有着悠久的历史。历代医家从不同角度对食物的性能、功用、主治以及膳食结构提出了精辟的论述，指出饮食应该有节有度、调配得当，对合理营养、平衡膳食进行了高度概括。饮食营养虽然对人体的作用是缓慢和渐进的，但人类由于营养不良所产生的后果已经越来越多地影响到自身的健康水平和素质，膳食结构的不合理已经给我们敲响了警钟。合理营养的基本要求如下。

（一）热能和各种营养素摄入量比例适宜

产热营养素比例、热能与某些维生素比例、必需氨基酸比例、动物和植物脂肪比例、钙磷等各种矿物质比例和各种维生素比例等均要保持适宜比例。食物在烹饪、加工和储藏过程中营养素损失要少，要改进方法，讲究科学，提高食品中营养素的保存率，提高食品营养价值。

（二）膳食制度要合理

进餐时间、进餐数量要有规律，进餐环境要舒适。这样才有利于提高食欲、增加吸收，从而提高人体健康水平。

（三）食物对人体无害

摄入的食物中各种有害物质（包括微生物、化学性物质和放射性物质）不能超过国家允许限量标准。

三、体育锻炼与营养供给

体育锻炼和营养物质两者都是维持运动员健康的主要因素，运动可以增强机体活动的功能，而营养是构成机体组织器官的物质基础。研究证明，高蛋白饮食对加强肌肉的体积和力量是必需的，一般应为每天每千克体重 2 克；脂肪对机体有保护和保温作用，在超常耐力项目中，由于肌肉和肝脏的肝糖原消耗，脂肪成为重要的能源；为预防疲劳及嗜睡，满足运动能量需求，运动员必须保证糖的摄入等，都表明营养对于健身锻炼有着重要意义。

随着体育科学的发展，人们对营养的研究成果不仅可用来维护身体健康，而且可以促进运动成绩的提高。健身运动能够加强人体的物质代谢过程，增加热能和各营养素的消耗，使激素效应和酶的反应过程更加活跃，代谢产物堆积等，使内环境发生剧烈的变化。因此，运动时和运动后都有特殊的营养要求。

1. 保持热量平衡

充足的热能是运动员合理营养的首要条件。由于人体的热能消耗包括维持体温、完成各种生理活动、骨骼肌运动等几个方面，因此，了解人体热能代谢的特点与不同运动项目的热能消耗，合理地安排运动员的膳食是运动营养学研究的重要内容。运动员的能量消耗较大时需要及时补充热量，以满足机体的正常需要和保持充沛的运动能力，并有一定的热能储备。补充热量要根据食物的发热量和人体的能量消耗情况而定。

2. 注意热能物质的比例适当

运动员的热能物质以糖为主，脂肪量最少。对于大多数运动项目的健身者来说，体内蛋白质、脂肪、糖三种物质之比约为 1∶0.8∶4。而世界卫生组织推荐的膳食构成是：来自碳水化合物（糖类）的能量为 55%~65%，来自脂肪的能量为 20%~30%（饱和脂肪少于10%），来自蛋白质的能量为 11%~15%。世界卫生组织推荐的饮食结构（饮食计划）是一种平衡饮食结构，值得遵从。

3. 补充充足的维生素

运动对维生素的需要量增加，维生素的需要与运动负荷、功能状况及营养水平有关。健身锻炼早期维生素缺乏表现为运动能力下降，容易疲劳，免疫能力减弱，一旦得到维生素的补充将会得到纠正。但服用过多的维生素会产生不良影响。

4. 建立合理的膳食制度

膳食制度包括严格的饮食时间、饮食质量和饮食的分配。健身锻炼者除基本的三餐之外，可适当补充点心。运动后应休息 30 分钟以上再进食，进食后一般要休息 1.5~2 小时后才能剧烈运动。早餐注意蛋白质和维生素的摄入，晚餐脂肪和蛋白质不宜过多。

5. 选择多样食物和正确地加工

锻炼者进食的食物应选择体积小、易消化且营养丰富的食物，同时注意酸碱食物的搭配。烹调时注意尽量保留食物的营养成分。

任务二 专项运动与营养补给

一、各项运动的营养特点

1. 田径

田径项目较多，根据其不同的代谢特点可分为以下三种。

（1）短跑与中距离等速度性项目。运动时主要是由糖的无氧酵解供应能量，体内酸性产物较多。另外对神经系统的要求较高，要求兴奋与抑制转化速度快。因此，其营养特点是要求供给能量要迅速，减少酸性物质的形成。为此，饮食应增加含糖、维生素 B 和维生素 C、磷以及蛋白质丰富的食物，还应供应大量的蔬菜和水果。

（2）长跑和超长跑等耐力性项目。运动时能量消耗大，热能主要来自糖原的有氧分解。因此，要供给充分的糖，保持充足的糖原储备。另外，耐力项目对循环呼吸等机能要求也高，血红蛋白要维持较高水平，要保证蛋白质、维生素、无机盐尤其是铁的充分供给。

（3）投掷等力量性项目。由于肌肉蛋白质增长的需要，对蛋白质的需要量较高，其供给量每天每公斤体重可达 2.59 克。

2. 体操

动作复杂，要求技巧、协调、和谐为一体，特别是高难度动作，对神经系统机能要求较高。另外，女体操运动员，还要控制体重。因此，体操运动员的营养要做到食物体积小，含热量高，脂肪少，维生素 B 和维生素 C、磷、钙和蛋白质的含量要充足。维生素 B 在 4 毫克/日以上，维生素 C 在 140 毫克/日以上，磷在 400 毫克/日以上，蛋白质食物发热量应占总热量的 14%~15%。

3. 游泳

运动消耗能量多，代谢强度很大，膳食中要补充增加维生素 B 和维生素 C。短距离游泳时，蛋白质摄入量为每日 150 克；长距离游泳时，为每日 700 克，并适当增加脂肪比例，可以减少散热。

4. 球类

对身体素质要求较全面，要求速度快、力量大、反应灵敏、耐力好，所以食物中蛋白质、维生素 B 和维生素 C 等供给量要充分。如足球运动员的运动量大，所以要求热量要多些。

5. 举重

热能消耗多，糖类食物要求高，可达 800 克/日。蛋白质及脂肪供给量需要适当增加，注意补充动物性蛋白质及钾、钠、钙等物质。

6. 射箭、击剑等项目运动

对视力要求高，应供给充足的维生素 A 以保持视力。

二、比赛前运动员的饮食特点

比赛使运动员机体处于高度紧张状态，能量消耗大，因而比赛前的饮食十分重要，但往往往因为比赛前神经紧张，出现食欲不振，消化紊乱等现象，所以赛前应提高饮食质量。比赛前，饮食中要注意充分地补充糖，使糖原储备达到最高水平。同时，还要充分补充无机盐，不要过分补充蛋白质及脂肪等酸性食物，以免体液偏酸，对运动不利。在比赛前可以食用葡萄糖和维生素 C，维生素 C 每日供给量为 140 毫克。

比赛前的饮食制度应逐步过渡到比赛期的膳食。但由于比赛前一般都是减量训练，能量消耗减少，所以比赛前不宜吃得过多，以免体重增加，不利于比赛。

比赛当天的饮食要求应当是食物体积小，发热量高，易消化吸收。不要多食难以消化及产气的食物，如肥肉、豆类等。食物含磷、糖、维生素 C、维生素 B 要丰富，以糖作为主要能源，特别是长时间的耐力项目，食物中除了含有丰富的糖外，还要有一定量的脂肪，以维持饱腹感，且由于脂肪代谢参与能量供应，不致使血糖下降，可推迟疲劳的出现。

比赛前进餐的时间要根据比赛时间而定，一般要在比赛前 2.5~3 小时前完成。比赛后，运动员需要补充热量和水分。超长距离赛跑后即刻补充 100~150 克的葡萄糖，这不仅能补充运动员的能量消耗，还能促进肝糖原储备的扩充，预防肝脂肪浸润。比赛后 2~3 天应补充高热量的饮食以及维生素 B、维生素 C，主要能源是糖，其次是蛋白质，水分和无机盐也需连续补充，但饮食中脂肪应少些。

从事某些时间长、热量消耗较大的项目，如马拉松、长距离公路自行车、竞走及划船等，机体在运动过程中失去大量水分及能量，若不及时补充，不仅有损于健康，而且也直接影响运动成绩。因此，为了维持机体的正常循环，调节体温，这些项目途中可以补充饮料和食物，运动规则中已明文规定。

（1）途中饮料一般采用葡萄糖、维生素 C、少量蔗糖、盐类（磷及氯化钠）及果汁等食物进行配方，含糖量不宜过高。如：葡萄糖 25~60 克，蔗糖 25~60 克，鲜果汁 100 毫升，食盐 1 克，柠檬酸 1 克，加水至 1 000 毫升。

（2）途中饮食大都采用易吸收的流质或半流质食物。食量小，发热量高，可略带酸味以消除口咽部干燥。一般离起点 15 000 米处设立第一个饮料站，以后每隔 5 000 米均有一个站，两饮料站之间设一个饮食站。有的运动员没有途中进食的习惯，不必勉强，可在赛后补充。

三、训练期的营养特点

夏季训练期气温较高，因此，水、盐、维生素及蛋白质的代谢都旺盛。同时，由于高温的影响，运动员的食欲下降，这样势必造成体内热量的"收支"不平衡，从而影响运动能力以及身体健康。为了避免这些不良的影响，在饮食方面要特别加以注意。夏季训练期，因高温使蛋白质分解代谢加强，排汗量增加致使排氮量也相应增加，为此应增加蛋白质供给量。另外，由于代谢旺盛，维生素 B、维生素 C 等需要量也明显增加，再加上排汗量多，一些水溶性维生素损失也增加，所以要额外补充维生素，特别是维生素 B、维生素 C。由于气候炎热，加上运动量大，排汗量就会明显增大，水分损失较多。同时，无机盐也随水分的损失而损失较多。例如，4 小时长跑训练可损失水分 4.5 升，补充水分非常必要。对水分的补充不能采用一次暴饮，而是少量多次地补充，水中可加适量食盐（一般为 0.2% 较好），也可加以蔗糖、钾、果汁等做成的饮料，供运动员随时饮用。

夏季训练期的膳食具体安排可注意如下事项：①食物要调配好，多样化，清淡可口，促进食欲。②适当地吃些凉拼盘，但要注意卫生，防止污染。黄瓜、西红柿、萝卜可以糖拌生吃。③主副食要尽可能含丰富的 B 族维生素、维生素 C 和矿物质。④可配制含盐分的清凉饮料，放在运动场供运动员随时饮用，但不可在饭前或饭后暴饮。⑤主餐可放在早上或晚上凉爽的时间，也可采用一日四餐的办法，以增加热能的补充。

冬季训练期正处在寒冷季节，由于气温低，机体的散热量大，基础代谢相应升高，加上运动量较大，所以热能消耗比较多，因此运动员一日的总热能较高，可达 2 500～20 925 千卡。脂肪的摄入量也应增加，以保温御寒。同时还要增加维生素 B、维生素 C 的摄入量，可增加30%～50%，其中，维生素 B 可增加到 5 毫克/日。北方地区冬季青黄不接，蔬菜供应往往不足，为补充体内维生素，可以服用维生素制剂。运动员冬训时的膳食要注意：食物要温热、丰富、利于消化吸收。食物应保证充足的热能，可适当增加脂肪或肉类，缩小食物体积。

总结案例

合理的膳食结构

结合人体营养摄入需求，合理地选择与搭配膳食组合至关重要。我们针对各类体育锻炼人群的能量消耗及体内代谢情况提供相关膳食结构建议。

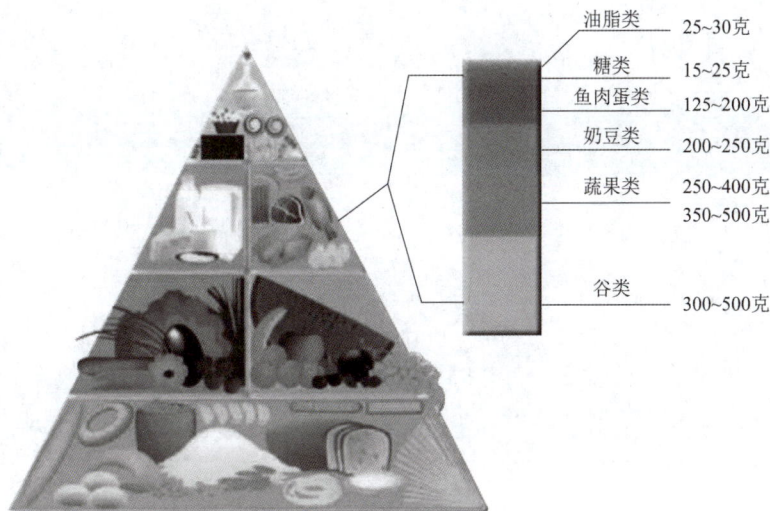

油脂类	25～30克
糖类	15～25克
鱼肉蛋类	125～200克
奶豆类	200～250克
蔬果类	250～400克
	350～500克
谷类	300～500克

营养膳食结构

谷类：包括大米、小麦及小麦制品等，是人体主要的碳水化合物吸收来源，对于维持机体正常代谢具有重要意义，建议每日进食量为 300～500 克。

鱼肉蛋类：这一类食品富含丰富的蛋白质和一些重要的矿物质和维生素，每日食用125～200 克。肉类尤其是猪肉脂肪含量较高，每日食用量建议不超过 30 克，进行无氧运动或肥胖体质人群可选择脂肪含量较低的鱼、虾代替部分猪肉食用；蛋类含胆固醇高，每日食用不应超过 1 个。

奶豆类：奶类及奶制品是补钙的首选食物，也为人体提供所需的蛋白质，每日食用鲜奶200 克或奶粉 28 克为宜；豆类种类繁多且富含丰富的蛋白质，建议进行有氧运动人群每日的食用量为 30～50 克，而长期进行高强度运动的人群每日进食量应达到 50～60 克。

油脂类：包括植物油、动物油等，主要作用是补充人体所需脂肪，而植物油还可提供维生素E。烹调用量建议不超过30克，肥胖人群不超过25克，且应尽量少食用动物油。

蔬果类：人体所需的维生素、植物化学物质以及部分糖类通过食用蔬果获取，建议每日食用新鲜水果250~400克；蔬菜食用量建议为350~500克，其中深色蔬菜应占一半以上。

水及食盐：在温和气候条件下进行低强度体育锻炼的成年人每日至少饮水1 200毫升，而高温条件，或进行高强度运动时则应适当增加；食盐的摄入量建议不超过6克。

辅助性食品：体育锻炼人群常选择的辅助性食品包括糖及蛋白质类制品，这类食品能够为人体提供通过普通膳食无法完全补充的糖及蛋白质。但是，辅助性食品并非适合所有体育锻炼人群。通常，进行强度较低的有氧运动人群在运动之后体内的蛋白质消耗不会过大，而糖类消耗通过正常的饮食就能够补充，因此，并不需要特别地补充辅助性食品。此类辅助性食品更加适合长期进行高强度的无氧运动人群，在这类运动者运动前可摄入葡萄糖、麦芽糖等，而在运动结束后半小时内则可有针对性地选择食用一些蛋白粉或健肌粉。

探索与思考

1. 简述田径运动的营养特点。
2. 简述训练期间的营养特点。

模块四 体育运动与卫生保健

学习目标

知识目标

1. 了解运动损伤的分类。

2. 掌握常见的运动损伤及处理方式。

能力目标

能够根据损伤部位和损伤情况，及时采取处理措施。

素养目标

1. 具备人文关怀精神。

2. 具备独立获取知识、分析解决问题的能力。

导入案例

来自益阳的龚同学今年22岁，是一名在校大学生。半年前他开始跑步锻炼，每天要跑一个小时左右。然而两个月前，无明显诱因出现左膝关节疼痛不适，疼痛呈间歇性胀痛，休息后缓解，活动后加重。特别是跑步后，症状明显加重，有时甚至不能行走。龚同学自行买了一些消炎止痛的药物服用和涂抹，未见好转。

近日，龚同学到湖南省第二人民医院骨关节运动医学科门诊就诊。经科室主任李宝军检查诊断为左膝半月板撕裂，建议住院治疗。

完善相关检查后，入院第二天，医生为龚同学进行了关节镜日间手术：左膝关节镜检查、关节清理、外侧半月板部分切除成形术。术后第一天，龚同学就回学校上课了。

随着现代社会全民健身意识的提高，运动损伤的发生率逐年升高。如果运动后出现局部疼痛，肿胀剧烈，伴随严重的功能障碍，一定要及时就医检查，早处理，早解决，避免发展到慢性的结果。对于自己不能判断或者处理的运动损伤，一定要及时求助于专业的骨关节运动医学医生。

任务一 常见运动损伤的预防与处理

❥ 一、运动损伤的分类

运动损伤可能由单纯的暴力造成，如投掷实心球时，若用力过猛，则上臂有附加扭转动作可造成肱骨骨折，小翻卷曲造成腕部舟状骨骨折等；也可由劳损加爆发力所致，如在跳跃时由于动作不正确，两脚掌不是同时落地，使地面的反作用力并排均匀承担在两个跟腱上，久而久之就会造成单侧跟腱劳损变性，当受到突然外加较大的爆发力时，跟腱就会损伤，运动损伤的分类方法很多，可按损伤的性质、损伤的程度或损伤的组织等进行分类。

(1) 按运动损伤的性质分：慢性损伤和急性损伤。

(2) 按运动损伤的表现形式分：开放性损伤和闭合性损伤。

(3) 按运动损伤的程度分：轻度损伤、中度损伤和重伤。

(4) 按运动损伤组织结构分：皮肤、肌肉、肌腱韧带损伤，关节损伤，骨组织损伤，骨髓损伤，神经和血管损伤，关节滑囊和滑膜损伤等。

（5）按运动损伤时间分：新伤和旧伤。

二、常见的运动损伤及其处理

（一）软组织损伤

软组织损伤可分为开放性和闭合性损伤两类。前者有擦伤、刺伤和切伤，后者有挫伤、肌肉拉伤和肌腱腱鞘炎等。

1. 闭合性软组织损伤

受损伤的局部无创口者，称为闭合性损伤。主要包括关节扭伤、肌肉与韧带拉伤以及局部组织的挫伤等。关节扭伤是由于外力作用使关节活动超出正常生理范围，造成关节周围的韧带拉伤、部分断裂或完全断裂。闭合性软组织损伤早期处理的主要方法如下。

（1）冷敷。冷敷在应急处理过程中效果最为显著，它具有止痛、止血和减轻局部肿胀的作用。受伤后，可尽快用自来水冲淋受伤部位，也可用冷水或冰袋、酒精或白酒冷敷。有条件时可用氯乙烷、冷镇痛气雾剂喷射受伤部位，通常喷射距离约为 10 厘米，喷射时间为 3~5 秒，重复使用时至少间隔半分钟（不宜使用于面部和创口）。冷敷时须防止冻伤，尤其在寒冷季节。如受伤部位已出现肿胀，不要揉搓、推拿和热敷。急性软组织损伤后 1~2 天内，原则上不进行热敷。

（2）加压包扎。加压包扎是处理急性软组织损伤的关键，包扎得当可达到止血、防肿和缩短伤后康复时间的目的，受伤局部刚出现肿胀，或肿胀虽不明显（如臀部、大腿部），但疼痛剧烈、活动障碍明显的，应经短时冷敷尽快加压包扎。包扎时注意松紧适度，包扎太松达不到加压的目的，太紧会引起局部血液循环障碍。包扎后要注意观察肢体循环状况，一旦出现青紫、发凉或麻木感，应及时松解，重新包扎。加压包扎一般约需 24 小时。

（3）限制活动和抬高患肢。当肢体受伤较重时，为防止伤处继续出血，减轻肿胀和疼痛，一定要限制活动和抬高患肢数日，以促进血液、淋巴液的回流，加快消肿。闭合性软组织损伤又分急性损伤和慢性损伤。

下面介绍几种常见闭合性软组织急性损伤的原因、症状和处理方法。

（1）肌肉拉伤。

①原因与症状：肌肉拉伤是体育运动中最常见的一种肌肉损伤，通常指在外力直接或间接作用下，使肌肉过度主动收缩或被动拉长时所致的损伤。这种损伤特别是在准备活动不充分或运动过度时，以及动作不协调和肌肉弹性、伸展性、肌力差者更容易出现。肌肉拉伤后，受伤处肿胀、压痛，肌肉紧张或痉挛，触之发硬，出现功能障碍。严重的肌肉拉伤可导致肌肉撕裂。

②处理：肌肉拉伤可根据疼痛程度判断其受伤的轻重，一旦出现痛感应立即停止运动，受伤轻者可立即冷敷，使小血管收缩，减少局部充血和水肿，同时局部加压包扎，抬高患肢。切忌搓揉及热敷，24 小时后方可施行按摩或理疗。肌肉已大部分或完全断裂者，在加压包扎后，应立即到医院进行手术治疗。

（2）肌肉挫伤。

①原因与症状：肌肉挫伤是运动中身体某个部位受到钝性外力直接作用所引起的闭合损

伤。运动时身体相互冲撞，或身体某部碰在器械上，都可发生局部挫伤。单纯挫伤在损伤处出现红肿，皮下出血，并有疼痛以及功能障碍等。严重挫伤且有并发症时，还可能出现全身症状或特殊症状，若头部挫伤并发脑震荡或胸腹挫伤并发内脏器官损伤时，则出现头晕、脸色苍白、心慌气短、出虚汗、四肢发凉，烦躁不安，甚至休克症状。

②处理：在24小时内可冷敷或加压包扎，抬高患肢或外敷中药。24小时后方可施行按摩或理疗。进入恢复期后可进行一些功能性锻炼。如果怀疑有其他组织器官损伤并出现休克症状，应立即进行抗休克处理，然后送医院急救。肌肉断裂者应及早进行手术治疗。

（3）肩关节扭伤。

①原因与症状：一般因肩关节准备活动不充分、训练过度、用力过猛以及反复劳损所致，也有因技术错误、违反解剖学原理而造成损伤，肩关节扭伤多发生在排球、棒球和田径的投掷等运动项目中。其症状有压痛、疼痛，急性期有肿胀，慢性期三角肌可能出现萎缩，肩关节活动受到限制。

②处理：单纯韧带扭伤，可采用冷敷，再加压包扎，24小时后可用理疗、按摩和针灸等方法治疗。出现韧带断裂时，应立即送医院缝合和固定处理，当肩关节肿胀和疼痛减轻后，可适当进行功能性锻炼，但不宜过早活动，以防转入慢性病症。

（4）踝关节扭伤。

①原因与症状：踝关节扭伤多发生在赛跑、篮球、足球、跳高、跳远、滑冰、滑雪、跳伞、摔跤等运动中。在运动中因跳起落地时身体失去平衡，使踝关节过度内翻或外翻所造成的损伤。在准备活动不充分、场地不平坦或动作不协调等情况下，更容易造成这类损伤。踝关节扭伤后，伤处肿胀、疼痛，韧带损伤处有明显压痛，皮下淤血。如果疼痛剧烈，不能站立、行走，可能发生了骨折。

②处理：踝关节受伤后，应立即进行冷敷，用绷带固定包扎，并抬高伤肢。24小时后可根据伤情综合治疗，如外敷药物、理疗、按摩等，必要时进行封闭治疗，待病情好转后进行功能性练习。扭伤严重者，可用石膏固定。

（5）急性腰扭伤。

①原因与症状：急性腰扭伤是体育运动中极为常见的一种急性损伤，尤其在举重、跳水、跨栏、投掷、跳高、体操、篮球、排球等运动中容易发生。运动时因腰部受力过重，肌肉收缩不协调，或脊椎运动超过正常生理范围都可能引起腰扭伤。损伤后，腰部疼痛，有时听到瞬间咯咯作响，有时出现腰部肌肉痉挛和运动受到限制的情况。

②处理：腰部急性扭伤后，若轻度损伤，可轻轻按揉；若受伤较为严重，应立即让患者平卧，一般不应随意扶动，而用担架护送医院治疗。处理后，应睡硬板床或腰后垫一枕头，使肌肉韧带处于放松状态，先冷敷后热敷，24小时后可施行按摩，也可用针灸、外敷药物治疗。

（6）肌肉痉挛。

①原因与症状：肌肉痉挛俗称抽筋，是指肌肉不自主地强直收缩，变得坚硬，失去活动能力。游泳运动容易发生肌肉痉挛，最容易发生痉挛的肌肉是小腿后面的腓肠肌，其次是足屈拇肌和屈趾肌。引起肌肉痉挛的原因是多方面的，如在寒冷的环境中锻炼时，准备活动做得不充分，肌肉受到寒冷刺激后，兴奋性增加，容易引起痉挛；如果运动剧烈时间较长，由于大量排汗导致盐分丧失过多，破坏了电解的平衡，导致体内含盐量过低，兴奋性增高而使

肌肉发生痉挛；在锻炼中肌肉快速连续收缩，放松时间过短，以致收缩与放松不能协调地交替，也会引起肌肉痉挛。肌肉痉挛时，局部坚硬或隆起，且伴随剧烈疼痛，一时不易缓解。有的人在症状缓解后，仍有不适感并易再次发生痉挛。

②处理：发生肌肉痉挛时，一般可通过慢慢加力、持续牵拉肌肉的方式使之得到缓解并消除疼痛。如小腿抽筋时，可伸直膝关节，用力将足尖勾起或用异侧手牵拉前脚掌或用类似方法处理。牵拉时用力要适宜，不可突然用力。此外，采用重力按压、推、揉、捏小腿肌肉以及点压委中穴、承山穴、涌泉穴等手法，也可使痉挛缓解。游泳时若发生腓肠肌痉挛，不要惊慌，应尽量漂浮在水面，用异侧手握住前脚掌向身体方向牵拉，即可缓解肌肉痉挛。

2. 开放性软组织损伤

受损伤的局部有创口者，称为开放性损伤。开放性软组织损伤首先要止血。通常毛细血管出血，几分钟内会自行止住。创口出血较多时，现场可用干净的手帕覆盖伤口，再直接压迫或加压包扎止血；手指出血，则可先用力压住指根两侧或扎紧指根部止血。应减少创口污染，保持创口清洁，减少不洁物品接触创口。创口小、边缘对合良好的，可在消毒后直接用胶带牵拉固定一周。创口大或位于面部的创口要缝合，一周后拆线（面部则五天即可）。必要时口服消炎药，以防止感染。对于较深的污染伤口，应在清洁伤口后注射破伤风抗毒素。下面介绍几种常见开放性软组织损伤的原因、症状和处理方法。

（1）擦伤。

①原因与症状：擦伤是皮肤表面受到摩擦后的损伤。在运动中皮肤被擦伤最为常见，多发生在摔倒时，擦伤后皮肤有出血或组织液渗出。

②处理：如擦伤部位较浅，只需涂红药水即可；如擦伤表面较脏或有渗血，应用生理盐水清洗后再涂上红药水或紫药水，之后用消毒布覆盖，最后用纱布包扎。如果是面部轻微的擦伤可用生理盐水或凉开水清洗擦伤表面，在创口周围用75%酒精消毒，擦伤表面涂新洁尔灭溶液或消炎软膏，不需要包扎。对面部不要擦有色药水。关节附近擦伤用消炎软膏后再包扎较好，这样可以防止关节活动时擦伤表面干裂而影响愈合。

（2）撕裂伤。

①原因与症状：在剧烈运动时，受到突然强烈的撞击，造成肌肉撕裂。常见有眉际撕裂和跟腱撕裂等。开放性撕裂伤有出血、周围肿胀等现象，有疼痛感。

②处理：轻度开放性撕裂伤，用红药水涂抹伤口即可；裂口大时，则需要止血和缝合伤口；必要时注射破伤风抗毒素，以防破伤风症。

（二）骨折

1. 原因与症状

常见骨折分为两种，一种是皮肤不破，没有伤口，断骨不与外界相通的，称为闭合性骨折；另一种是骨头的尖端穿过皮肤，有伤口与外界相通的，称为开放性骨折。前者皮肤完整，较易治疗；后者皮肤破裂，骨折端与外界相通，容易发生感染，较难治疗。运动中发生的骨折多为闭合性骨折，属于严重的损伤之一，比较常见。

发生骨折后，肢体形态常发生改变，患处立即出现肿胀，皮下淤血，肌肉可产生痉挛，有剧烈疼痛，移动时可听到骨的摩擦声，肢体失去正常功能。严重骨折常伴有出血和神经损伤、发烧、口渴甚至休克等全身性症状。

2. 处理

发生骨折后，如有休克症状者，应先躺下，将下肢抬高，头部略放低，同时注意保暖，保持呼吸道畅通，并服用止痛药，防止休克。若受伤者昏迷不醒，可用指掐人中、合谷穴使其苏醒。如果发生开放性骨折大出血，应迅速止血并用消毒纱布等对伤口进行初步包扎，此时不可用手回纳，以免引起骨髓炎。骨折后暂勿移动患肢，否则会产生剧烈疼痛或加重损伤，并应用木板、塑料板等固定伤肢。若上肢骨折，可弯曲肘关节固定于躯干上；若下肢骨折，可伸直腿固定于健肢上；若疑似脊柱骨折，应平卧并固定躯体，不能抬起伤者头部，否则会引起其脊髓损伤或发生截瘫；若疑似颈椎骨折时，需固定头颈以避免晃动。对于骨折患者，不要盲目处理，最好是拨打急救电话请急救车送医院治疗。对伤者经过处理后，应选择适当的搬运方法尽快将其送医院治疗。

（三）关节脱位

1. 原因与症状

关节脱位即脱臼，是因受直接或间接的外力作用，使关节面脱离了正常的解剖位置所致。关节脱位可分完全关节脱位和半关节脱位（或称错位）两种。在发生关节脱位的同时，由于暴力的作用，常常伴有关节囊、周围韧带及软组织损伤，甚至可能伤及神经、血管等。在运动中发生的关节脱位，大都是因间接外力撞击所致。如摔倒时用手撑地，引起肘关节或肩关节脱位。

关节脱位常出现畸形，与健肢对比不对称，因软组织损伤而出现炎症反应、局部疼痛、压痛和关节肿胀等症状，并失去正常活动功能，甚至发生肌肉痉挛等现象。

2. 处理

一旦发生关节脱位，应叮嘱伤者保持安静，不要乱动，更不可揉搓关节脱位部位，妥善固定处理后送医院治疗。比如用长度和宽度相称的夹板固定伤肢，或者将伤肢固定在自己的躯干、健肢上；也可以先冷敷，扎上绷带，保持关节固定不动。如果是肩关节脱位，可把患者肘部弯成直角，用三角巾等宽带物把前臂和肘部托起，挂在颈上。如果是髋关节脱位，则应立即让患者平卧，并送往医院。必须指出，如果没有把握做整复处理时，切不可随意做整复手术，以免使伤情恶化。

三、常见运动性疾病的预防

大学生大都喜爱运动，并积极参与各项体育活动，但常常因缺乏一定的运动训练知识，受伤后往往造成不必要的痛苦，严重者甚至导致终生遗憾。为了减少运动损伤的发生，避免伤害事故，保证体育教学、训练和比赛正常进行，首要任务是做好预防工作。

（一）学习预防知识，增强安全意识

学习运动损伤的技术和理论，是防止发生运动损伤的基本要求。加强安全意识，克服麻痹大意思想是防止运动损伤发生的一个重要手段。认真进行体育道德风尚学习，提倡文明、健康的各种形式的体育比赛，也有助于预防运动损伤。

（二）做好准备活动和整理活动

准备活动可以提高中枢神经系统的兴奋性，克服机体机能活动的生理惰性，为正式练习

做好准备。准备活动能增加肌肉中毛细血管开放的数量，提高肌肉的力量、弹性和灵活性，同时，还可以提高关节韧带的机能，增强韧带的弹性，使关节腔内的滑液增多，防止肌肉和韧带的损伤。运动前要认真做好准备活动，除进行一般性、专门性的活动外，还要有针对性地对易受伤部位的关节、韧带和肌肉等做好准备活动。在进行准备活动时，既要使躯干、肢体的大肌肉群和关节充分活动开，同时，也要注意各个小关节的活动。运动、训练或比赛结束后要充分做好整理活动。

（三）合理安排运动负荷，遵循教学规律

要掌握正确的训练方法和运动技术，科学地增加运动量，避免使用单调片面的训练方法，防止局部负担量过重。对于不同性别、年龄、水平及健康状况的人，训练时在运动量的安排上应因人而异、循序渐进、遵循教学规律，注意全面地锻炼身体。身体的全面发展对掌握动作，提高技术、战术，尤其是预防运动损伤起着积极的、重要的作用。

（四）注意运动间隙的放松

在运动时，为了更快地消除肌肉疲劳，防止由于局部负担过重而出现的运动损伤，每次练习间隙应采取积极性放松的方法。许多锻炼群体对这一问题很不重视，往往采取消极性的休息，这样做并不能加快疲劳的消除，而且再练习时还易出现损伤。另外，放松应根据项目特点来进行。如侧重于上肢练习的项目，在间隙期可做些下肢练习。反之，则可做些上肢的练习。这样可以改善血液供给，使肢体中已疲劳的神经细胞加深抑制，得到休息，对于消除疲劳及防止运动损伤有着积极的意义。

（五）防止局部负担过重

锻炼时负荷过于集中，会造成机体局部负担过重而引起运动损伤。如膝关节半蹲起跳动作过多，易引起骨损伤；过多地练习鸭走步可引起膝内侧副韧带及半月板的损伤。因此，在锻炼中应避免单调的锻炼方法，防止局部负担过重。

（六）认真检查场地、器材，提高自我保护能力

熟悉运动环境，重视运动器材、场地的安全和卫生，掌握运动器材的正确使用方法，加强对场地器材的维护和检查。在运动中，需掌握运动要领，加强自我保护意识。如摔倒时，立即屈肘低头、团身，以肩背着地顺势滚动，不能用直臂或肘部撑地；从高处跳下时，要用前脚掌着地，注意屈膝、弯腰，两臂自然张开，以便缓冲和保持身体平衡。另外，不要穿戴不适合运动的鞋、服装和饰品参加运动。

（七）加强易伤部位练习

运动中肌肉、关节囊、韧带等软组织的损伤较为多见。增强股四头肌的力量可以防止膝关节损伤；防止肩关节损伤应加强三角肌、肩胛肌、胸大肌和肱二头肌的锻炼。因此有意识加强易伤部位的锻炼对预防损伤也具有重要作用。

（八）加强医务监督

加强医务监督，提高自我保健意识，并善于把握自己在运动前后的生理变化，定期进行

体格检查，了解身体生长发育和健康状况，结合实际，科学安排锻炼计划，或者在医生和体育老师的指导下进行体育锻炼。

任务二　体育锻炼的卫生保健与自我监督

体育锻炼是增进身体健康，增强体质的主要手段。但是体育锻炼必须遵循人体运动时的生理变化规律，并充分注意休息和卫生等，才能达到预期的目的。不按科学规律进行锻炼，不注意运动卫生，反而会损害健康。因此，体育必须与生理卫生相结合，体育锻炼时必须了解有关的运动生理卫生知识。

一、重视准备活动和整理活动

体育运动过程是人体由静态—动态—静态的变化过程。准备活动和整理活动就是实现这种"变化"的过渡手段。

（一）准备活动

准备活动是在运动或比赛前所做的各种身体练习。其目的主要是使人体为即将进行的运动或比赛做好机能上的动员和准备。

1. 准备活动的作用

（1）能克服机体的生理惰性。人体的各器官都具有一定惰性，一般来说，运动器官的发动能力较快些，而内脏器官则需3~5分钟动员才能进入较高工作状态。运动前做好准备活动，能提高心血管系统和呼吸器官的功能，使机体逐步适应剧烈运动的需要。

（2）能加速肌肉组织的新陈代谢，提高氧的利用率。准备活动使体温升高，增强了肌肉组织的新陈代谢过程，进而提高氧的利用率，为人体进入运动状态提供了良好的物质基础。

（3）能调节运动情绪。节奏快、强度大的练习，可提高锻炼的兴奋性；节奏慢、强度小的练习，可降低其过高的兴奋性，适当的准备活动能使人体进入适宜的运动状态。

（4）能预防运动损伤。准备活动能增强肌肉、肌腱和韧带的弹性与伸展性，使关节滑膜液分泌增多，关节活动范围加大，从而避免运动损伤和肌肉痉挛。

2. 准备活动的要求

准备活动有两种：一种是一般准备练习，如跑步、徒手操等；另一种是专项准备练习，如在打篮球以前先做投篮、传球、运球等练习，在游泳之前先在陆地上练习划臂、蹬腿、呼吸等。准备活动的运动量和时间的长短，应根据锻炼的项目、内容、气候变化和自己的身体状况而有所区别，一般使身体发热或微微出汗为宜，心率上升到130~160次/分，使内脏器官、肢体的活动幅度和肌肉力量等方面达到适宜工作状态。

（二）整理活动

整理活动是运动或比赛结束后做一些放松和整理的肢体和心理活动。其目的在于使人体由紧张的运动状态逐步过渡到相对安静的身体状态。

1. 整理活动的作用

（1）有助于人体机能尽快恢复常态。由运动引起的一系列生理、心理变化需要有一个逐步恢复的过程，整理活动可促使这一过程的转化。

（2）整理活动是一个轻松、活泼、柔和的活动过程，有助于肌肉的血液畅流，排出二氧化碳，消除代谢产物，以达到减轻肌肉酸痛、消除疲劳的效果。

2. 整理活动的要求

整理活动应着重于全身性放松。尽量采用轻松、活泼、柔和的练习，活动量逐渐减少，节奏逐步减慢，以促使呼吸频率和心率下降。如在长跑到达终点后，再慢跑一段或边走边做深呼吸和放松徒手操。特别在紧张剧烈的运动之后，一定要进行全身放松活动，以免身体受到损伤。整理活动之后，还要注意使身体保暖，以防身体着凉，引起感冒。

二、运动环境卫生

良好的运动环境，可以激发锻炼者的运动情绪和锻炼效率。反之，可抑制锻炼情绪，还可引起生理异常反应或诱发运动损伤。

（一）运动与空气卫生

空气是人类赖以生存的条件之一，氧是人体生命活动的重要物质。新鲜空气中含有大量负氧离子，它能调节大脑皮层功能，促进腺体分泌增加，改善呼吸功能，振奋精神，消除疲劳，有效地提高锻炼效果。然而，空气中一旦存在有毒气体，被人体摄入后，常引起某些器官、系统的损害和病变。如一氧化碳与体内血红蛋白结合，会形成碳氧血红蛋白，而导致人体缺氧；二氧化碳会损害人体肝脏。因此，体育锻炼时应注意以下事项。

（1）避免在空气污浊和恶劣的环境中锻炼。如气压过低、空气湿度过大，易使机体的散热机能受到阻碍；气温过高易中暑；风速过大，会影响运动进行。

（2）尽可能在室外锻炼。特别是在空气新鲜、环境幽雅的地方锻炼。在室内锻炼时，要开窗通风，室内禁止吸烟。

（二）运动与声响卫生

噪声是一种环境污染因素。它主要来自机器、汽车、高音喇叭、爆炸以及人群喧闹等。噪声会严重影响人的情绪和正常的生理活动。体育锻炼时常因受噪声干扰而影响运动技术的形成和锻炼效果，甚至造成运动损伤。因此，锻炼环境应保持相对安静，理想的声响强度不超过35分贝。

（三）运动与采光卫生

合理采光既使环境气氛和谐，有利于健康，也有利于锻炼活动的顺利进行。不合理采光会直接影响锻炼者的视力，妨碍锻炼活动的顺利进行，还容易发生损伤。

采光分自然采光和人工采光。运动场地要光线充足，室内照明以光线柔和、均匀、不闪烁、不眩目、不明显改变室内温度为宜，一般不小于50勒克斯。为了增加高度，窗户玻璃要清洁，室内装潢最好以浅色为主，使锻炼者感觉愉快和舒适。

（四）运动与场地卫生

1. 田径场卫生

跑道应当平坦、坚实而有弹性，无灰尘并保持一定的湿度；跳跃沙坑要有 50~60 厘米厚度的沙，且保持松软、没有杂物。沙坑周围宜用木质制作，并用橡皮包扎，与地面齐平；投掷区应有明显的标记，以免造成伤害事故。

2. 球类场卫生

足球最好铺有草皮，场地平坦、整洁、无杂物。篮、排、网球场地要平整，硬度适中，没有浮土，球场周围应有余地。

3. 游泳池卫生

最重要的是水质要符合卫生部门的要求，水中含氯量应达到 0.2~0.4 毫克/升，1 毫升水中杂菌数不应超过 100 个，大肠杆菌值不超过 3 个。水质透明度应达到静水时能看到池底的任何地方的要求。为了保持池水清洁，游泳前必须全身淋浴，并通过消毒脚池后入池。此外，深浅水区要有明显的标记。

到江河湖海里游泳时，必须事前查清水质和有无传染病菌并注意水深，水的流速以低于 0.5 米/秒为宜。不要到受污染的江河里游泳，也不要单人去游泳。

三、运动衣着与器材卫生

运动衣着和运动鞋应符合运动项目要求，并具有透气性、吸湿性等性能。运动衣着选择要轻便、舒适、美观、大方。夏季应以浅色薄运动衣裤为宜，冬季注意保暖，但又不妨碍运动。运动衣裤要勤换、勤洗，以免汗液和细菌污染机体。

运动器械要坚固，安装得当，并注意检查维修，防止生锈以及连接处脱落。健美、举重器材用后放回原处，体操垫硬度适中并保持整洁、美观。

四、自我医务监督与保健

自我医务监督，是指个体在体育锻炼过程中，对自身生理机能和健康状况观察和评定的一种方法。自我医务监督，有利于及时了解自己在锻炼过程中生理机能的变化，有利于防止过度疲劳，为合理安排锻炼计划、内容和方法提供依据。

（一）内容

1. 自觉状态

自觉状态包括身体感觉、运动情绪、睡眠、食欲、排汗、便尿等状态。

2. 生理指标

生理指标包括脉搏、体重、肺活量等指标。

3. 运动成绩

运动成绩包括身体素质、专项成绩以及其他伤病情况等。另外，女生还有月经状况监督等。

（二）方法

具体方法是将体育锻炼后出现的各种生理反应和所测定的有关数据，在医务监督表所属栏中记录下来。然后对各项记录进行综合分析和判断，检查内容、方法、运动负荷是否合理、科学。如果发现异常时，应及时检查和分析原因并向体育教师报告。在教师的指导下及时调整练习内容和运动负荷，必要时暂停锻炼或找医生做进一步检查。但是，锻炼后所呈现出来的各种生理反应和自我感觉不可能完全相同，有的可能属于"正常"，也有的可能属于"一般"，甚至个别指标属于"下降"或"极差"，对此要有明确的自我判断。

（三）要求

对于一般同学，医务监督每周记录一次（体育课后）；校代表队队员可在每次训练后记录一次，如表4-1所示。

表4-1 自我医务监督卡

类别	内容	反应
自我状态	身体感觉	正常、一般、较差
	运动情绪	正常、一般、较差
	睡眠	正常、一般、较差
	食欲	正常、一般、较差
	排汗情况	正常、一般、较差
生理指标	脉搏（次/分）	有规律、不规律、杂乱
	肺活量（毫升）	增加、保持、减轻
	体重（千克）	增加、保持、减轻
	尿便情况	正常、混稀
运动成绩	素质成绩	提高、保持、下降
	专项成绩	提高、保持、下降
女生经期情况		正常、不正常
其他	伤病情况	正常、不正常
	（记录病因）	正常、不正常

系班　　　　　姓名　　　　　日期

总结案例

科学步行"三、五、七"

"三"指每次步行3千米，30分钟以上，一次走完最好。最新研究表明，分为2、3次走完效果基本相同。

"五"指每周运动5次左右，若每周只运动一次就没有什么效果了。如能每天都运动，那就是有规律的健身运动，最为理想。

"七"指运动剂量达到中等量。中等量运动是指心率加年龄等于170次/分（比如某人50岁，运动时心跳动达到120/分；某人70岁，运动时心跳100次/分）即可。由于个人个体情况、身体素质不同，结合自我感觉酌情增减，增减至心率加年龄等 150~190 次/分。已有心血管或其他疾病者宜在医生指导下循序渐进运动。

任何适量运动都对身体有益，但安全有效的运动应遵循有恒——持之以恒，有序——循序渐进，有度——适度运动这三个原则，还要兼顾方便易行，四季皆宜。

探索与思考

1. 怎样预防运动损伤？
2. 发生骨折时应如何处理？

模块五　体能训练与发展

学习目标

知识目标

1. 了解体能的两种基本类型。
2. 了解体能锻炼计划的制订原则。

能力目标

1. 掌握发展各项体能的基本锻炼方法。
2. 能够在实际锻炼中熟练运用跑步进行训练。
3. 能够根据自身职业特点制订职业体能锻炼计划。

素养目标

1. 培养健康的体魄和良好的体育素质。
2. 通过科学的体能锻炼计划,提高耐力、柔韧性和速度等方面的素质。

导入案例

刘同学的健身困惑

刘同学每天都跑步,他给自己制订的跑步计划是每天晚上下课之后去操场跑 3 000 米。操场上的人很多,和大家一起跑步也很容易坚持。第一周,刘同学每天都精神饱满地完成跑步。坚持了一个月之后,刘同学发现自己在跑 3 000 米时已经不像一开始的时候那样费劲了,非常地轻松。于是他对自己的速度做出了更高的要求,自己的 3 000 米要在 15 分钟内完成。又坚持了一段时间,刘同学觉得每日这样跑步太无聊了,很难再继续进行下去。

刘同学给自己制订了具体的运动计划,并且很好地实施了,而且还根据自身情况调整了阶段性目标。那么,为什么刘同学还是会出现负面情绪呢?

任务一　健康体能发展的基本原理

一、认识体能

(一) 体能的基本概念

体能是人类适应生活、工作、学习等活动应具备的各种身体能力。体能分为健康体能和运动体能两部分。健康体能是人们维系健康所具备的身体能力。健康体能使我们以饱满的精力、向上的姿态去面对学习和生活。有些同学在生活中很容易感到疲惫,没做多少事就感到很累,学习生活的热情也不高,就像打了霜的茄子,没有精气神。而经常运动的同学则充满了朝气,很有活力,可以同时应对很多事情且游刃有余。这除了和个人能力有关,还与健康的体能密切相关。

1. 健康体能

从生理层面而言,健康体能和以下几个因素息息相关。

（1）心肺耐力。指在持续性身体活动中循环系统和呼吸系统供应氧的能力。通过体能锻炼能有效地发展心肺耐力，预防冠心病等心血管疾病。

（2）肌肉力量、肌肉耐力。前者是指肌肉或肌肉群一次竭尽全力收缩时对抗阻力的能力。后者指肌肉或肌肉群多次重复收缩而不疲劳的能力。人体所有活动都离不开肌肉收缩，良好的肌肉力量和肌肉耐力是健康生活的保障，也是发展其他体能的基础。

（3）身体成分。指人体内水、蛋白质、脂类、糖类、无机盐以及维生素的含量和占比。在运动方面，我们主要考察人体总体重中脂肪成分的质量和非脂肪成分的质量的相对数量关系。

2. 运动体能

运动体能是在健康体能的基础上，人们所具备的与运动相关的身体能力。运动体能对于人的能力提出了更高层次的要求。对于健身者而言，发展运动体能可以从事更多种类的体育运动，如考察灵敏与速度的地板球，需要平衡性的跳绳，需要协调性的赛艇等。对于竞技者而言，发展运动体能可以帮助他们在赛场上发挥出更好的成绩。对于学生而言，发展运动体能可以帮助大家应对体育测试，同时有机会在课余时间尝试不同的体育项目，感受体育的乐趣。

运动体能和如下要素密切相关。

（1）灵敏度。指人体在复杂条件下，快速、准确、协调地变换身体姿势和运动方向并随机应变的能力。

（2）速度。指在单位时间内，全身或身体的任一部位从一个位置快速移动到另一个位置的能力。

（3）协调性。指人体各部分肢体或肌肉在动作中的配合能力。

（4）平衡性。指人体在相对静止状态或动态条件下维持身体姿势稳定的能力。

（二）体能运动的基本类型

体能运动的种类多种多样，有球类运动，如篮球、足球、网球等；有中国传统运动，如太极拳、木兰拳等（见表5-1）。其中，较为常见且应用较广泛的项目有跑步、游泳和自行车，三者中跑步是最常见的运动方式，广受大众欢迎。

表5-1 体能运动的基本分类

运动类型	运动方式	健身效果
中等强度的体能运动	健身走、慢跑（6 000～8 000 米/小时）、骑自行车（12～16 千米/小时）、登山、爬楼梯、游泳等	改善心血管功能、提高呼吸功能、控制与降低体重、增强抗疾病能力、改善血脂、调节血压、改善糖代谢
大强度的体能运动	快跑（8 000 米/小时以上）、骑自行车（16 000 米/小时以上）	提高心肌收缩力量和心脏功能，进一步改善免疫功能
球类运动	篮球、足球、橄榄球、曲棍球、冰球、排球、乒乓球、羽毛球、网球、门球、柔力球等	提高心肺功能、提高肌肉力量、提高反应能力、调节心理状态

续表

运动类型	运动方式	健身效果
中国传统运动	太极拳（剑）、木兰拳（剑）、武术套路、五禽戏、八段锦、易筋经、六字诀等	提高心肺功能、增强免疫机能、提高呼吸功能、提高平衡能力、提高柔韧性、调节心理状态

二、健康体能的技术标准和强度评价

（一）发展体能的技术标准

1. 运动量

运动量是由运动的频率、强度和时间（持续时间）共同决定的，每周的总运动量用来评价运动量是否达到了促进健康的推荐量。

运动量的推荐值是 500~1 000 代谢当量/周，大约相当于每周消耗 1 000 千卡的热量，或者大约每周 150 分钟中等强度的运动；每天步行 5 400~7 900 步或更小的运动量也可能为低体力水平的人带来健康好处，而体重管理者则可能需要更大的运动量。不同运动健身方式的运动量见表 5-2。

表 5-2　不同运动健身方式的运动量

运动项目	运动强度	运动时间/分钟	运动频率/（天·周⁻¹）
快走、慢跑、游泳、自行车、扭秧歌	中	≥30	5~7
跑步、快节奏健美操	大	≥20	2~3
太极拳、气功	中	≥30	3~7
篮球、足球、网球、羽毛球、乒乓球	中、大	≥30	3
力量练习	中	≥20	2~3
牵拉练习	一	5~10	5~7

2. 运动时间

运动时间是指一段时间内进行体力活动的总时间（即每次训练课的时间、每天或每周运动的时间）。

一般锻炼者建议每天运动 30~60 分钟，每周 150~300 分钟中等强度运动；或每周 75~150 分钟大强度运动；或中等强度、大强度运动交替进行。

以管理体重为目标的体能运动，需要更长的运动时间（每天至少 60~90 分钟）以达到降低体重的目的。

需要注意的是，完成推荐量可以是连续的，也可以是一天中以每次至少 10 分钟的多次活动累计完成。即便运动时间低于最小推荐量，也可能会带来健康益处。

3. 运动方式

不同运动方式的推荐人群详见表 5-3。

表 5-3 不同运动方式的推荐人群

运动分组	运动类型	推荐人群	运动举例
A	需要最少技能或体能的耐力活动	所有成年人	步行、休闲骑行、水中体能运动、慢舞
B	需要最少技能的较大强度耐力运动	有规律锻炼的成年人或至少中等体能水平者	慢跑、跑步、划船、有氧健身操、动感单车、椭圆机、爬台阶、快舞
C	需要技能的耐力运动	有技能的成年人或至少中等体能水平者	游泳、越野滑雪、滑冰
D	休闲运动	有规律锻炼计划的成年人或至少中等体能水平者	网球、羽毛球、篮球、足球、高山速降滑雪、徒步旅行

4. 运动频率

我们要根据实际情况和自身情况对运动的持续时间、频率和强度进行调整，逐步达到运动目标。如果一开始还不能达到预期的运动强度和时间，可以先减量完成。运动开始的 4~6 周中，每 1~2 周将每次训练的时间延长 5~10 分钟。规律运动 1 个月后，在接下来的 4~8 个月中，逐渐增加运动量、延长运动时间，直到达到推荐的数量和质量。循序渐进的运动方法可以降低运动损伤。

（二）体能运动的强度监测

体能运动的强度监测分为三种方式：心率监测、呼吸监测和主观体力感觉监测。前两种有一定的计算方法和计算公式，监测结果准确客观；后一种凭借个人主观感觉，简单易行，可操作性更强。

1. 心率监测

可以使用 HRR（储备心率）法来测算运动的靶心率（目标心率）范围，运动中，通过对心率这一客观数据的监测来达到监测运动强度的目的。要计算靶心率，首先要推测最大心率，公式见表 5-4。

表 5-4 最大心率推测公式

公式	适用人群
最大心率 = 220 - 年龄	少部分男性和女性
最大心率 = 216.6 - 0.84 × 年龄	4~34 岁男性和女性
最大心率 = 207 - 0.7 × 年龄	适用所有年龄段和体能水平的成年男女

根据最大心率，利用 HRR 法公式计算靶心率范围：

靶心率（THR）=（最大心率-安静心率）×期望心率%+安静心率

其中，安静心率可通过自己在安静状态下测试一分钟脉搏而得到，一般运动时，期望心率%的范围在 40%~60%。例如，一位大学生年龄为 22，使用第三个计算公式，最大心率 = 207 - 0.7 × 22 = 191.6；安静心率为 63，靶心率 =（191.6 - 63）×（40%~60%）+ 63，计算出靶心率的范围为 114.44~140.16，故此次运动的心率范围应控制在 114~140 为宜。

2. 呼吸监测

体育健身活动引起人体呼吸频率和呼吸深度变化，可以根据运动中的呼吸变化监测运动强度，不同呼吸状态对应的运动强度见表5-5。

表5-5　不同呼吸状态对应的运动强度

呼吸状态	特征描述	运动强度
呼吸轻松	与安静状态相比，运动时呼吸频率和呼吸深度变化不大，呼吸平稳，可以唱歌。这种呼吸状态下的运动心率一般在100次/分以下	小强度运动
比较轻松	运动中呼吸深度和呼吸频率增加，可以正常进行语言交流。运动心率相当于100~120次/分	中小强度运动
比较急促	运动中只能讲短句子，不能完整表述长句子。运动心率相当于130~140次/分	中等强度运动
急促	运动中呼吸困难，运动中不能用语言交谈。运动心率一般超过140次/分	大强度运动

3. 主观体力感觉监测

不同主观感觉对应的运动强度见表5-6。

表5-6　不同主观感觉对应的运动强度

呼吸状态	等级	运动强度
根本不费力	主观体力感觉6~7级	
极其轻松	主观体力感觉8级	
很轻松	主观体力感觉9~11级	
轻松	主观体力感觉12~13级	小强度运动
稍累	主观体力感觉14~15级	中等强度运动
累	主观体力感觉16~17级	大强度运动
很累	主观体力感觉18级	
极累	主观体力感觉19级	
力竭	主观体力感觉20级	

体能运动的强度监测最有效的方法有两种，第一是以时间为标准，即控制跑步的配速；第二是以脉搏为标准，即监测心率，使之在靶心率的范围之内。运用这两种方法，有助于我们达到预定的运动目标。

三、发展体能的方法

体能训练对促进人体健康有着不可小觑的作用，可以帮助发展心肺功能，提高人们持续运动的能力。良好的心肺功能是从事一切运动的基础，当我们进行持续的体育活动时，如果呼吸系统和循环系统能保持高效正常运转，供给我们充足的血液和氧气，那我们的体育运动就能继续进行。

有了心肺耐力和肌肉力量作为基础，整体的运动耐力就会增强。可以把肌肉力量和耐力看作是硬件配置，心肺是让肌肉身体各部分正常运作的发动机和传送带。

坚持体能锻炼可以有效地改善身体成分，将体内的脂肪、骨骼量、矿物质、体内蛋白质含量控制在合适的范围之内，同时也有助于发展人的速度及灵敏、协调、平衡、反应能力。

（一）发展心肺耐力

发展心肺耐力的主要方法是从事有氧运动。有氧运动时，心率加快，呼吸频率增加，对心肺有很好的刺激和锻炼作用。有氧运动中最常见的就是跑步。

（二）发展肌肉力量和耐力

发展不同部位肌肉的力量和耐力有不同的训练方法。

1. 发展胸部肌肉力量的锻炼方法

（1）卧推：平躺于凳上，双手正握杠铃，握距略宽于肩。眼睛与杠铃正好对齐，从杠铃架上举起杠铃直至胸部正上方。以可控制的方式，向下移动杠铃至胸部。杠铃触到胸部，然后推杠铃返回起始姿势。一组10~15次，重复3~5组。

（2）俯卧撑：练习者身体保持从肩膀到脚踝成一条直线，双臂放在胸部位置，两手相距略宽于肩膀。用2~3秒时间来充分下降身体，最终胸部距离地面应该是2~3厘米距离。用力撑起，回到起始位置。一组20次，重复2~4组。

2. 发展肩背部肌肉力量的锻炼方法

（1）俯身提拉：杠铃置于地，双手正握抓杠，握距略宽于肩提拉杠铃。两脚开立，与肩同宽，膝关节稍屈。提拉至人体直立后放下，重复上述动作。来回10次，重复3~5组。

（2）横向伸展运动：呈站立姿势，手臂先前平举，再缓缓成侧平举，再缓缓成后平举（尽可能地向后伸展）之后再进行侧平举、前平举，即：前平举–侧平举–尽可能后平举–侧平举–前平举。重复上述动作，来回10次，重复3~5组。进阶版可手握哑铃进行上述动作。

3. 发展腿部肌肉力量的锻炼方法

（1）深蹲：双脚开立与肩同宽站立，将杠铃放在肩上，保持躯干正直，然后保持躯干姿势下蹲直至大腿与地面平行，慢起恢复至起始姿势。来回10次，重复3~5组。

（2）箭步跳：肩负杠铃，呈弓箭步，每次跳跃前后脚交换，来回10次，重复3~5组。

（3）台阶跳：一脚立于台阶上，另一脚立于地面，双脚跳跃交换，来回30次，重复3~5组。

4. 核心区力量的练习方法

（1）平板支撑：人俯卧，手肘撑地，脚尖着地，身体成一直线，保持这一姿势坚持1分钟，重复2~3组。进阶版可增加每组的时间，如增加为2分钟，在第2分钟时左右脚交替抬腿提膝，增加难度。

（2）臀桥：人仰卧平躺，小腿立起与地面垂直。将臀部抬起使大腿和躯干成一直线，再放下，但臀部不要落地。可抬起放下，来回20次，重复3~5组。可保持臀部抬起3分钟，重复3组。

（三）发展速度和协调平衡能力

1. 速度的分类

速度分为反应速度、动作速度和移动速度。反应速度对应反应能力，是人们应对刺激的应答能力，如运动员的起跑时间。动作速度对应灵敏性，是指人体或人体某个部分快速完成单个或一套动作的速度，如篮球中的一次传接球、足球的一次胸部停球。移动速度就是我们通常所说的速度，如男子 100 米跑了 10 秒，如女子 1 000 米游了 20 分钟。

2. 速度练习

（1）折返跑：两线之间相隔 30 米，练习者在两线之间迅速来回运动，以手触线后快速折返，重复 3 个来回，重复 3 组。起跑需要注意力高度集中，反应速度快。

（2）双人行进间抛球练习：两人对向站立，相隔 2.5 ~ 3 米，侧面对前方，向前运动，同时来回抛球，既要保证行进速度，又要在行进中注意接球。可用于训练篮球运动员和一般运动员的反应能力。

3. 灵敏度练习

（1）"贴烧饼"：若干练习者以两人为一组前后站立成一个圆，选两人一追一逃，逃者贴于某组"前人"之前，而该组"后人"逃跑，如逃者被抓住则改为追者，反复练习。

（2）"打野鸭"：若干练习者围成一圈，席地而坐，选取 3 ~ 5 位（视总体人数而定）练习者站在中间扮演"野鸭"，坐者之中有 3 ~ 4 人持球在圈内滚动，以击打"野鸭"，"野鸭"被击中则与击打者对换角色，反复练习。

4. 发展协调与平衡能力

在学习广播体操时，一般会先教一节操的手部动作，再教一节操的腿部动作，之后合起来练习。有些练习者在分解练习时尚可，但手脚同时练习时就会出现跟不上节奏，手忙脚乱的情况。这其实就是手脚配合不够协调，当然也有熟练度的问题。进行单脚支撑练习时，有些练习者能重心平稳站立，有些练习者则摇摇晃晃，伸展手臂辅助平衡，这其实是因为每个人的平衡能力不同。以下简单介绍一种典型的发展平衡能力的方法：平衡球训练。

练习方法：练习者站立于平衡球上保持平衡球的横栏不着地，坚持 2 分钟，重复 3 ~ 5 组。平衡球实则是训练如何把重心平均分配给两腿，用力平均才能不落地。其实无论是协调能力还是平衡能力，都贯穿于各个运动项目的始末，当我们从事一项运动，如篮球，在反复练习传球的方法、投篮的准度、与队友的配合时，我们也在不知不觉中发展了身体的协调能力和平衡能力。

任务二　体能锻炼计划的制订与实施

一、制订体能锻炼计划遵循的原则

（一）可行性原则

体能计划最重要的一点在于切实可行。只有可操作的锻炼计划才能长期坚持。运动贵在坚持。比如，我们把滑雪、冰壶、高尔夫作为每天锻炼体能的项目显然不合适。我们可以把较为简单、条件限制较少的运动作为经常性运动，把那些趣味性高但限制条件多的运动作为偶尔性运动。

（二）循序渐进原则

正如上一任务介绍"运动频率"概念提到的，我们可以根据自身实际情况对运动量、运动频率、运动时间进行灵活调整，循序渐进，由浅入深地进行体育活动。发展体能是一个渐进的过程，欲速则不达。

（三）多样性原则

如果每天都进行同一种运动必然会枯燥，就如同本模块导入案例的刘同学那样。我们可以把不同的运动交叉安排，一方面锻炼了身体不同部位的肌肉群力量，另一方面也增加了体育活动的趣味性。

二、跑步计划的制订与实施

慢跑作为一种最普通、较简单的体能运动方式，因其所受限制较少、对硬性装备的需求较低，广受大众欢迎。本任务介绍跑步的相关技术实践，意在从实践层面指导大家如何根据自己身体实际情况科学跑步，并适当运用理论分析其原因。因本书"田径"部分有对短跑和中长跑技术动作的详细介绍，在此不再赘述，而是着重介绍如何制订跑步的训练计划。

（一）跑步的基本类型和训练计划的制订

在制订跑步计划之前，我们先来了解耐力跑的多种类型，每种类型的训练目的各不相同，我们可以根据不同的需要安排每日的训练内容。

1. 匀速跑

以运动健身为目的的慢跑最好全程匀速跑，不要随意改变速度、忽慢忽快，以免造成体力消耗过快。每一次速度的改变都要打破之前的身体平衡，包括改变先前的呼吸、迈腿、摆臂节奏，必须全身配合适应改变，当然也容易出现不适感。匀速跑的全程整个身体都以同一节奏运动，主观感受相对比较舒适。

2. 节奏跑

节奏跑，顾名思义，是以一定的节奏进行跑步活动。跑步者以相对较快的速度持续跑步较长距离，跑步者需要具备控制速度、保持速度的能力才能在这一过程中坚持完成。具体方案如下。

（1）先制订此次锻炼的目标距离。

（2）明确自己完成目标距离的最快配速（最好成绩）和自己完成目标距离的轻松配速（丝毫不费劲地完成目标的速度）。

（3）根据最好成绩，在保持一定强度的条件下，略降低目标配速，完成此次训练。

（4）目标速度和目标距离一旦确定，就告诉自己，这是在我能力范围之内的目标，我一定可以完成。当跑步过程中意志消沉、心理抗拒时，也要怀着必胜的信心坚持下去。如若身体上出现不适，请及时停止该次锻炼，适当休息调整。

一位大学生某天的锻炼实例如下。

（1）此次锻炼的目标为 10 千米。

（2）最好成绩是 47 分 48 秒，配速为 4 分 46 秒。轻松配速为 5 分钟。

（3）制订此次节奏跑的配速：4 分 50 秒到 4 分 55 秒。为平稳起见，一开始的 4~5 千米可用 4 分 55 秒的配速完成，若状态尚可，可增加速度，用 4 分 50 秒完成后半程；如若训练当天状态不好，感觉吃力，可以继续维持 4 分 55 秒的速度，或酌情减速。

（4）如若跑步过程中出现疲惫、厌倦、消极的情况，首先要学会判断，是心理上不想跑，还是身体上不想跑。如果是心理上不想跑，还是要鼓励自己坚持下去。有效的激励方式因人而异，可探索适合自己的方式。

在此介绍一个比较有效的坚持方法：专注节奏、调整呼吸。在实践中虽然有很多激励言语，比如"加油""还有 5 圈""你是最棒的"，但是真的到了跑得不愿意跑的时候，这些言语激励都不管用，比如提起剩余距离会让跑步者更加心烦，"你是最棒的""加油"这种鼓励难以缓解身体上的痛苦。所以，还是要回到跑步本身。

跑步的关键有两点：呼吸和节奏。痛苦的时候，痛苦本身分散了跑步者的注意力，导致跑步者关注身体上的痛苦而感觉更加痛苦。所以要把注意力再拉回到跑步本身，即呼吸和节奏。专注保持现有的节奏，用步频、步幅跟上节奏，再调整呼吸，适应现有节奏。根据多年的经验，这种痛苦持续时间不会太长，一般出现在跑步中段（10 千米中 4~6 千米处）。过一会儿，就会觉得稍微好些，再过一会儿，就临近终点了。快要到终点时，跑步者总会继续坚持下去。所以真正考验意志的时候，也就那么一段时间，所谓跑步的"关键时间段"。希望跑步者都能靠毅力顺利度过"关键时间段"，完成预定目标。

3. 间歇跑

（1）间歇跑的起源。

20 世纪 50 年代，德国心脏学家赖因德尔和教员倍施勒提出间歇训练理论，认为训练时心率达 170~180 次/分钟，间歇后到心率达 100~125 次/分钟时再进行训练，这样有利于增强心泵功能。

间歇跑在实践中被运用且效果显著，前捷克斯洛伐克的长跑选手埃米尔·扎托皮克，被誉为 20 世纪最伟大的长跑运动员。他先后参加过 1948 年、1952 年和 1956 年三届奥运会，获得 4 金、1 银共 5 枚奖牌。在 1952 年的奥运会上先后夺得 10 000 米、5 000 米和马拉松跑的 3 枚金牌，并且打破了这 3 个项目的奥运会纪录。

除了扎托皮克在长跑运动中天赋异禀，他能创造这种体育奇迹还要归功于其不同于他人的训练方法——间歇训练法。具体方法是：先跑 5 个 200 米，再跑 25 个 400 米，最后再跑 5 个 200 米。

（2）间歇跑的原理。

首先，我们不要对"5 个 200 米、25 个 400 米、5 个 200 米"感到恐惧，我们先来分析一下间歇法的特点：单次距离短、每次速度大、间隔时间短、总体次数多。间歇训练法是一种强度训练，一般用于赛前一周，可以让身体承受较大强度的负荷，刺激心肺，以求赛场上能承受高强度的运动，发挥出好成绩。对于普通跑步者而言，间歇训练法可以让自己适应更高的强度，提升跑步速度和成绩，超越自己。

跑步者可根据自身条件和预期目标为自己设定间歇训练的计划。制订方案没有一个万能的公式，要依靠跑步者对自身的了解有的放矢。此处以一位女大学生为例，她本周有一个1 500 米的比赛，故而在比赛的前两周左右进行间歇训练。不在比赛前一周训练，是因为间歇训练体力消耗较大，身体经过间歇训练后要一段时间才能恢复。训练内容为 10 个 400 米，每个预期的时间是 1 分 30 秒（若她全力跑一个 400 米，最快也要 1 分 20 秒；1 分 40 秒跑10 个 400 米对她而言较为轻松，达不到刺激的效果；故将每个 400 米定在 1 分 30 秒较为合理），且每个 400 米之间间隔的时间也为 1 分 30 秒（即用 1 分 30 秒跑完一个 400 米后，休息 1 分 30 秒，再跑第二个，以此类推，直到跑完第 10 个）。

有一个较为客观的方式可以测试跑步者的心肺功能是否强大——测试心率。如果跑步者跑每个距离时的心率可以快速达到 180~200 次/分钟，且经过等同时间休息后心率快速恢复正常（或接近正常），则说明该跑步者心肺功能强，反之则弱。间歇跑就是在训练跑步者承受强度、快速恢复的能力。

4. 加速跑

加速跑一般应用于跑前，目的在于充分调动心肺，使身体进入运动状态。对运动员的精神也起到刺激作用，使运动员更加兴奋，希望开始运动。每个加速跑的跑动距离在 60~80 米，跑步者跑动速度由慢到快、步幅由小到大，逐渐加速。有点类似于短跑运动员出发后的前几步。重复做 3~5 组。

对于健身者，只要匀速慢跑就可以达到健身的目的，慢跑和游泳穿插进行增加趣味性。但是竞技者需要将上述跑步方式穿插训练以提升成绩。同样，如果健身者希望在跑步时提升成绩，增强心肺功能，提高身体素质，也可以用竞技者的训练方法，突破已有的"舒适圈"。

健身者与竞技者一周运动计划对比见表 5-7。

表 5-7 健身者与竞技者一周运动计划对比

时间	健身者	竞技者
周一	匀速慢跑	节奏跑
周二	游泳	慢跑休整
周三	匀速慢跑	间歇跑
周四	游泳	慢跑休整
周五	匀速慢跑	节奏跑
周六	游泳	长距离跑
周日	休息	休息

任务三 发展职业体能的实用技术

一、职业体能概述

职业体能是与职业（劳动）有关的身体素质以及在不良劳动环境条件的耐受力和适应能力，是经过特定的工作能力分析后所需具备的身体活动能力，包括重复性操作能力、背肌承载静态力的能力、其他肌肉群能达到维持工作姿势要求的能力，以及人体对工作环境的忍耐程度等能力。

在人的职业劳动中，体育的贡献在于提高人的身体素质和劳动能力，起到在劳动力再生产中期培养、保护、恢复和增强劳动力的作用。高职院校以培养国家需要的实用型高技能人才为主要目标。高职生的劳动是现代高科技下的技能性、创造性劳动，是属于物化劳动过程而非简单的纯体力劳动。学生毕业后所从事的职业岗位工作客观上对其体能提出了不同的要求：要适应紧张而单调的流水作业；要承受机械的振荡、噪声的干扰；要经得住特殊气味及高温强冷的侵袭；要能在高、难、险的环境下完成高精度的生产任务；等等。这就需要未来的高职人才不仅具有较高的职业技术操作能力，而且还应当具备较强的体能。未来职业岗位对专业人才的要求不仅要有较强的技术能力，还要有与其相关的力量、耐力、速度、柔韧、灵敏等身体素质，只有职业技术和职业体能发展相得益彰才能发挥最大作用。

在职业化劳动中身体部位的活动具有局部性、重复性、固定性和持续性的特点，体育活动能够帮助更好地掌握劳动技能和劳动规律，养成正确并能节省力量进行工作的熟练技巧。若对应这些身体部位进行实用性体能训练，能提高掌握技能的速度和能力。

二、职业体能发展的依据

根据人力资源和社会保障部认定的职业分类目录和教育部有关专业目录的分类标准，按职业岗位劳动特点，将身体姿态相对地划分为静态坐姿类、静态站姿类、流动变姿类、工厂操作姿态类、特殊岗位姿态类 5 大类。

我们应结合高职院校的专业设置进行归类，分析各职业操作动作能力的对应性和补偿性，以学生专业对应岗位操作动作的解剖学、生理学特点，学生专业和对应的职业工种的操作姿势，职业工种操作活动的性质，不同职业病的不同防治方法等为依据，根据相互之间的互联关系，有针对性地进行职业体能的发展和训练。

三、职业体能训练与发展的内容和方法

体能的发展应根据不同职业的工作方式、解剖特点、生理特征、职业技能、实用体能素质等，寻求与职业特点关系最密切、最能适应职业体能发展需求的运动项目、素质练习和缓解疲劳等隐性可训练的内容。

（一）坐姿类职业体能训练方法

1. 耐力素质

（1）腰背部肌肉群力量与耐力练习。

①体后屈伸。要领：俯卧在垫子或长凳上。以髋部支撑，脚固定，两臂前举连续做上体后屈伸动作或者保持上体屈伸 6~8 秒。

②俯卧两头起。要领：俯卧在垫子或长凳上，两臂前伸，两腿并拢伸直。两臂和两腿同时向上抬起，腹部与坐垫成背弓，然后积极还原，连续练习。15~20 次为一组。

③仰卧过顶举。要领：仰卧在地板或垫子上，两腿并拢伸直。双手重叠握住哑铃把的一端，开始时将哑铃提起，两臂伸直，重量承受在胸部上端，然后慢慢从头顶上往下放，直至两臂能舒适伸张到头顶的后下方，然后开始举回成原来的姿势。

④哑铃单臂划船运动。要领：两脚前后开立，身体前弯，一只手支撑于椅面上，另一只

手提起哑铃。吸气用力，持哑铃手侧上提至胸部高度，再呼气放下。连续 8~12 次之后，再换另一只手练习。

⑤高翻。要领：两脚开立，约与肩宽，双手正握杠铃，握距同肩宽，挺胸塌腰，将杠铃提起至大腿中下部迅速发力，翻举至胸部。还原后，再反复进行。

⑥持铃耸肩。要领：身体直立，正握杠铃，然后以肩部斜方肌的收缩力使两肩胛向上耸起（肩峰几乎触及耳朵），直至不能再高时为止。还原后，反复进行练习。

（2）颈肩部肌肉群力量与耐力练习。

①屈伸探肩。要领：坐立均可，上背挺直，双手叉腰，眼睛正视前方。头缓缓地向左偏，努力接近左肩，保持 6~8 秒，还原；以相同的姿势换方向做，还原。

②摸耳屈伸。要领：坐立均可，两手自然放于体侧，眼睛正视前方。右手叉腰，同时将左手侧上举，越过头顶去摸右耳，同时头向左侧倾斜，还原；再用右手以同样的姿势去摸左耳，还原。

③手侧压颈屈伸。要领：坐立均可，上背挺直，眼睛正视前方。左手按头左侧，右手叉在右侧腰间。左手用力把头向右侧推压，颈部则用力顶住，使头克服颈部阻力后逐渐被压倒。然后，颈部用力把头向上向左抬起，左手则用力压住头部，不让其轻易抬起，但逐渐完全竖直。练完一侧，再练另一侧。

④双手正压颈屈伸。要领：坐立均可，上背挺直，眼睛正视前方，双手十指交叉，按在脑后。双手用力压头部，使其向前下屈，颈部则用力顶住，使头克服颈部阻力后逐渐被压到颈部触及锁骨柄。然后，颈部用力把头向上抬起，两手则用力压住头部，不让其轻易抬起，但逐渐抬到原位。

⑤耸肩。要领：坐立均可，上背挺直，双手叉腰，眼睛正视前方。双肩缓缓往上耸，尽力去碰耳朵，保持 6~8 秒，然后放下。

（3）腕部肌肉群肌肉力量与耐力训练。

①屈伸腕动态练习。要领：立正，一手持哑铃，掌心朝上。另一手微托持哑铃手肘关节，靠于腰部，手紧握哑铃以 2 秒钟一次的频率做屈伸腕运动。

②屈伸腕静态练习。要领：立正，一手持哑铃，掌心朝上。另一手微托持哑铃手肘关节，靠于腰部，手紧握哑铃充分屈腕静止 15 秒，休息 5 秒，再充分伸腕静止 15 秒。

③"8"字绕环。要领：立正，一手持哑铃（男生可以双手持哑铃），掌心朝上。持哑铃手做"8"字绕环运动。

2. 柔韧性素质

（1）腰背、胸部柔韧性的练习方法。

①坐位拉背。要领：坐在椅子上，双膝微屈，躯干贴在大腿上部，双手抱腿，肘关节位于膝关节的下面。呼气，上体前倾，双臂从大腿上向前拉背，双脚保持与地面接触，保持 6~8 秒。

②坐椅胸拉伸。要领：坐在椅子上，双手头后交叉，椅背高度在胸中部。吸气，双肩后移，躯干上部后仰，拉伸胸部。动作缓慢进行，保持 6~8 秒。

③仰卧团身。要领：在垫上仰卧，屈膝，双脚滑向臀部。双手扶在膝关节下部。呼气，双手将双膝拉向胸部和肩部，并提起髋部离开垫子。重复练习。动作幅度尽量大，保持 6~8 秒。

④俯腰。要领：并步站立，两腿挺膝夹紧，两手十指交叉，手心向上，伸直上举。上体收腰前俯，两手心尽量向下贴紧地面，两膝挺直，髋关节屈紧，腰背部充分伸展。两手直臂分别握住同侧踝关节，使胸部贴紧双腿，充分伸展腰背部。持续一定时间后再放松起立。还可以在双手触地时向左右侧转腰，用两手心触及两脚外侧的地面，增强腰部伸展时左右转动的柔韧性。

⑤体侧屈。要领：并步站立，上身挺直。右手叉腰，左手伸直，上体尽量向左侧倾斜，保持6~8秒；还原，换方向再做。注意上体不要有扭转动作。

（2）颈肩部柔韧性练习方法。

①"扭转望月"。要领：坐立均可，上背挺直，双手叉腰，眼睛正视前方。头缓缓地向左后旋转，目光注视前上方，尽最大努力保持6~8秒，还原，然后以相同的姿势换方向做，再还原。

②"低头沉思"。要领：站立均可，上背挺直，双手叉腰，眼睛正视前方。缓慢低头，下颌尽量靠近胸骨，伸拉颈部肌肉，持续30秒；还原，向后屈伸，保持30秒。

③"米字形"弯曲。要领：站立均可，头部依次向前弯—复位—向左弯—复位—向后弯—复位—向右弯—复位；然后依次向左前弯—复位—左后弯—复位—右后弯—复位—右前弯—复位。

④肩膀上提。要领：坐在椅子上，两脚稍分开，屈肘。两手中指分别放松按于肩膀上，肩部用力往上提，上体充分舒展，在个人关节活动最大范围处静止20~30秒；还原，放松。

（二）站姿类职业岗位体能锻炼方法

1. 腰腹肌肉力量与耐力锻炼方法

（1）搁腿半仰卧起坐。要领：仰卧于垫子上，两小腿平行搁于凳面，双手交叉抱于头后。慢慢使双肩向膝部弯屈，直至肩胛骨离地3~5厘米，保持这个姿势1~3秒，然后还原。

（2）直腿上举。要领：仰卧于垫子上，两腿并拢伸直，双手放于体侧。靠腹部的力量将腿慢慢举起，保持躯干与大腿成120°左右的夹角，静止5~10秒，然后还原。

（3）仰卧侧提腿。要领：仰卧垫上，侧提右膝碰右肘，然后侧提左膝碰左肘。反复练习。

（4）屈膝举腿。要领：屈膝，两踝交叉，两掌心向下放在臀侧，仰卧垫上，然后朝胸的方向举腿。直到两膝收至胸上方，还原后重新开始。

（5）"燕式"平衡。要领：由站立开始，右脚向前一步，上体前倾，左腿向后上举高于头，抬头挺胸，两臂侧举成"燕式"平衡，站立的腿要伸直，两脚交替进行。

2. 下肢力量与耐力锻炼方法

（1）踏板弓箭步。要领：身体直立，面对踏板，左腿屈膝成弓箭步踏在踏板上，右腿伸直，同时两手叉腰。还原后，交换腿连续做。

（2）抱膝触胸。要领：身体直立，面对踏板，然后右腿支撑站立，左脚踏在踏板上，接着用力蹬踏，腿伸直，同时右腿屈膝高抬，两手抱膝触胸。还原后，交换腿连续做。

（3）踏板提踵。要领：两脚站立于踏板上，脚跟提起，脚尖点地，两手侧平举，保持6~8秒。

（4）屈膝直腿。要领：两手叉腰站立于踏板上，左腿半蹲，右腿伸直前举，停6~8秒，还原，交换腿继续做。

（5）搁腿深蹲。要领：面对椅子，左腿深蹲，右腿伸直前举，脚跟放在椅子上，做上体前屈、两臂前平举动作。

（三）综合操作类职业体能训练方法

1. 发展肩背、上肢肌肉群力量

（1）夹肘哑铃开合平举。要领：双手拿起哑铃，弯举至90°位置，肘关节始终锁死，以肩关节为轴向外旋转，整个过程肘关节尽量靠近身体。练习时间为1分钟。

（2）身体前倾下拉。要领：身体自然前倾45°，肩关节上举至头部上方。两肘向后打开，收缩肩关节，使上肢呈"W"状，停顿1秒左右后再重复动作。练习时间为1分钟。

（3）俯撑迈腿转肩。要领：先保持俯卧撑的起始姿势，然后迈出一条腿成弓步，同侧手臂在空中缓慢画圆；回到俯卧撑姿势，再进行另一侧的拉伸。练习时间为1分钟。

（4）哑铃交替弯举。要领：两腿分立，与肩同宽，保持腰背直立，肩关节锁死，以肘关节为轴心做弯举，上升和下落过程要平缓，两臂交替进行。一组20个，做3组。

（5）双手哑铃锤式弯举。要领：两腿分立，与肩同宽，腰背挺直，肩关节锁死，以肘关节为轴心做锤式弯举，上升和下落过程要平缓。注意腰背收紧，不要弯腰驼背。一组20个，做3组。

2. 发展腹、背肌肉群力量

发展腹、背肌肉群力量的练习方法包括：①徒手或利用器械做仰卧起坐；②利用各种器械做收腹举腿；③提拉重物；④传接球练习，即两人背靠背分腿站立，其中一人手拿实心球，两人同时向一个方向转体，将球传给另一个人，轮换做；⑤肩负杠铃，分腿站立，做屈伸练习；⑥俯卧挺身练习，即俯卧于垫上，两手相握放于背后，上体向上抬起，使肚脐以上部位离开垫面；⑦肩负杠铃，分腿站立，身体向左、向右旋转。

3. 发展下肢肌肉群力量

（1）站姿侧蹬跑。要领：双脚开立，与肩同宽，脚尖指向前方，微微下蹲，双手肘关节弯曲90°于身体两侧；支撑腿用力向侧蹬出，重心侧移，摆动腿脚尖落地缓冲。练习时间为1分钟。

（2）分腿团身跳。要领：双脚开立，与肩同宽，脚尖指向前方，微微下蹲，然后快速用力向上跳起，跳起同时双腿向胸部收起，之后落地缓冲。练习时间为1分钟。

（3）俯撑吸腿。要领：身体成俯撑姿势，向前吸左腿，大腿面尽量贴近腹部，脚尖绷直，还原左腿，继续吸右腿重复。练习时间为1分钟。

总结案例

消防员的体能要求

消防员作为一种特殊的职业，需要具备一定的身体素质。体能是消防员最基本的要求之一，包括力量、速度、耐力、灵敏性和柔韧性等方面。

为了适应复杂、多变和危险的环境，在进行灭火战斗时，消防员需要具备良好的力量和速度，能在最短时间内以最快速度完成任务。同时，在长时间的灭火和大负荷量的救人、抢

救物资的情况下，需要具备良好的耐力和体力，以保证完成任务的效率和质量。

此外，消防员还需要具备良好的灵敏性和柔韧性，能够在复杂环境中迅速做出反应，并采取相应措施。例如，在高空作业时需要具备良好的平衡能力和柔韧性，以保证安全。在火场中进行搜索和救援时，则需要具备灵敏的反应能力和敏锐的观察力。

最后，消防员还需要具备勇敢顽强、雷厉风行、不怕牺牲、不怕疲劳和连续作战的过硬战斗作风，能在任何复杂环境下坚持灭火战斗，并保持警觉和耐心。

总之，消防员对体能的要求非常高，必须具备多方面的素质才能胜任这个职业。只有通过不断训练和提高自己的身体素质，才能更好地完成任务，保障人民群众的生命财产安全。

探索与思考

1. 根据体能锻炼原则，结合自身特点制订一个体能锻炼计划。
2. 监测运动心率的方法有哪些？
3. 分析未来职业的特点及对体能的要求。
4. 设计适合未来职业的体能锻炼方法。

模块六　田径运动

知识目标

熟悉跑、跳、投运动的基本技术。

能力目标

能够熟练运用跑、跳、投运动的基本技术。

素质目标

1. 领会坚持不懈、勇往直前、勇跃高峰的田径精神。

2. 培养团结协作、公平竞争、拼搏奋进的品质。

3. 养成良好的锻炼习惯。

导入案例

第33届巴黎奥运会田径项目比赛中，中国队共获得1金1银2铜，排名田径项目奖牌榜第12位，4枚奖牌全部来自具有传统优势的女子竞走和投掷项目。

2021年，中国田径队在东京奥运会上大放异彩，斩获2金2银2铜。

中国队在巴黎赛场的唯一一枚田径金牌来自女子20公里竞走。在田径项目首个比赛日，杨家玉以绝佳状态夺冠。比赛中，她抗住了烈日高温的影响和冲刺关头西班牙名将佩雷斯的挑战，在埃菲尔铁塔下，她灿烂自信的笑容彰显着中国女子竞走队的风采。

任务一　跑

跑是人体水平位移动作的一种基本运动形式，是单脚支撑与腾空交替、蹬与摆相互配合的周期性运动。跑步中的一个周期是由一个复步（即跑两步）构成的，包括两个支撑阶段和两个腾空阶段。

按照全程跑的技术特点，通常把跑的完整技术划分为起跑、起跑后的加速跑、途中跑、终点跑四个阶段。根据跑的距离和性质，可将其分为短跑、中长跑、跨栏跑、越野跑等。

一、短距离跑、中距离跑、长距离跑

1. 短跑

短距离跑（简称短跑），包括400米及400米以下各种距离的赛跑和接力跑，是高速度的极限性运动项目。它能有效地提高大脑皮层的兴奋性、中枢神经的协调性和意志转换的灵活性，增强呼吸系统和循环系统的能力，发展速度、力量、灵敏性和协调性，培养拼搏、竞争、坚毅、顽强的意志品质。

短跑全程是由起跑、起跑后的加速跑、途中跑和终点跑4个紧密相连的阶段组成。

（1）起跑技术。起跑包括起跑前的准备姿势和起动动作。在短跑比赛中，必须用蹲踞式起跑，并使用起跑器。

如图6-1所示，起跑器的安装方法有普通式、接近式和拉长式3种。前起跑器抵足板与地面的夹角约为45°，后起跑器抵足板与地面的夹角为60°~80°。安装起跑器的目的在于蹬离时能充分发挥腿部肌肉的最大力量，从而获得向前的最大初速度，起跑后使身体能保持较大的前倾。

图6-1　起跑器安装方法

起跑过程包括"各就位""预备""鸣枪"3个环节。

如图6-2所示，听到"各就位"口令后，可稍作放松（如深呼吸），然后俯身，两手于起跑线后撑地，两脚依次踏在前、后起跑器抵足板上，脚尖触地。将有力的腿放在前面，后膝跪地。两臂伸直约与肩同宽，四指并拢或稍分开和拇指成"人"字形，身体重心稍前移，肩约与起跑线平行。背微弓，颈部自然放松，注意听"预备"口令。

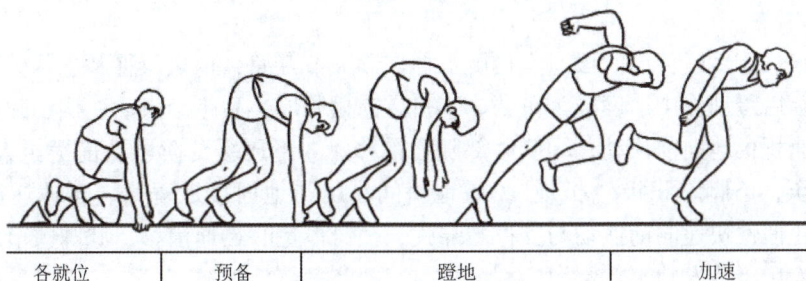

图6-2　起跑过程

听到"预备"口令后，后膝离地，抬起臀部，使之稍高于肩。重心适当前移，体重主要落于两臂和前腿上。两小腿趋于平行，前腿膝角约为90°，后腿膝角约为120°，注意力高度集中等候发令枪声。

听到枪声后，两手迅速推离地面，屈肘做有力的前后摆臂，同时两脚用力蹬离起跑器，使身体以前倾姿势向前上方运动，躯干与地面成15°~20°角。后腿迅速屈膝向前上方摆出，但不宜过高。后腿前摆并积极下压着地的同时，前腿快速蹬伸髋、膝、踝3个关节。躯干逐渐抬起，头部也随之上抬，视线逐渐向前移。

（2）起跑后的加速跑技术。加速跑的任务是充分利用起跑的初速度，在较短距离内尽快获得最高速度。

起跑后，第一步不宜过大，为3.5~4脚长，第二步为4~4.5脚长，以后逐渐增大。上体随着步长和速度的增加而逐渐抬起，两脚落点逐渐靠拢人体中线，形成一条直线（在起跑后 10~15 米处）。同时，两臂应积极摆动，上下肢协调配合。加速距离一般为 25~30 米。

（3）途中跑技术。一个跑的周期包括两个腾空时期和两个支撑时期（左支撑和右支撑）。单腿均要经历后蹬、摆动、着地缓冲等阶段。

途中跑指从完成加速跑开始，到距终点 10 米左右的一段距离，其任务是继续发挥和保持最高速度。进入途中跑时，应顺惯性放松跑 2~3 步，以消除肌肉的过分紧张。在百米跑中，途中跑的距离为 50~60 米。

摆臂动作：途中跑时上体稍前倾，两眼平视，颈肩放松，手半握拳，两臂屈肘，以肩关节为轴，用力前后摆动，如图 6-3 所示。手臂前摆时，肘稍向内，肘关节角度变小；手臂后摆时，肘稍向外，角度变大。手和小臂不能摆过身体胸前的中线，也不能过于远离该中线。正确的摆臂动作能够维持平衡、调节节奏，有利于加快步频和步幅。

图 6-3　途中跑技术动作

摆腿动作：①后蹬伸展阶段，支撑腿从伸展髋关节开始，依次蹬伸膝、踝关节，直到脚掌蹬离地面。后蹬动作中速度极为重要。②折叠前摆阶段，后蹬结束后，摆动腿的大小腿尽力折叠，快速积极地向前摆动。同侧髋部随之前移。③下压缓冲阶段，前摆至大腿高位后，随即积极下压，前脚掌积极"扒地"。着地瞬间小腿与地面接近垂直，迅速屈膝、屈踝缓冲，摆动腿随惯性快速向前摆动与支撑腿靠拢，使身体重心迅速前移，膝踝关节屈曲角度达到最大，转入后蹬待发状态。

支撑腿与摆动腿的蹬摆协调配合是途中跑技术的关键。一般情况下，摆动腿前摆速度快，步频也快，前摆幅度大，步幅也大。

（4）终点跑技术。终点跑包括终点冲刺和撞线，其任务是尽量保持途中跑的高速度跑过终点。在距离终点 15~20 米时，上体前倾，以增强后蹬力，同时加大摆臂的幅度和速度，在距离终点线最后一步时，上体达到最大前倾，用胸部或肩部撞线。通过终点后，要调整步频和步幅，逐渐减速。

（5）弯道跑技术。如图 6-4 所示，弯道起跑时，为了形成一段直线距离的加速跑，应将起跑器安装在跑道右侧、正对左侧弯道的切点方向。左手撑于起跑线后 5~10 厘米处，身体正对弯道的切点。

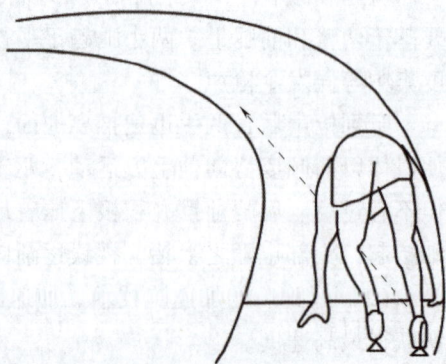

图 6-4　弯道起跑姿势

加速跑距离较短，上体抬起较早，沿切线跑进。

如图6-5所示，从直道进入弯道，身体应有意识地稍向圆心方向倾斜。后蹬时，右脚前脚掌内侧用力，左脚前脚掌外侧用力。摆动时，右腿膝关节稍向内，左腿膝关节稍向外。右臂的摆动幅度和力量略大于左臂。尽可能沿跑道内侧前进。

从弯道进入直道的最后几米，应逐渐减小身体内倾程度，惯性跑2~3步后转入正常途中跑。

图6-5 直道进入弯道

2. 中长跑

中长跑是中距离跑和长距离跑的简称，全程为800~10 000米。它能有效地改善呼吸系统和心血管系统的功能，促进心肺功能（增强心肌，增厚心壁，增加心脏容积），提高速度和耐力，培养坚韧不拔、吃苦耐劳的意志品质。

现代中长跑各项目因距离不同，在动作技术的速度、幅度等细节方面存在区别，但整体动作结构基本相同，均要求保持较高的速度、积极有效的伸髋和快速有力的蹬摆。

（1）起跑技术。中长跑的起跑按"各就位""鸣枪"两个口令进行，起跑姿势有"站立式"和"半蹲踞式"两种。

①听到"各就位"时，先做一两次深呼吸，"站立式"起跑的运动员两脚前后开立，有力的腿在前，前脚尖紧靠起跑线后沿，全脚掌着地，后脚以前脚掌着地，两脚前后间距约一脚，左右间距约半脚，两膝弯屈，上体前倾（跑的距离越短，腿的弯曲度越大，上体前倾也越大），颈部放松，两臂在体前自然下垂或一前一后，身体重心落于前脚，保持稳定姿势（见图6-6）。

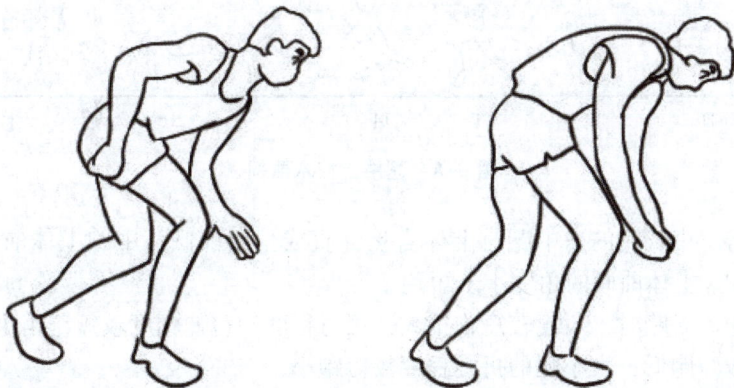

图6-6 听到"各就位"时的身体姿势

"半蹲踞式"起跑的动作与"站立式"基本相同，但其前腿的异侧臂的拇指和其他四指成"八"字形撑在起跑线后。两脚均用前脚掌支撑，前后相距约一小腿长，左右间隔约一脚宽，两膝弯屈角略小，体重主要落在前腿和支撑臂上。

②鸣枪。听到枪声后，后腿用力蹬地后积极前摆，前腿用力蹬伸。两臂配合腿部动作做快速而有力的前后摆动，身体向前冲出（见图6-7）。

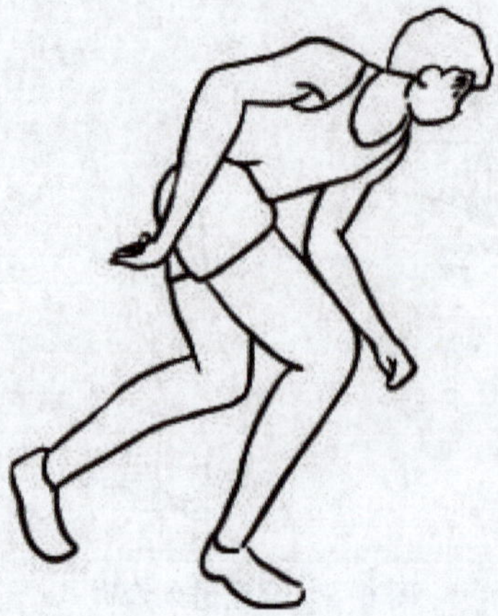

图6-7　鸣枪时动作要领

（2）起跑后的加速跑技术。起跑后，上体保持一定的前倾，两臂的摆动和腿脚的蹬摆都应迅速有力，逐渐加速，同时，上体随之抬起，跑向对自己有利的战术位置，然后转入途中跑。加速跑的距离和速度，应根据个人特点、战术要求和临场情况而定。

（3）途中跑技术。途中跑技术是中长跑技术中的主要部分，其任务是保持速度、节省体力、控制节奏，并充分运用战术为获取优异成绩奠定良好基础。

如图6-8所示，就途中跑的技术而言，中长跑与短跑实质相同，但由于距离和速度的不同，两者仍存在一定差异。

图6-8　途中跑技术要领

①上体姿势。中长跑的途中跑时上体自然伸直或稍向前倾，中跑上体前倾约5°，长跑上体前倾1°~2°。上体前倾的角度小于短跑。

②腿部动作。后蹬时，角度较短跑稍大，用力程度和蹬伸幅度较短跑稍小。前摆时，人腿上摆的高度较短跑低，大小腿的折叠程度较短跑小。

此外，中长跑的途中跑，特别强调动作与呼吸的配合，其身体重心的上下波动、弯道跑时摆臂幅度、跑的频率系数（腾空时间与支撑时间的比值）均小于短跑。

（4）终点跑技术。终点跑是临近终点前一段距离的加速跑。其任务是以顽强的意志，调动全部力量，克服高度疲劳，加大摆臂速度和幅度，加快步频，冲刺过终点。

终点冲刺的距离应根据个人的体力情况、战术要求和临场情况而定，一般中跑为200~400米，长跑在400米以上。应注意观察对手情况，抢占有利位置，把握冲刺时机。速度占优势的运动员，宜紧跟且晚冲刺，一般在进入最后直道时开始冲刺；耐力占优势的运动员，宜早冲刺。

（5）中长跑的呼吸。中长跑途中，为了保证机体对氧气的需求，应采用口鼻同时进行呼吸的方法。呼吸的节奏应和跑的节奏相配合，并注意加大呼吸的深度（特别是呼气时，只有充分地呼出二氧化碳，才能吸入更多的氧气）。一般采用两步一呼，两步一吸（也有一步一呼，一步一吸；三步一呼，三步一吸等）。

"极点"是一种正常的生理现象，是指中长跑途中，由于氧气的供应落后于机体活动的需要量，代谢物质无法及时转移，而出现的胸部发闷、呼吸困难、动作无力、难以继续跑等感觉。此时要以顽强的意志坚持跑下去，加强呼吸，适当调整步速。经过一段时间后，"极点"现象就会消失或减轻，身体运动能力逐渐提高，出现"第二次呼吸"。

二、跨栏跑

跨栏跑是在规定距离中，跑并跨越一定数量、一定间距和一定高度栏架的径赛项目，也是田径运动中技术较复杂、节奏性较强、锻炼价值较高的项目之一。它能有效地提高中枢神经系统对运动肌肉群的调控和支配能力，改善呼吸系统和循环系统的机能，使各关节活动幅度增大，肌肉和韧带的伸展能力增强，促进骨骼增粗，使速度、力量、耐力、弹跳力、柔韧性、灵敏性、协调性、准确性、节奏感等身体素质得到全面发展，培养勇敢顽强、不屈不挠、坚定果断的意志品质。

男子110米栏的栏架较高，过栏和栏间跑的速度较快，是跨栏跑中技术难度最大的项目。以下以该项目为例，讲解跨栏跑技术。

1. 起跑至第一栏技术

起跑至第一栏的任务是在固定的距离内用固定的步数完成加速跑，为全程过栏奠定良好的速度和节奏基础。

其技术与短跑基本相同。起跑采用蹲踞式，一般跑7~8步。若采用7步上栏，应将起跨腿置于后起跑器上；若采用8步上栏，则应将起跨腿置于前起跑器上。

这一阶段，跨栏跑与短跑动作技术的差异主要表现为：①预备时，臂部抬起相对较高；②起跑后，身体前倾角度较小，上体抬起较早，大约在第6步时，基本达到短跑途中跑的姿势；③加速中，后蹬角度较大，步长增加较快。跨栏前倒数第二步达到最大步长，最后一步是短步（比前一步短10~20厘米），起跨腿以前脚掌迅速、准确地踏上起跨点。

2. 跨栏步技术

如图6-9所示，跨栏步是指从起跨脚踏上起跨点到摆动腿过栏落地的过程，距离为3.3~3.5米。其技术分为起跨攻栏和腾空过栏两个动作阶段。

（1）起跨攻栏。起跨攻栏是指从起跨脚踏上起跨点开始至后蹬结束的整个支撑时期。起跨的动作质量直接决定过栏速度、下栏时间和栏间跑的质量，是跨栏步技术的关键。

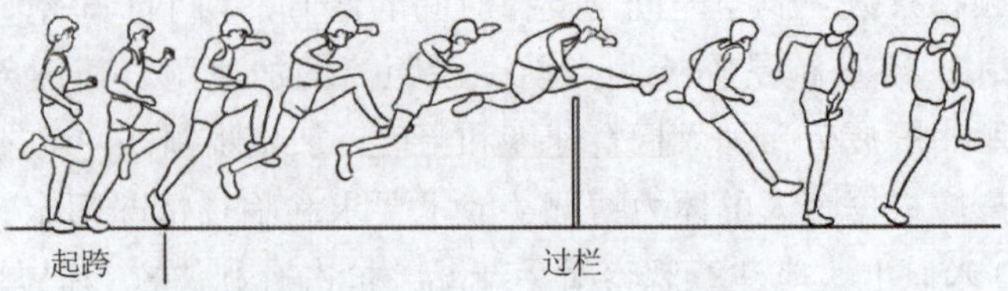

起跨　　　　　　　　　过栏

图 6-9　跨栏步技术

起跨点距栏架的距离一般为 2.0~2.2 米。后蹬要求迅猛有力，起跨腿髋、膝、踝关节充分伸展，并与躯干、头部基本成一条直线，起跨角度（起跨离地时，身体重心与支撑点的连线同地面之间的夹角）约为 70°。同时，摆动腿在体后屈膝折叠，足跟靠近臀部，膝向下，并以髋为轴，膝领先，大腿带动小腿充分向前摆超过腰部高度。上体随之前倾，摆动腿异侧臂屈肘向前上方摆出，肘关节达到肩的高度，另一臂屈肘摆至体侧，整个身体集中向前用力，形成良好的"攻栏"姿势。

（2）腾空过栏。腾空过栏是指从蹬离地面、身体转入无支撑阶段起，到摆动腿过栏后落地时止的动作阶段。

身体腾空后，摆动腿随惯性继续向前上方摆动，膝关节高过栏架后，小腿向前伸展，脚尖勾起。摆动腿异侧臂前伸，与摆动腿基本平行，其同侧臂屈肘后摆，上体达到最大前倾状态，前倾角度为 45°~55°。同时，起跨腿屈膝提拉，小腿收紧抬平，约与地面平行或略呈角度，两腿在栏前形成一个 120°以上夹角的大幅度劈叉动作。

如图 6-10 所示，摆动腿的脚掌移过栏架后，起跨腿屈膝外展，脚背弯屈并外翻，以膝领先，经腋下迅速向前上方提拉过栏。两腿在空中完成一个协调有力的以髋关节为轴的剪绞动作。同时，两臂配合积极摆动，起跨腿同侧臂由前伸位置向侧后方做较大幅度的划摆，另一臂屈肘前摆，以维持身体平衡。

图 6-10　腾空过栏

摆动腿的膝关节过栏瞬间，大腿积极下压，膝、踝关节伸直，以脚前掌后扒着地，身体重心处于较高位置。上体保持适当前倾，起跨腿加速向前提拉，至身体正前方，大腿高抬，转入栏间跑。下栏着地点距栏架约 1.4 米。

3. 栏间跑技术

栏间跑是从下栏着地点到下一栏起跨点之间的跑段。其任务是以正确的节奏，继续发挥和保持最快速度，为下一栏的顺利起跨创造有利条件。

栏间跑的技术同短跑的途中跑实质基本相同，但由于受栏间距离和跨栏步的限制，其节奏与短跑明显不同。栏间距离为 9.14 米，除去跨栏步剩余 5.3~5.5 米，需跑三步。三步的步长各不相同，第一步最小，为 1.5~1.6 米；第二步最大，为 2.00~2.15 米；第三步中等，为 1.85~1.95 米。

提高栏间跑的速度主要靠加快步频和改进跑的节奏，使三步步长比例合理、频率快、节奏稳、方向正、直线性强，身体重心稍高、起伏较小。

4. 终点跑技术

类似于短跑的冲刺跑技术，撞线动作与短跑相同。

三、接力跑

接力跑是田径运动中唯一的集体项目。以队为单位，每队 4 人，每人跑相同距离。它能有效地发展速度、灵敏性等身体素质，培养团结协作的集体主义精神。

如图 6-11 所示，传棒人必须持棒跑完各自规定的距离，接棒者可以在接力区前 10 米内起跑，两人必须在 20 米的接力区内完成传、接棒。

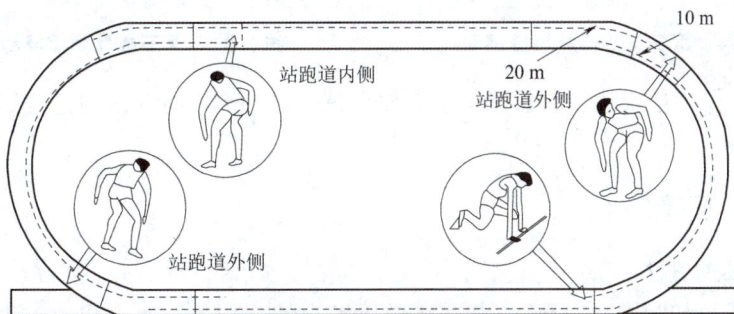

图 6-11　传、接棒位置

接力跑技术包括短跑技术和传、接棒技术。要求各队员在快速跑动的同时，配合默契。接力跑的距离越短，传、接棒技术要求越高。下面以 4×100 米接力跑为例，讲解接力跑技术。

（一）起跑技术

（1）持棒起跑。第一棒运动员通常采用蹲踞式起跑，其技术和短跑弯道起跑基本相同。如图 6-12 所示，用右手的中指、无名指和小指握住棒的末端，拇指和食指分开撑地，接力棒不得触及起跑线和起跑线前的地面。

（2）接棒起跑。接棒人选择恰当的起跑姿势，标准有二：第一，是否有利于快速起跑和加速跑；第二，是否能清楚地看到传棒队员及设定的起跑标志线。

图 6-12　持棒起跑姿势

如图 6-13 所示，第二、三、四棒运动员可用站立式或一手撑地的半蹲踞式起跑姿势。第二、四棒运动员应站在跑道外侧，左腿在前（也可右腿在前），右手撑地，身体重心稍向右偏，头转向左后方，目视传棒队员的跑动和自己的起跑标志线（见图 6-14）。第三棒运动员应站在跑道内侧，右脚在前（也可左腿在前），左手撑地，身体重心稍向左偏，头转向右后方，目视传棒队员的跑动和自己的起跑标志线（见图 6-15）。

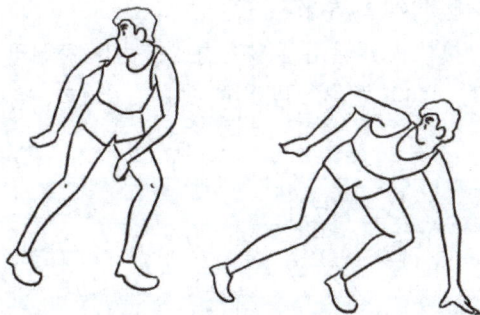

图 6-13　半蹲式起跑姿势

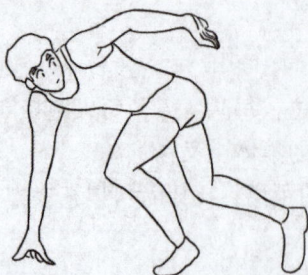

图 6-14　第二、四棒队员接棒动作

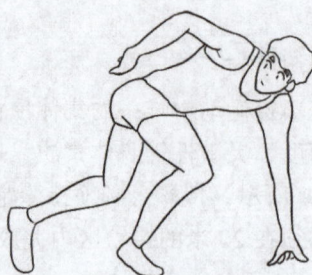

图 6-15　第三棒队员接棒动作

持棒运动员保持最快速度，接棒运动员根据持棒人的跑速有控制地进行加速，以便顺利快速地接棒。

（二）传、接棒技术

1. 传、接棒的方法

（1）上挑式。如图 6-16 所示，接棒人的手臂自然后伸，与躯干成 40°～45°夹角，掌心向后，拇指与其他四指张开，虎口朝下，传棒人将棒由下向前上方"挑"送入接棒人手中。上挑式动作自然，容易掌握，但第二棒接棒人手握棒的中段，第三、四棒传接时由于棒的前端部分越来越少而易造成掉棒。

（2）下压式。如图 6-17 所示，接棒人的手臂后伸，与躯干成 50°～60°夹角，手腕内旋，掌心向上，虎口朝后，拇指向内，其余四指并拢向外，传棒人将棒的前端由上向前下方"压"入接棒人手中。采用下压式传、接棒，虽然各棒次接棒人均能握于棒的一端，但接棒时手腕动作紧张，掌心向上引起身体前倾而影响加速跑。

图 6-16　上挑式

图 6-17　下压式

2. 传、接棒的时机

为了集中精神保持高速度，4×100 米接力运动员均采用听传棒人信号而不看棒的接棒方式。传、接棒运动员在 20 米接力区内，双方均达到相对稳定的高速时，便是传、接棒的最佳时机。此时，一般距接力区前端 3～5 米。

传棒人跑到标志线时，接棒人开始由预跑区内或接力区后端迅速起跑。传棒人跑至接力区内，距接棒人 1～1.5 米时，向其发出"嘿"或"接"等传、接棒信号，接棒人听到后迅速向后伸手接棒（见图 6-18）。

图 6-18　传、接棒的时机

（3）起跑标志线的确定。起跑标志线与起跑点的距离，是根据传、接棒队员的跑速和传、接棒技术的熟练程度以及最佳传、接棒时机而定的，一般为 5~6 米。起跑标志线要在训练中多次实践、反复调整才能准确确定。

任务二　跳

一、跳高

跳高要求运动员通过快速助跑，经单脚起跳，越过一定高度的横杆。它能有效地增强腿部肌肉力量，提高弹跳力、灵敏度和协调性，培养勇敢、果断的意志品质。

背越式跳高以特定的弧线助跑，起跳后背对横杆腾起，背越过杆（见图6-19）。这是现代最为常用的一种跳高技术，由助跑、起跳、过杆和落地几个不同的技术环节组成。背越式跳高连续动作如图6-20所示。

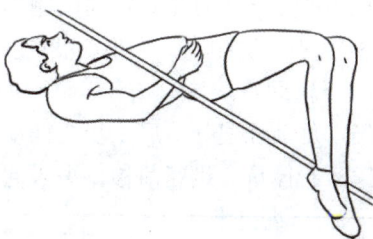

图6-19　背越式跳高

图6-20　背越式跳高连续动作

1. 助跑技术

助跑的任务是获得必要的水平速度和蹬地力量，调整适宜的动作节奏，形成合理的身体内倾姿势，为起跳和顺利过杆创造有利条件。

（1）助跑的起动。助跑起动的方式有两种，分别是原地起动（直接从助跑点上开始助跑的方式）和行进间起动（预先走动或跑动3~5步，然后踏上助跑点开始助跑的方式）。原地起动有利于助跑步点的准确性，步长相对固定，但动作较紧张，加速较慢。行进间起动可使动作自然放松，加速较快，但助跑步点不易准确。

（2）助跑的路线。如图6-21所示，背越式跳高助跑的前段为直线或近似直线，后段为4~5步弧线。如图6-22所示，直线助跑时，上体略前倾，步幅开阔，后蹬充分，身体重心平稳且保持高位；弧线助跑时，身体逐渐内倾，外侧的肩略高于内侧的肩，外侧臂和腿的摆动幅度较之内侧要大。

（3）助跑的距离。助跑距离是指从助跑点到起跳点的距离。全程一般8~12步，距离最长可达30米左右。

图 6-21 背越式跳高助跑路线

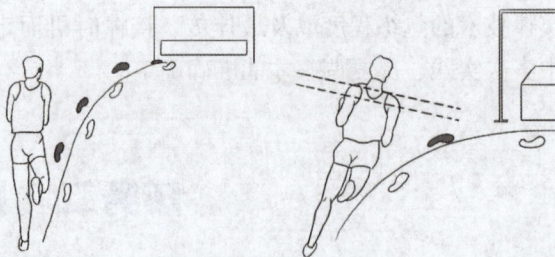

图 6-22 助跑动作要领

（4）助跑的节奏。助跑节奏具体表现为步频（单位时间内两腿的交换次数）与步长在助跑中的变化。背越式跳高助跑的节奏要求从慢到快，前几步慢，后蹬充分，腾空较大。最后 3~5 步加快频率，但步长变化要小。最后 1 步，争取最快。

（5）助跑的技术要点。整个助跑过程的动作应该自然、放松、快速、连贯，全程节奏明确、逐渐加速。最后 1 步，摆动腿的动作极为关键，腿着地时，积极下压扒地，形成牢固支撑，身体重心迅速前移，进入起跳状态。

2. 起跳技术

起跳是背越式跳高的关键技术。其任务是迅速改变人体运动方向，实现最大垂直速度和合理的腾空角度，为顺利过杆创造条件。

起跳阶段，起跳脚踏上起跳点，起跳腿经过支撑、缓冲、蹬伸，蹬离地面跳起，摆动腿蹬离地面和臂协调摆动，达到最高位置。起跳腿是指用于蹬伸起跳的腿，多选择较有力的腿。摆动腿是指起跳时用于协调配合，起到摆动作用的腿。

如图 6-23 所示，在助跑最后 1 步身体内倾达到最大程度时，摆动腿有力后蹬，推动髋部迅速前移，使起跳腿快速踏上起跳点，形成肩轴与髋轴交叉扭紧姿势。接着，起跳脚以脚跟外侧着地并迅速过渡到全脚掌，脚尖朝向助跑弧线的切线方向，起跳腿自然屈膝并被压紧。随着身体由内倾转为垂直，起跳腿的髋、膝、踝 3 个关节依次迅猛发力，快速完成蹬伸起跳的动作。

图 6-23 起跳阶段技术

3. 过杆与落地技术

过杆与落地阶段是指起跳腾空后，头、肩、背、腰、髋、腿等身体各部分利用合理的技术动作依次越过横杆，并安全地落在海绵包上的技术阶段。

如图 6-24 所示，起跳结束时，充分伸展身体，向上腾起。利用摆动腿的力量尽量提高髋部位置，然后以摆动腿同侧的臂、肩领先过杆，顺势仰头、倒肩、挺髋。头与肩过杆后下沉，髋部高过两膝，身体形成反弓形。当髋部越过横杆时，顺势收腹，带动小腿向上甩，整个身体越过横杆，保持屈髋、伸膝的姿势下落，以肩背先着垫。

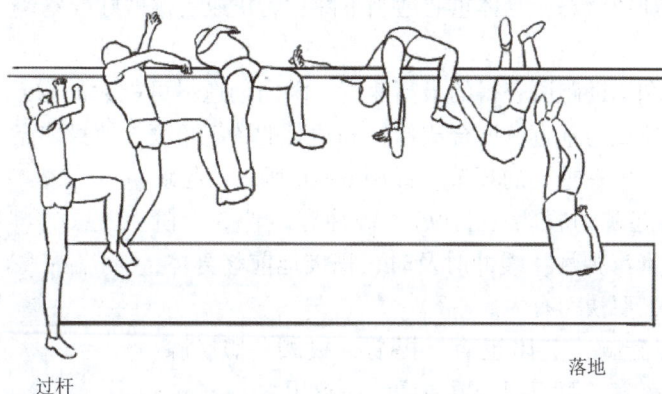

过杆　　　　　　　　　　　　　　　　　落地

图 6-24　过杆与落地

二、跳远

跳远是通过快速的助跑和有力的起跳，采用合理的腾空姿势和动作，使人体腾跃尽可能远的水平距离的运动项目。它能有效地提高速度，发展弹跳力和协调性，增强神经系统、循环系统和运动器官的机能，培养勇敢、顽强的意志品质。

如图 6-25 所示，跳远技术包括助跑、起跳、腾空和落地 4 个环节。

助跑　　　　　起跳　　　　　　　　腾空　　　　　　　　落地

图 6-25　跳远技术包括的 4 个环节

1. 助跑技术

（1）助跑的任务是获得最大的水平速度，为准确踏板和迅速有力地起跳做好准备。

（2）助跑的起动方式有原地起动和行进间起动两种。前者更适合初学者。

（3）助跑常用的加速方式有两种，即平稳加速（也称为逐渐加速）和积极加速。平稳加速方式：开始步频较低，然后逐渐加大步长或在保持步长的基础上提高步频，加速过程均匀平稳，时间较长。其助跑动作比较轻松，起跳的准确性好，成绩比较稳定。积极加速方式：上体前倾较大，步频始终保持较高的水平。其助跑动作比较紧张，起跳的准确性差，适合于绝对速度较快的运动员。

（4）助跑距离是指从助跑起点到起跳脚踏上踏跳板的距离。一般而言，技术水平越高，速度越快，助跑距离越长。男子助跑距离为 35～45 米，18～24 步；女子助跑距离为 30～35 米，16～18 步。助跑距离并非固定不变，可以根据环境条件的变化和个人身体情况进行相应的调整。

（5）助跑节奏表现为对步长、步频变化的控制，以利于最高速度的发挥及利用。跳远助跑的最后几步呈加速状态，身体重心适当下降，为快速起跳做好准备。

2. 起跳技术

起跳的任务是利用助跑所获得的最高速度，瞬间创造尽可能大的腾起初速度（由助跑、起跳所产生的水平速度与垂直速度合成的）和适宜的腾起角度，使身体充分向前上方腾起。

起跳是跳远技术中最重要的环节。如图 6-26 所示，起跳的动作过程可分为起跳脚着地（上板）、缓冲和蹬伸 3 个阶段。着地要迅速且富有弹性，缓冲时及时、积极地前移身体，蹬伸是爆发式动作，要快而有力。

起跳时，抬头挺胸，上体正直，提肩、拔腰，髋、膝、踝 3 个关节要充分蹬直，蹬摆配合要协调，一致用力。

图 6-26　起跳动作

3. 腾空技术

腾空阶段是指起跳后人体在空中维持身体平衡，完成各种动作的阶段。如图 6-27 所示，跳远的腾空动作目前主要有 3 种姿势：蹲踞式、挺身式、走步式。

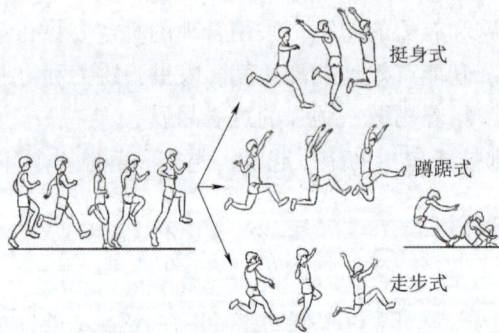

图 6-27　跳远腾空动作的 3 种姿势

（1）蹲踞式。起跳成腾空步（起跳结束时，身体姿势在空中的延续）后，上体保持正直，摆动腿继续向上摆动，起跳腿顺势屈膝前摆，逐渐靠近摆动腿，使两腿屈膝在空中成蹲踞姿势。然后收腹举腿并前伸小腿，两臂由后向前摆动，使身体重心前移，顺势落地。

（2）挺身式。起跳成腾空步后，摆动腿下落，膝关节伸展，小腿由前向下再向后呈弧形摆动，两臂下垂经由体侧向后上方绕环摆动，起跳腿自然回摆与摆动腿靠拢，形成空中挺胸展髋的姿势。继而收腹举腿，大腿向胸部靠拢，小腿前伸，两臂上举或后摆，顺势落地。

（3）走步式。起跳成腾空步后，以髋关节为轴，摆动腿的大腿带动小腿，由前向后下方摆动。同时起跳腿屈膝前摆，向上抬起大腿，前伸小腿，在空中自然地完成换步动作。两臂与下肢协调配合作大幅度直臂绕环摆动或自然前后摆动，然后摆动腿顺势前摆，两腿靠拢，收腹举腿，前伸小腿，顺势落地。在空中完成一次换步后落地的称为"两步半"走步式，完成两次换步后落地的称为"三步半"走步式。

4. 落地技术

落地阶段是指腾空后落入沙坑的着地动作阶段。其任务是选择合理的技术，获得较大的跳跃距离，并防止伤害事故的发生。

完成腾空动作后，收腹举腿，小腿前伸，脚尖勾起，两臂向后摆动。脚跟触及沙面后，迅速屈膝缓冲，臀部顺势前移，两臂由后向前摆动，上体前倾，成团身姿势，平稳地落入沙坑。

此外，落地时，还可以采用侧倒式。脚跟着地后，一条腿保持稍紧张状态支撑沙地，另一条腿放松，上体顺势向放松腿的前侧方卧倒。

三、三级跳远

三级跳远是经过一定距离的直线助跑后，通过 3 次连续跳跃（单足跳、跨步跳、跳跃）达到尽可能远的水平距离的运动项目，如图 6-28 所示。它能有效地发展速度和下肢力量，提升弹跳力、灵敏度和协调性，增强支撑器官（腿、足、膝、踝等）和内脏器官的功能，培养勇敢顽强、勇往直前的意志品质。

| 助跑 | 单足跳 | 跨步跳 | 跳跃+落地 |

图 6-28　三级跳远

比赛时，运动员助跑后应连续完成 3 次不同形式的跳跃，第一跳为单足跳，用起跳腿落地；第二跳为跨步跳，用摆动腿落地；第三跳为跳跃，必须用双脚落入沙坑。

三级跳远技术可以分为助跑、第一跳（单足跳）、第二跳（跨步跳）、第三跳（跳跃）几个部分。每一跳均包括起跳、腾空和落地阶段。

1. 助跑技术

水平速度是决定三级跳远成绩的关键因素。助跑的目的就在于获得尽可能大的水平速度，为单足起跳做好准备。

三级跳远的助跑技术与跳远基本相同，但第一跳起跳的腾起角（是指人体离地时，身体重心腾起初速度方向与水平线构成的角度）较小，因此整个助跑过程身体重心较高，加速平稳，强调向前运动。最后几步，大腿高抬，上体正直，在保持步长或适当减少步长的情况下，加快步频，准备起跳。

助跑距离取决于个人的加速能力。加速能力强，助跑距离则短，反之助跑距离则长。助跑距离一般为 35~40 米，相当于 18~22 步。

2. 第一跳（单足跳）技术

如图 6-29 所示，三级跳远的起跳是以单足跳的形式开始的。这一跳不仅要达到必要的远度，而且应尽可能减小水平速度的损失，为后两跳创造条件。

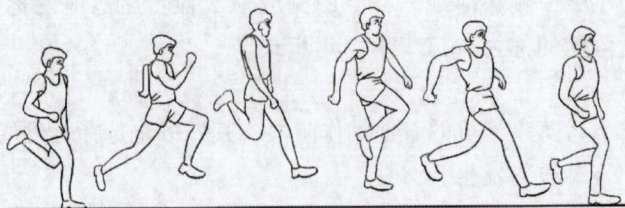

图 6-29　第一跳技术

3. 第二跳（跨步跳）技术

如图 6-30 所示，三级跳远的第二跳为跨步跳，其在三跳中难度最大，距离最短，身体重心的抛物线最低。起跳角度与单足跳几乎相同，一般为 12°~14°。

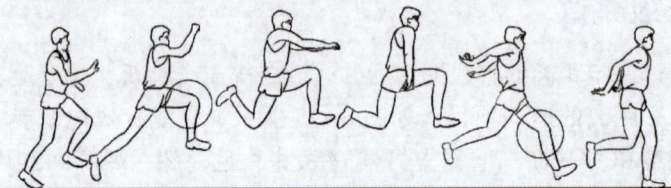

图 6-30　第二跳技术

4. 第三跳（跳跃）技术

如图 6-31 所示，第三跳是以第二跳的摆动腿做起跳腿，起跳角应稍大，一般为 18°~20°。

图 6-31　第三跳技术

任务三　投

一、投实心球

原地正面双手头上投掷实心球是发展上肢力量、下肢力量和腰腹力量最常见的投掷方法。投掷的远近在于全身是否协调用力，特别是腰腹肌肉力量，还取决于出手速度和角度。投掷实心球的技术有很多种，现主要介绍原地正面双手头上投掷实心球技术。

（一）原地正面双手头上投掷实心球的技术

（1）握球的方法：两手自然张开，分别握住实心球的两侧。

（2）原地正面双手头上投掷实心球技术：正对投掷方向，两脚前后或左右开立，髋与肩同宽，两臂伸直，双手持球于头上方。用力时，两腿弯曲，身体向后弯成一个弓形，两臂持球后引，借两腿蹬地、收腹，快速挥臂将球掷出，如图6-32所示。

图6-32 原地正面双手头上投掷实心球

（二）投掷实心球的技术练习方法

1. 单手或双手推实心球

（1）单手推实心球。两脚左右或前后开立，身体面对或侧对投掷方向。单手持球于肩上，另一只手扶球并向后引肩，利用转体、蹬地和伸臂的力量，将球向前推出。

（2）双手推实心球。两脚左右或前后开立，两腿弯曲，双手胸前持球，利用蹬地、伸臂的力量将球向前推出。

2. 单手或双手抛掷实心球

（1）单手抛掷实心球。两腿前后开立，一手体侧持球后引，借助向前摆臂的力量将球向前抛出，如图6-33所示。

（2）双手抛掷实心球。两脚左右或前后开立，上体前倾，两手体前持球。立腰抬上体，将球举至头后，然后迅速收腹，两臂用力前摆，将球向前或向上抛出。向侧方或向后抛球时可加转体或上体后仰动作。

图6-33 单手抛掷实心球

3. 单手或双手投实心球

（1）单手投实心球。两脚前后或左右开立，一手举球至头上，用挥臂的力量将球向前或向侧方投出。

（2）双手投实心球。两脚左右或前后开立，向左或向右转体，利用挥臂的力量将球向前或向侧方投出。

二、推铅球

推铅球是一种速度力量型投掷项目，它协调利用人体全身力量，以最快的出手速度，将铅球从肩上锁骨窝处单手推出。它能有效地增强躯干及四肢尤其是腰背的肌肉力量，发展协调性，培养坚韧、沉着的意志品质。

正式比赛时，男子铅球的质量为 7.26 千克，直径为 11~13 厘米；女子铅球的质量为 4 千克，直径为 9.5~11 厘米。投掷圈直径为 2.135 米，前缘装有抵趾板。扇形有效落地区的角度为 34.92°。

如图 6-34 所示，背向滑步推铅球的技术要领包括（以右手为例）：握球和持球、预备姿势、滑步、最后用力、缓冲。

图 6-34　背向滑步推铅球的技术要领

1. 握球和持球

如图 6-35 所示，五指自然分开，球体置于食指、中指和无名指的指根处，拇指和小指扶住球体两侧，手腕后屈，以防止球体滑动并便于控制出球的方向。

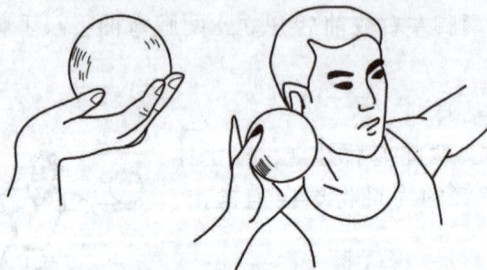

图 6-35　握球和持球

手指力量较强者，可将球适当移向手指上方，这样有利于拨球和发挥手腕的力量。

握好球后，将球放在右肩锁骨窝处，紧贴颈部，掌心向前，右臂屈肘，肘部稍外展且略低于肩，上臂与身体的夹角约为 45°。

2. 预备姿势

预备姿势是滑步前的准备动作，目的是为协调、平稳地进入滑步创造条件。

（1）高姿势。如图 6-36 所示，持球后背对投掷方向，两脚前后开立，相距 20~30 厘米。右脚尖贴近投掷圈后端内沿（脚也可稍向内转），体重主要落在伸直的右腿上；左腿在后自然弯曲，以前脚掌或脚尖着地；上体放松，头部和躯干保持正直，左臂自然上举。

（2）低姿势。如图 6-37 所示，持球后背对投掷方向，两脚前后开立，相距 50~60 厘米

（根据身高和下蹲的程度而定）。两腿弯曲（弯曲程度视个人力量而定），体重落于右腿。右脚尖贴近投掷圈后端内沿（脚也可稍向内转），左脚在后，以前脚掌或脚尖着地。左臂自然下垂，左肩稍向内扣，上体前屈与地面平行，两眼目视前下方。铅球的投影点在右脚的右侧前方。

3. 滑步

滑步使铅球获得一定的水平方向的预先速度，并使身体形成最后用力的有利姿势。

滑步前可以先做一两次预摆（也可不做），以改变身体的静止状态。预摆时，左腿自然弯屈，大腿用力向后上方摆起，右腿伸直，同时上体前屈，左臂微屈前伸或下垂并稍向内，头与背保持一条直线。当左腿摆至与地面平行时，回收左腿，同时右腿弯曲，形成屈膝团身的姿势（见图6-38）。

图 6-36　高姿势　　　　图 6-37　低姿势　　　　图 6-38　屈膝团身的姿势

如图6-39所示，当左腿回收靠近右腿时，臀部后移。左腿向投掷方向快速摆出，同时右腿用力蹬伸。当右脚蹬离地面后，迅速拉收小腿并向内转动，用前脚掌着地，落于圆心附近。同时左脚积极下落，以前脚掌内侧落在投掷圈的左侧。两脚着地时间相隔越短越好。此时肩轴与髋轴成扭紧状态，左脚尖与右脚跟约在一条直线上（对投掷方向而言）。

图 6-39　滑步技术要领

滑步过程中左臂和左肩保持内扣，头部保持向右后方的姿势，以保证上体处于扭紧状态。

4. 最后用力

最后用力阶段为从左脚落地到铅球出手。

左脚落地瞬间，右腿继续向投掷方向转动并积极蹬伸，转髋转体。同时上体逐渐抬起，左臂向胸前左上方摆动，左肩高于右肩，大部分重心仍落在弯屈而压紧的右腿上，身体成"侧弓状"（见图6-40）。

随着右腿蹬伸，右髋和右肩前送，身体重心由右腿快速移至左腿（见图6-41）。随即两腿充分蹬伸，抬头（头稍有后仰），屈腕且稍向内转，右臂迅速而有力地将球推出（见图6-42）。

图 6-40 最后用力阶段 1   图 6-41 最后用力阶段 2   图 6-42 推出铅球动作

5. 缓冲

铅球出手后，右腿随势前摆，着地于左脚附近，左腿后摆，两腿交换并弯曲，以降低身体重心，缓冲向前的冲力，维持身体平衡，防止出圈犯规。

总结案例

在 2024 年第 33 届巴黎奥运会女子铅球决赛中，中国队选手宋佳媛以 19 米 32 的成绩夺得铜牌。

这是宋佳媛第二次参加奥运会，她曾在东京奥运会获得该项目第五名。8 月 9 日晚的决赛，天降大雨，影响了不少选手的发挥。宋佳媛前三投均没投过 19 米，但之后她迅速调整，第四投投出 19 米 32 的成绩，最终获得铜牌。

"没想到能站上领奖台，拿到铜牌我非常开心。"宋佳媛说，"遇到雨天，我的旋转技术很受影响。能够克服困难越投越好，我对自己很满意。"宋佳媛表示，她曾在 2022 年投出 20 米 38 的个人最好成绩，今后还要继续努力、争取突破。

探索与思考

1. 中长跑有哪些技术要点？
2. 背越式跳高的技术要点是什么？
3. 投实心球时有哪些技术要点？

模块七　球类运动

知识目标

1. 了解篮球的基本技术和比赛规则。
2. 了解足球的基本技术和比赛规则。
3. 了解排球的基本技术和比赛规则。
4. 了解乒乓球的基本技术和比赛规则。
5. 了解羽毛球的基本技术和比赛规则。
6. 了解网球的基本技术和比赛规则

能力目标

学习篮球、足球等运动的基本知识、基本技术和基础战术，能达到较熟练掌握的程度，并通过不断地训练和比赛实践培养运用技战术、发挥潜力的运动技能。

素质目标

培养参与体育活动的意识，强化团队配合意识，提高身体素质和运动素养。

导入案例

在2024年巴黎奥运会乒乓球男子团体决赛中，由王楚钦、樊振东、马龙组成的中国队战胜由莫雷高德、卡尔伯格、卡尔松组成的瑞典队，夺得金牌。这是中国乒乓球队连续第五次获得该项目冠军。同时，已参加4届奥运会的马龙收获个人第六枚奥运金牌，成为获得奥运金牌数最多的中国运动员。

卓越的运动成绩背后，是马龙始终如一的自律、敬业和拼搏精神。中国乒乓球协会主席刘国梁曾说过，"天才不可怕，可怕的是天才比你更努力。"刘国梁所说的"可怕的天才"就是马龙。

任务一　篮球

一、篮球的起源与发展

篮球这项运动起源于19世纪末的美国。1891年，美国的体育教师詹姆斯·奈史密斯博士发明了篮球这项运动。詹姆斯·奈史密斯博士当时被委托创建一项新的室内运动，这项运动既能保持人们对体育的兴趣，又能避免在冬季恶劣天气下进行户外活动所带来的不便。经过深思熟虑，他设计出了一种基于足球和橄榄球规则的全新运动，这就是我们今天所熟知的篮球。

1. 早期发展

篮球在初创阶段，规则和设施都相对简单。然而，随着这项运动的普及，人们开始对其规则进行改进和完善。1895年，篮球运动传入中国，并在这里得到了广泛的发展。与此同时，篮球比赛也开始吸引更多的观众，篮球运动员和篮球迷们也逐渐形成了自己独特的文化和传统。

2. 专业化与国际化

进入20世纪后，篮球运动逐渐实现了专业化和国际化。1936年，篮球成为柏林奥运会正式比赛项目，这标志着篮球运动正式进入国际体育舞台。此后，篮球运动在全球范围内迅速传播，成为一项备受欢迎的国际性运动。

随着篮球运动的不断发展，各种国际篮球组织也应运而生。例如，国际篮球联合会（FIBA）于1932年成立，负责组织和协调国际篮球比赛。此外，篮球运动还催生了众多职业联赛和俱乐部，如美国的NBA、欧洲的篮球冠军联赛等，这些职业联赛和俱乐部为篮球运动的发展提供了强大的动力。

3. 篮球在我国的发展

20世纪70年代中后期，中国恢复了在国际篮球组织的合法席位，从此走上国际篮球竞技舞台，特别是自20世纪80年代中期至20世纪90年代中期，中国篮球事业进一步得到了全面的大普及、大发展、大提高：篮球人口居世界之最；篮球后备人才的培养形成新的配套网络；篮球运动理论与应用研究日益深入，成果显著；篮球竞技水平有了历史性突破，国家男女队曾接连居亚洲榜首并达到世界先进水平；各类篮球俱乐部相继成立，篮球竞赛的文化氛围和职业化、商业化气息渐浓。

篮球运动自诞生以来，经历了百余年的发展历程。在这个过程中，篮球运动不断完善和发展自己的规则和设施，逐渐成为一项备受人们喜爱的全球性运动。同时，篮球运动也对社会产生了深远的影响，成为文化交流、友谊合作和健身娱乐的重要载体。

➤ 二、篮球运动基本技术

（一）篮球移动技术

1. 跑

篮球运动当中的跑动，不同于田径中的跑动。因为篮球场上瞬息万变，需要根据情况随时做出反应。

2. 急停

篮球运动当中，急停的运用非常频繁，主要用于摆脱对手。无论有球（运球）急停还是无球的急停，重点都是脚步动作。没有合理的脚步动作，将很难及时、有效地制动。在有球（运球）急停时，更有可能出现走步违例的情况。最有效、最常用的急停脚步动作，是跨步急停（二步急停）（见图7-1）。动作要领：跑动过程中，前面的左脚脚跟蹬地支撑，此时在后面的右脚向侧前方跨出，两腿形成交叉，同时转胯配合，左脚支撑蹬地，形成腾空，然后在空中，通过腰腹肌肉力量和转胯动作，使左脚快速前摆。此时，右脚已经落地支撑，且重心大部分压在右腿上。左脚则快速前摆，以脚前掌内侧积极落地，支撑制动。另外一个急停动作是跳步急停（一步急停）（见图7-2）。这个急停动作相对较为简单。动作要领：在跑动过程中，以任意一只脚蹬地、腾空；然后在空中收起蹬地腿，最后成"马步"两脚同时落地。跳步急停由于制动后两脚同时、平行落地，所以制动效果不好，因此，不适用于较快速度时的急停情况，而更多是为了配合下一步的技术动作而做出的动作。

3. 转身

篮球运动由于场地较小，队员活动空间很小。所以，很多争取有利位置的技术动作，都要充分、合理利用身体才能达成，转身技术就非常重要。鉴于规则特点，转身的技术都是围绕中枢脚来完成，而中枢脚是不能移动的。需要特别注意的技巧是，在围绕中枢脚的转身过

图 7-1　二步急停

图 7-2　一步急停

程中，中枢脚要脚前掌点地，膝关节顶起，小腿保持与地面的垂直，不能倾斜。

4. 滑步移动

滑步移动是篮球运动中异常重要的专项素质。技术要领：两脚大幅度开立，成"马步"状。两脚脚前掌内侧着力支撑，膝关节打开、外展，臀部下沉，降低重心，努力抬头、挺胸，伸开双臂；移动时，一脚脚前掌内侧侧向蹬地，保持身体姿态和低重心，前脚侧跨，脚后跟先落地，之后蹬地脚快速跟进，保持身体姿态，如图 7-3 所示。

图 7-3　滑步移动

（二）传接球技术

1. 双手胸前传球

技术要领：双手持球站立，面向传球方向；五指分开、持球，从两边包住球，两食指成八字；出手前，两手持球回收至胸前，手腕上扬，两肘微外展，然后快速向前方推送，手臂充分伸展，并在最后用食指将球拨出去，传球出手，如图7-4所示。

图7-4　双手胸前传球

2. 单手传球

技术要领：单手传球灵活性大，可以在肩上、体侧传球，可以击地传球，也可以传高远球。因此，其应用非常广泛，重点在手指拨球和手腕发力的技术上，如图7-5所示。

图7-5　单手传球

（三）运控球技术

1. 原地运球技术

运动运球的各种动作练习，是学习篮球运球的基础。常见的练习有：原地单手运球、原地单手拖拉球、原地双手交叉运球、原地指尖运球等。各种不同的运球练习，对提高大家的篮球水平均有很大帮助。运球的基本动作要领如下：运球时，要降低重心，抬头，挺胸；除了手指尖动作练习外，采用其他方式运球时，手要有适度的跟随球的"随动"动作，并且手腕要柔和放松，以加强对球的控制；避免运球时的"敲击"动作。

2. 行进间运球

行进间运球是指边运球边前进的运球。行进间运球时，脚步移动要和拍球动作协调一致；手臂向前、向下按压，手腕要柔和放松，依次完成发力，最后手指尖拨球出手；当球从地面反弹回来时，手要积极迎球，并在球接触到手后顺势后撤引球，使球贴附在手掌上，如图7-6所示。在篮球比赛中，单纯的行进间运球机会并不多，往往会因场上局面变化，及时变化各种运球，以躲避防守和对方破坏。

图 7-6　行进间运球

3. 运球急停技术

运球急停从技术的角度看，是和跑动急停几乎一样的，无非是增加了运球的动作。其主要应用在摆脱和突破，以及衔接下一步的传球或投篮动作，如图 7-7 所示。因此，运球急停的技术在篮球运动中是非常实用的攻击性动作。比如，可以运球急停衔接跳投，运球急停衔接变向。运球急停需要注意以下几点：首先，脚步动作要清晰明确，以免出现走步违例；其次，在速度较快运球时，宜采用跨步急停技术，在速度较慢时，两种急停技术都可以；最后，运球跳步急停时，目的往往不在于停，而在于为下一个动作做准备，比如跳投。

图 7-7　运球急停

（四）投篮技术

1. 原地单手肩上投篮

原地单手肩上投篮是最基础和最重要的篮球技术之一。动作规范可以提高命中率和动作的稳定性，以及抗干扰能力。动作要领如下（以右手投篮为例）：两脚开立与肩同宽，右脚稍稍前移半只脚距离，右手五指分开成弧形持球，掌心空出，持球于右侧肩上，右臂肘部内收，指向正前方，大臂和躯干夹角要大于 $100°$，使球位于右肩正上方高处，左手扶在球的内侧偏上部位，帮助持球，膝关节微屈。出手时，膝关节快速蹬伸，随即右臂向上顺势快速推拨，在手臂即将伸直前，快速压手腕，拨手指，通过中指和食指指尖拨球出手。出手后全身舒展，动作完整充分，脚尖不要离开地面，如图 7-8 所示。

2. 跳投技术

跳投是篮球比赛中最重要的进攻手段和技术之一，但跳投学习有一定难度。首先，需要有良好的原地投篮技术作为基础。其次，要有良好的身体协调性和腰腹肌肉力量。跳投技术基本上可以理解为没有地面支撑的原地投篮。但是，正是因为双脚少了地面支撑，使得跳投变得异常困难，发力点的起始点从双脚转移到腰腹部。而且，由于滞空时间的限制，使出手必须更加快速、简洁，如图 7-9 所示。

图 7-8　原地单手肩上投篮

图 7-9　跳投技术

动作要领（以右手投篮为例）：两脚与肩同宽，膝关节弯曲，重心下降。右手五指分开，按住球的上部，左手五指张开从球下部紧紧托住，持球于右腿膝关节外侧。跳投时，持球快速上摆，同时两腿蹬伸起跳。持球摆动到右肩上方，超过头部的高度时，手臂突然制动，并保持住出手前手型。待身体起跳快要达到最高点时，从腰腹部发力，右臂向上快速推拨，在手臂即将伸直前，快速压手腕、拨手指，通过中指和食指指尖拨球出手。

（五）突破技术

1. 同侧步突破技术

动作要领（以右侧突破为例）：两脚开立，屈膝降低重心，持球于身体右侧偏下，面对防守队员。上体往左侧虚晃，然后快速向防守队员的左侧（自己的右侧）跨出左脚，右脚使劲蹬地，左肩下沉，上体稍右转。在左脚落地、右脚蹬离地面前，快速拍球出手并运球，紧接着迈出右脚并运球前进，完成突破，如图 7-10 所示。

2. 交叉步突破技术

动作要领（以右侧突破为例）：两脚开立，屈膝降低重心，持球于身体右侧偏下，面对防守队员。上体往左侧虚晃，然后快速向防守队员的左侧（自己的右侧）跨出右脚，左脚使劲蹬地，左肩下沉，上体稍右转。在右脚落地、左脚蹬离地面前，快速拍球出手并运球，紧接着迈出左脚并运球前进，完成突破，如图7-11所示。

图7-10 同侧步突破技术

图7-11 交叉步突破技术

三、篮球基本战术

（一）防守战术

1. 挤过防守

挤过防守是指防守者为了破坏对方的掩护配合，在对方掩护队员立足未稳的时机，积极、迅速地前移并紧贴自己的防守对手，从掩护者和被掩护者中间挤过去，继续防守原来的对手的方法。

2. 换防配合

换防配合是指防守者在被对方掩护队员阻挡后，直接开始对对方掩护队员进行防守；先前的防守对象则交由刚才防守该掩护队员的自己的队友来负责防守，从而交换防守对象的配合方式。

3. 人盯人防守

人盯人防守是指每个防守队友分工明确，分别盯住对方一名队员进行防守，并随时和同伴进行协同合作的全队防守战术。人盯人防守可以分为半场人盯人和全场人盯人。半场人盯人是指在防守时，在半场范围内展开的人盯人防守阵型；全场人盯人则是在全场范围内即开始人盯人防守的战术。

4. 区域联防

常见的区域联防阵型有"2-3"阵型、"3-2"阵型、"2-1-2"阵型、"1-3-1"阵型，如图 7-12 所示。

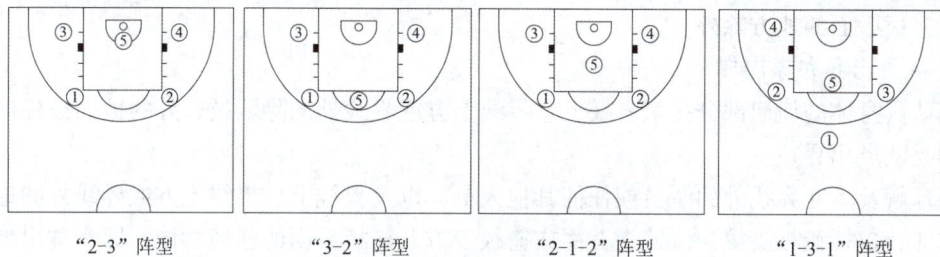

"2-3"阵型　　　　"3-2"阵型　　　　"2-1-2"阵型　　　　"1-3-1"阵型

图 7-12　常见的区域联防阵型

（二）进攻战术

1. 传切配合

传切配合指的是，A 传球给队友 B，而后 A 快速往篮下空当位置切入，B 及时将球回传给 A，让 A 完成攻击。

2. 掩护配合

假设 A 和 B 是队友，M 是防守 A 的对方队员。B 移动到 M 身体侧面，挡住 M 的移动路线，使得队友 A 成功摆脱 M 的防守，这就是 A 和 B 的掩护配合。

3. 突分配合

突分配合是指本方一名队员突破到内线后，没有合适的攻篮机会，主动把球传给其他队友的配合。

4. 进攻人盯人防守

进攻人盯人防守是指，当对方采用半场或全场人盯人防守时，本方采取的进攻阵型。进攻半场人盯人防守时，一般采用"2-1-2"阵型或"2-3"阵型；进攻全场人盯人防守时，一般采用快速进攻的方法。

5. 进攻区域联防

常见的进攻区域联防的阵型有"2-3"阵型、"1-2-2"阵型、"2-1-2"阵型、"1-3-1"阵型，如图7-13所示。

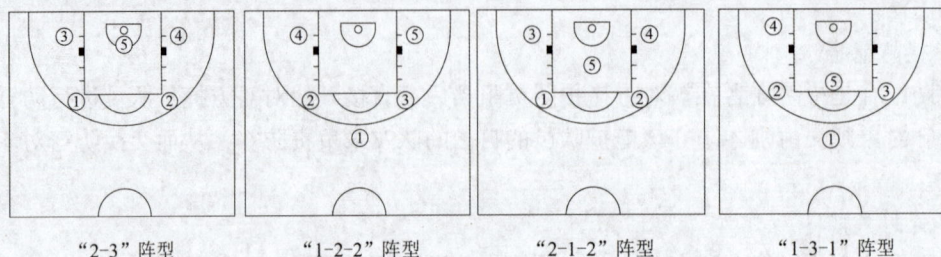

"2-3"阵型　　　　"1-2-2"阵型　　　　"2-1-2"阵型　　　　"1-3-1"阵型

图7-13　常见的进攻区域联防阵型

四、篮球比赛规则

（一）违例

违例是违犯规则，其处罚是将球判给对方队员在违例的就近地点从界外掷球入界（直接位于篮板后面的地方除外）。

1. 队员出界和球出界

当队员身体的任何部分接触界线上、界线上方或界线外的除队员以外的地面或任何物体时，即是队员出界。

当球触及了在界线外的队员或任何其他人员，以及界线上、界线上方或界线外的地面或任何物体，包括篮板支撑架、篮板背面或篮板上方及篮板后面的任何物体，即为球出界。

2. 带球走

当队员在球场上持着一个活球，其一脚或双脚超出国际篮协的篮球规则所述的限制向任一方向非法移动，即是带球走。

确定中枢脚的方法如下。

（1）双脚着地接住球的队员可以用任意一只脚作为中枢脚。

（2）在移动中接到球后，双脚同时着地时，可用任何一只脚作为中枢脚；两只脚分先后着地时，则先着地的脚为中枢脚。

注意：当一名队员持球跌倒后或躺或坐在地面上获得对球的控制是合法的，如果该队员持着球滑动、滚动或试图站起来则是违例。

3. 非法运球

队员第一次运球结束后不得再次运球，若再次运球即为非法运球。

4. 关于时间的违例

（1）"3 秒"违例。

当某队在场上控制活球并且比赛计时钟正在运行时，该队队员不得停留在对方队的限制区内超过持续的 3 秒。

（2）"24 秒"违例。

每当一名队员在场上获得控制一个活球时，其所在队应在 24 秒内尝试投篮。

（二）犯规

犯规是对规则的违犯，含有与对方队员的身体接触和违反体育道德的举止。队员不准通过伸展手、臂、肘、肩、髋、膝或脚，或将自己的身体弯曲成反常的姿势（超出其圆柱体）来拉、阻挡、推撞、绊对方队员以阻碍其行进；也不准放纵任何粗野或猛烈的动作。

（1）阻挡：是阻止持球或不持球的对方队员行进和非法的身体接触。

（2）撞人：是持球或不持球队员推动或移动到对方队员躯干上的身体接触。

（3）背后非法防守：是防守队员从对方队员的背后与其发生的身体接触。

（4）拉人：是干扰对方队员移动自由而发生的身体接触。

（5）推人：是用身体的任何部位强行移动或试图移动已经或没有控制球的对方队员时发生的身体接触。

（6）非法掩护：是试图非法拖延或阻止非控制球的对方队员到达希望到达的场上位置。

任务二　足球

一、足球运动的起源与发展

足球运动是一项古老的体育活动，源远流长。经历了古代足球游戏和现代足球运动两大历史阶段。

在我国 2 000 多年以前的文字记载中，当时的足球就叫"蹴鞠"，蹴就是踢的意思，鞠就是球。当时的球是用皮子做的，里面装有毛发之类的东西，用来进行踢球游戏。蹴鞠活动在我国经历了汉、唐、宋、元、明、清多个朝代。

在西方，10 世纪以后，法国、意大利、英国等一些国家有了足球游戏。到 15 世纪末有了"足球"之称，后逐渐发展成现代的足球运动。1863 年 10 月 26 日，英国的 11 个足球俱乐部在伦敦成立了世界上第一个足球运动组织——英国足球协会，并统一了足球规则，人们称这一天为现代足球的诞生日。从 1900 年的第 2 届奥运会开始，足球被列为奥运会正式比赛项目，但它不允许职业运动员参加。1904 年 5 月 21 日，国际足球联合会（简称 FIFA）在巴黎成立。1930 年起，每 4 年举办一次世界足球锦标赛（又称世界杯足球赛），比赛取消了对职业运动员的限制。现代足球运动是世界上开展得最广泛、影响最大的运动项目，有人称它为"世界第一运动""运动之王"，深受人们喜爱。

1928 年 5 月 26 日，国际足联代表大会在阿姆斯特丹召开。

1929 年 5 月 18 日，在巴塞罗那召开的会议上，乌拉圭被投票选举为首届 FIFA 世界杯赛的主办国。

二、足球运动基本技术

（一）脚内侧踢球

踢定位球时，直线助跑，支撑脚踏在球的侧后方15厘米处，膝关节微屈，踢球腿以髋关节为轴从后向前摆动。在前摆过程中膝盖外转，踢球脚内侧与出球方向约成90°，脚尖稍翘起，小腿加速前摆，脚掌与地面平行，脚腕用力绷紧，用脚内侧部位踢球的后中部（见图7-14）。脚内侧向前踢球的动作如图7-15所示。

图7-14 脚内侧踢球部位

图7-15 脚内侧向前踢球的动作

（二）脚内侧停地滚球

接地滚球时，支撑脚正对来球方向，膝稍屈。当触球时，接球脚向前下轻压，将球接于身前。来球力最大时，接球脚可稍后撤，以缓冲来球力量并将球接在脚下。脚内侧停地滚球的动作如图7-16所示。脚内侧切压停球，是当球运行到支撑脚的侧后方或侧前方时，停球脚以脚内侧切压球的后上部，同时稍压膝，其动作如图7-17所示。

图7-16 脚内侧停地滚球的动作

图7-17 脚内侧切压停球的动作

（三）脚内侧踢空中球

大腿在踢球前先抬起，小腿拖在后面，脚内侧正对出球方向，利用小腿的摆动平敲球的中部。如果踢出地滚球或高球，可踢球的中上部或中下部。脚内侧踢空中球的动作如图7-18所示。

图7-18 脚内侧踢空中球的动作

（四）脚内侧停空中球

根据来球的高度，将停球脚举起，脚内侧对准来球路线，脚与球接触的刹那开始后撤。在后撤过程中用脚内侧接触球，把球控制在衔接下一动作需要的位置上，其动作如图7-19所示。脚内侧停反弹球时，支撑脚踏在球的落点的侧前方，膝弯曲，上体稍前倾并向停球脚方向微转，同时停球脚提起并放松，用脚内侧对准球的反弹路线。当球落地反弹刚离地时，用脚内侧触球的中上部。脚内侧停反弹球的动作如图7-20所示。

图7-19 脚内侧停空中球的动作

图7-20 脚内侧停反弹球的动作

（五）脚背内侧踢定位球

沿着与球成45°角的斜线助跑，支撑脚踏在球的侧后方约两脚处，膝弯曲，以脚掌外侧着地支撑体重，上体稍向支撑脚一侧倾斜，踢球脚自然后摆。踢球时，以大腿带动小腿，呈弧形迅速前摆，脚稍向外转，脚面绷直，脚趾扣紧，脚尖斜指前下方，以脚背内侧触球的后中部，如图7-21所示。踢球后，腿随球摆出。脚背内侧踢定位球的动作如图7-22所示。

图7-21 脚背内侧踢定位球的触球位置

图7-22 脚背内侧踢定位球的动作

（六）脚背内侧踢弧线球

用脚背的内侧踢球的后外侧部位，摆腿的方向不通过球的中心。在踢球的一刹那，踝关节用力向外转并上翘，使球成侧旋沿一定的弧线运行，如图 7-23 所示。

图 7-23　脚背内侧踢弧线球

（七）脚背正面踢定位球

直线助跑，支撑脚踏在与球平行且距球一脚左右的侧方，踢球脚的脚尖正对出球方向，膝稍屈；同时踢球腿向后摆起，膝弯曲。踢球腿前摆时，要用大腿带动小腿。当大腿前摆至垂直地面位置时，小腿加速前摆。在脚触球刹那，脚背绷直，并稍收腹，以正脚背部位触球的后中部，如图 7-24 所示。踢球后，身体要有随前动作，并跨出一两步。脚背正面踢定位球的动作如图 7-25 所示。

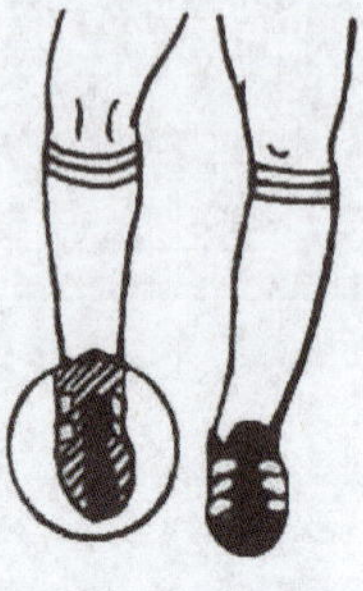

图 7-24　脚背正面踢球的部位

图 7-25　脚背正面踢定位球的动作

（八）脚背正面踢空中球

首先，要判断好球的运行路线和确定好踢球点，并使身体侧对出球方向，支撑脚跨上一步，脚尖指向出球方向，上体向支撑脚一侧倾斜，踢球脚的大腿高抬，接近与地面平行。然后以大腿带动小腿急速向出球方向挥摆，用脚背正面踢球的后中部，在摆腿踢球的过程中身体随之向出球方向扭转。踢球的刹那，两眼要始终注视球，身体正对出球方向。踢球后，面对出球方向跨出一步。脚背正面踢空中球的动作如图 7-26 所示。

图 7-26　脚背正面踢空中球的动作

（九）脚背正面推踢球

当支撑脚在球后面过远时，为了控制出球的高度可用踢推来调整踢球动作，其动作如图 7-27 所示。

图 7-27 脚背正面推踢球的动作

（十）脚背正面弹拨球

踢球腿以膝关节为轴快速侧摆或侧前摆。击球时，踝关节快速转动将球弹拨出。踢球后，踢球脚快速收回。其动作如图 7-28 所示。

图 7-28 脚背正面弹拨球的动作

（十一）脚背正面弹踢球

以踢球脚的膝关节为轴，利用小腿的快速前摆踢球。弹踢动作小，起脚快，有一定的力量并富有突然性。其动作如图 7-29 所示。

图 7-29 脚背正面弹踢球的动作

（十二）脚背外侧踢定位球

直线助跑，支撑脚踏在与球平行且距球一脚左右的侧方，踢球腿向后摆起，膝弯曲。踢球腿前摆时，要用大腿带动小腿。当大腿前摆至垂直地面位置时，小腿加速前提，用脚背外侧触球。在踢球的一刹那，脚背要绷直，脚趾用力下扣，脚尖内转，踢球的后中部。踢球后，身体要有随前动作，并跨出一两步。其动作如图 7-30 所示。

图 7-30　脚背外侧踢定位球的动作

（十三）脚背外侧踢弧线球

支撑脚踏在球侧 15~20 厘米处，身体稍向支撑脚一侧倾斜，踢球脚的脚腕用力，并以脚背外侧踢球的侧后方，摆腿的方向不通过球心。踢球后，踢球腿向支撑腿一侧的前上方摆出，以加大球的旋转力量。其动作如图 7-31 所示。

图 7-31　脚背外侧踢弧线球的动作

（十四）脚背内侧和脚背外侧运球

脚背内侧运球时，由于球和脚接触面积较大，因此容易控制，并便于做转变方向的曲线运球，也便于用身体掩护球。脚接触球的部位同脚弓踢球。运球时，支撑脚向前跨出一步，落在球的侧前方，膝稍屈，重心放在支撑脚上，同时上体向运球方向前倾，运球脚提起后用脚弓推拨球的后中部，其动作如图 7-32 所示。脚背外侧运球对跑动的速度影响较小，多见于直线快速运球。这种运球方法容易

图 7-32　脚背内侧运球的动作

改变方向，隐蔽性强，便于传球或射门。脚触球的部位和外脚背踢球相同。运球时，上体要稍前倾，运球脚的脚尖和髋关节稍向里转，膝微屈，脚腕放松。在向前迈步将要落地前，用外脚背推拨球的后下部，其动作如图 7-33 所示。

图 7-33　脚背外侧运球的动作

（十五）脚背外侧停地滚球

身体重心先放在支撑脚上，支撑腿稍屈，同时接球脚提起，膝稍屈，放在支撑脚的侧前

方，脚背外侧对准来球的方向。接球脚触球时，轻轻下压，将球接于身前。如要将球接向体侧时，脚尖和髋部外展，将球接于身旁。其动作如图 7-34 所示。

图 7-34　脚背外侧停地滚球的动作

（十六）大腿和脚背停高球

大腿停高球时，面对来球，停球腿的大腿抬起，以大腿中部对准下落的球，肌肉适当放松。大腿在与球接触的刹那迅速撤引，使球落在便于衔接下一个动作需要的位置上，其动作如图 7-35 所示。脚背停高球时，身体正对来球，接球腿屈膝提起，以脚背对准来球。当球与脚接触的一刹那，小腿和脚腕放松下撤，缓冲来球力量，使球落在身前，其动作如图 7-36 所示。另外一种脚背停高球的方法：接球腿稍抬起，在球接近地面时，用正脚背触球，随球下撤落地。

图 7-35　大腿停高球的动作

图 7-36　脚背停高球的动作

（十七）脚外侧拨球突破

对方迎面抢截时，开始可先用右脚内脚背假做向左扣拨动作，等对方重心移动并向左侧堵截时，突然改用右脚外脚背拨球，在越过对方后运球前进。也可用身体左晃的动作诱使对方身体左移，然后突然用右脚外脚背向右拨球，继续运球前进，其动作如图 7-37 所示。

图 7-37　脚外侧拨球突破的动作

三、足球运动战术

（一）集体战术配合

集体战术是指两个或两个以上队员在比赛中，为了完成全队攻防任务而采用的局部协同作战的配合方法，它包括"二过一"战术配合、"三过二"战术配合和反切配合等进攻战术。

1. "二过一"战术配合

顾名思义，"二过一"是指两个进攻队员通过传球配合突破一个防守队员。"二过一"是集体配合的基础，可以在任何场区、任何位置上运用这种方法来摆脱对方的抢截或突破防线。

"二过一"是进攻的两个队员之间相距 10 米左右进行一传一切的配合。其要求传球平稳及时，一般多用脚内侧、脚外侧等脚法，以传低平球为主。传球的位置，尽可能是接球人脚下或其前面二三步远的地方。

2. "三过二"战术配合

"三过二"是指在比赛中局部地区三个进攻队员通过连续配合突破两个防守者的防守。由于这种配合有两个同队队员可以同时接应传球，因此使持球人传球路线更多且进攻面扩大。

（二）全队进攻战术

全队进攻战术是指比赛中一方获得球后，通过队员之间的传递配合达到射门的目的而采用的配合方法。与局部进攻战术相比较，全队进攻战术的进攻面比较广，参加进攻的人数更多。

1. 边路进攻

利用球场两侧地区发起进攻的方法叫边路进攻。常用的战术有"两翼齐飞""声东击西"等。

2. 中路进攻

中路进攻是利用球场中间区域组织的进攻，这种进攻虽能直接射门，但难度较大。常用战术有不断为"站桩"前锋喂球的强力中锋战术。

3. 快速反击

快速反击是最有威胁的进攻手段之一，有效的进攻在于突然快速地反击，但其难度较大，快速反击要有组织，配合得要极为默契，必须进行专门的训练，否则很难在比赛中实施。常用战术有后卫长传等。

（三）定位球战术

定位球战术是指在比赛中，利用"死球"后重新开始比赛的机会组织进攻的战术方法。定位球战术包括中圈开球、角球、任意球、点球、掷界外球等。

在势均力敌的高水平比赛中，定位球战术有时起决定胜负的作用。在执行该战术时，要利用简练的一次配合取得射门机会，往往配合越复杂，成功率就越低，故要进行专门的练习才能在比赛中奏效。

四、足球比赛规则

（一）球场

足球的比赛场地规格如图 7-38 所示。

（1）场地面积：比赛场地应为长方形，其长度不得多于 120 米或少于 90 米，宽度不得

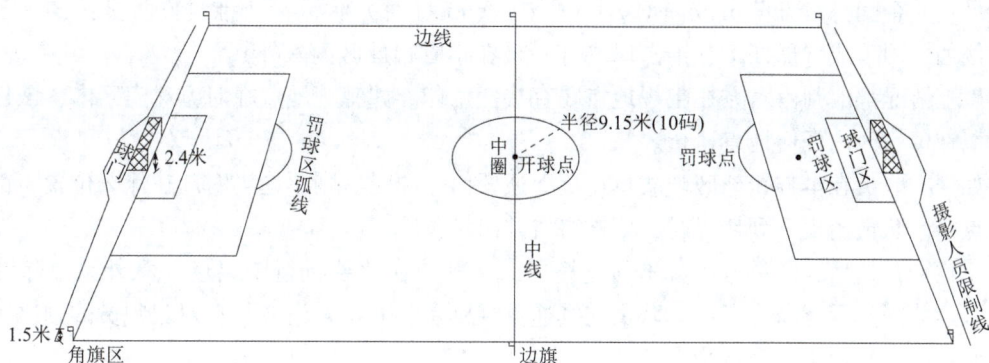

图 7-38　足球比赛场地规格

多于 90 米或少于 45 米（国际比赛的场地长度不得多于 110 米或少于 100 米，宽度不得多于 75 米或少于 64 米）。在任何情况下，长度必须超过宽度。

（2）球门区：在比赛场地两端距球门柱内侧 5.50 米处的球门线上，向场内各画一条长 5.50 米与球门线垂直的线，一端与球门线相接，另一端画一条连接线与球门线平行，这三条线与球门线范围内的地区叫球门区。

（3）角球区：以边线和球门线交叉点为圆心，以 1 米为半径，向场内各画一段四分之一的圆弧，这个弧内地区叫角球区。

（二）队员人数

每队上场比赛的队员人数不得超过 11 人。每队必须有一名守门员。

经裁判员同意后，在比赛暂停时，替补队员可替换场上队员。只有在被替补队员下场后，替补队员才能上场。未经裁判员同意，任何队员不得上场或下场。

（三）裁判员

每场比赛应委派至少一名裁判员执行裁判任务。在其进入比赛场地时，即开始行使规则赋予自己的职权。在比赛暂停或比赛成死球时出现的犯规，裁判员均有判罚权。裁判员在比赛进行中，根据比赛实际情况所作的判决，诸如比赛结果等，应为最后判决。

（四）比赛时间

比赛时间应分为两个相等的半场，每半场 45 分钟。

（1）在每半场中由于替补、处理伤员、延误时间及其他原因损失的时间均应补足，这段时间的多少由裁判员决定。

（2）在每半场时间终了时或全场比赛结束后，如执行罚球、点球，则应延长时间至罚完为止。除经裁判员同意外，上、下半场之间的休息时间不得超过 15 分钟。

（五）犯规与不当行为

队员如故意违反下列中的任何一项，即为犯规与不当行为。

①踢或企图踢对方队员；②绊摔对方队员，即在对方身后或身前，伸腿或屈体绊摔或企图绊摔对方；③猛烈地或带有危险性地冲撞对方队员；④除对方正在阻挡外，从背后冲撞对

方队员；⑤企图打对方队员或向对方吐唾沫；⑥拉扯对方队员；⑦推对方队员；⑧用手触球，例如，用手或臂部携带、推击球（守门员在本方罚球区内除外）。

以上情况都应判由对方在犯规地点踢直接任意球。如犯规地点在对方球门区内，该任意球可以在球门区内任何地点执行。

如守方队员在本方罚球区内故意违反上述任何一项时，则不论当时球在什么位置，都应判罚点球。队员出现下列情况时，应被警告并出示黄牌。

①比赛开始后，队员进场或重新进场加入比赛或在比赛进行中离场（意外事故除外），事先未经裁判员示意允许者；②队员连续违反规则者；③用言语或行动对裁判员的判决表示不满者；④有其他不正当行为者。

裁判员认为队员出现下列情况时，应罚令其出场并出示红牌。①犯有暴力行为；②严重犯规；③用污言秽语进行辱骂；④经黄牌警告后，因犯规又被给予第二次黄牌警告。

（六）任意球

任意球分两种：直接任意球（这个球可以直接射入犯规队球门得分）及间接任意球（踢球队员不得直接射门得分，除非球在进入球门以前曾被其他队员踢或触及）。

（七）罚点球

罚点球应从罚球点上踢出，必须明确主罚队员。踢球时除主罚队员和对方守门员外，其他队员均应在该罚球区外及比赛场内，并至少距罚球点 9.15 米处。对方守门员在球被踢出前，必须站在两门柱间的球门线上（两脚不得提前移动）。

任务三　排球

✈ 一、排球运动的起源与发展

排球运动始于 1895 年，由美国马萨诸塞州的霍利沃克城基督教青年会干事威廉·摩根发明。排球最初作为一种消遣游戏，被称为"空中飞球"，后来由美国的传教士、驻外军官和士兵带到了世界各地。1905 年传入中国，先后经历了 16 人制、12 人制和 9 人制。中华人民共和国成立后，为了适应国际交往的需要，改为 6 人制，并一直沿用至今。1964 年，第 18 届奥运会把排球列为正式比赛项目。

国际排球联合会自 1947 年成立至今，已有 200 多个会员，排球运动已发展成为世界上最大的运动项目之一。排球运动的形式多种多样，除了室内 6 人制排球外，还有沙滩排球和残疾人坐式排球等竞技性排球运动，另外还有软式排球、小排球、气排球、墙排球、妈妈排球、公园排球等娱乐性排球运动。

排球运动世界大赛主要有世界锦标赛、世界杯赛、奥运会排球赛、世界沙滩排球锦标赛巡回赛、残疾人奥运会排球赛。中国女排在 20 世纪 80 年代夺得世界大赛"五连冠"，极大地激发了全民学排球的热情，在全国形成了轰轰烈烈的排球热潮。2004 年、2016 年中国女排又分别获得奥运会冠军，再次激发了人们对排球的热情。

二、排球运动基本技术

（一）准备姿势

如图 7-39 所示，按照身体重心的高低，准备姿势可分为半蹲准备姿势、低蹲准备姿势和稍蹲准备姿势三种。

（二）移动

移动由起动、移动步法和制动三个环节构成。

图 7-39　排球准备姿势

1. 起动

起动是移动发力的开始，它的快慢是移动的关键，起动的速度取决于正确的准备姿势、反应能力和腰腿部的速度、力量。

2. 移动步法

起动后应根据临场技战术的需要，灵活地采用各种移动步法进行移动。

（1）并步与滑步。并步如向前移动，则后腿蹬地，前脚向来球方向跨出一步，后腿迅速跟上做好击球准备。连续并步就是滑步。

（2）跨步与跨跳步。跨步如向前移动，则后腿用力蹬地，前脚向来球方向跨出一大步，膝部弯曲，上体前倾，身体重心移至前腿上。跨步过程中有跳跃腾空即为跨跳步。

（3）交叉步。以向右交叉步为例，上体稍向右转，左脚从右脚前面向右交叉迈出一步，然后右脚再向右跨出一大步，同时身体转向来球方向，保持击球前的姿势。

（4）跑步。跑步时两臂要配合摆动，如球在侧方或后方时应边转身边跑。

（5）综合步。以上各种步法的综合运用。

3. 制动

在快速移动之后，为了保持稳定的击球姿势和克服身体惯性的冲力，必须运用制动技术。

（1）一步制动法。一步制动时，最后跨出一大步，同时降低重心，膝和脚尖适当内转，全脚掌横向蹬地，抵住身体重心继续移动的趋势，并用腰腹力量控制上体，使身体重心的投影落在两脚所构成的支撑面内。

（2）两步制动法。两步制动时，以倒数第二步做第一次制动，接着跨出最后一步做第二次制动，同时身体后仰，重心下降，双脚用力蹬地，使身体处于有利于做下个动作的姿势。

（三）发球

发球是 1 号位队员在发球区内自己抛球后，用一只手将球直接击入对方场区的一种击球方法。发球是排球技术中唯一不受他人制约的技术。

1. 正面上手发球

以右手发球为例。如图 7-40 所示，队员面对球网，两脚前后自然开立，左脚在前，用手托球于身前，用抬臂和手掌的平托上送，将球平稳地垂直抛于右肩前上方，高度适中。在左手抛球的同时，右臂抬起，屈肘后引，肘与肩平，上体稍向右转。击球时，利用蹬地、转体和收腹带动手臂挥动，在右肩前上方伸直手臂至最高点，以全手掌击球的中下部。击球时，手指自然张开吻合球，手腕要迅速主动地做推压动作，使击出的球呈上旋飞行。为了加强发球的力量和攻击性，还可采用一步、两步或多步的助跑发球方法。

图 7-40　正面上手发球

2. 正面上手发飘球

正面上手发飘球是采用正面上手的形式，发出球不旋转、不规则地飘晃飞行的一种发球方法。使用该方法要面对球网，以便观察对方接发球情况。

如图 7-41 所示，准备姿势同正面上手发球，但抛球比正面上手发球稍低、稍靠前。击球前，手臂自后向前做直线挥动。击球时，五指并拢，手腕稍后仰，用掌根平面击球的中下部，作用力通过球体重心。击球瞬间手指、手腕紧张，手型固定，不加推压动作，手臂有突停动作。

图 7-41　正面上手发飘球

3. 正面下手发球

正面下手发球是正面对网，手臂由后下方向前摆动，在腹前将球击入对方场区的发球方法。

以右手发球为例。如图 7-42 所示，面对球网，两脚前后开立，左脚在前，两膝微屈。上身稍前倾，重心偏后脚。左手持球于腹前，将球轻轻抛起在体前右侧，离手高约 20 厘米，在抛球的同时右臂伸直以肩为轴向后摆动，借右腿蹬地力量，身体重心随着右手向前摆动击球而移至前脚上。在腹前以全手掌、掌根或虎口击球后下方。

图 7-42   正面下手发球

（四）传球

传球是排球运动的一项重要技术，是组织进攻战术的基础。传球主要运用在第二传，用于衔接防守和进攻。

按照传球的方向基本上把传球动作分为正面传球、背传球和侧传球，这三种传球技术均指在原地完成。跳起在空中完成的传球动作，称为跳传。

1. 正面传球

面对出球方向的传球动作，称为正面传球。正面传球是最基本的传球方法，是其他一切传球技术的基础。

如图 7-43 所示，采用稍蹲准备姿势，当来球接近额头时，开始蹬地、伸膝、伸臂，两手微张经脸前向前上方迎球。击球点在额头前上方约一球距离处。当手触球时，两手自然张开呈半球形，手腕稍后仰，两拇指相对呈"一"字形或"八"字形，两手间有一定距离，用拇指内侧，食指全部，中指的二、三指节触球的后下部，无名指和小指在球两侧辅助控制传球方向。两肘适当分开，两前臂之间约成 90°夹角，

图 7-43   正面传球

传球时主要靠蹬地、伸臂和手指、手腕力量，以及球的反弹力将球传出。

2. 背传球

背对传球目标的传球动作叫背传球。如图 7-44 所示，身体背面要对正传球目标，上体保持正直或稍后仰，身体重心在两脚之间，双手自然抬起，放松置于脸前。迎球时，抬上臂、挺胸、上体后仰。击球点保持在上方，比正传稍高、稍后。触球时，手腕后仰并适当放松，掌心向上，击球的下部，手型与正面传球相同。背传用力要靠蹬地、展腹、抬臂、伸肘和手指、手腕的弹力，把球向后上方传出。

图7-44 背传球

3. 跳传

跳传是当一传弧线较高而又接近球网时，所采用的跳起传球技术，目前在比赛中运用比较广泛，一般用于二传。跳传可起到加快进攻速度和迷惑对方的作用，并且可使进攻战术多样化，扩大进攻的范围，减少二传环节中的失误。

如图7-45所示，起跳时，首先选好起跳点并掌握好起跳时间。起跳后，两臂屈肘抬起，两手放置脸前，击球点保持在额上方，在身体跳至最高点时，用伸臂动作及手指、手腕的弹力将球传出。由于人在空中，无法用上伸腿蹬地的力量去传球，因此，要加大伸臂的幅度和速度。

图7-45 跳传

（五）扣球

扣球是排球攻击性最强、最有效的进攻手段，在比赛中占有非常重要的地位。

1. 正面扣球

正面扣球是扣球技术中一种重要的方法，也是比赛中运用得最多的一项进攻性技术，适用于近网和远网扣球。以下以右手扣球为例，介绍动作要领。

（1）准备姿势。扣球助跑前采用稍蹲姿势，两臂自然下垂，站在离网3米左右处，身体转向来球方向，观察来球，做好向各个方向助跑起跳的准备。

（2）助跑。助跑开始时，左脚先向前迈出一步，紧接着右脚再快速跨出一大步，左脚及时并上，踏在右脚之前，两脚尖稍向右转。两臂绕体侧向上引摆。

（3）起跳。在助跑跨出最后一步（即第二步），左脚并上踏地制动的同时，两臂自后积极向前摆动，随着双腿蹬地向上起跳，两臂配合起跳有力地向上摆动。

（4）空中击球。起跳后，挺胸展腹，上体稍向右转，右臂向后上方抬起，身体呈反弓形。挥臂时，以迅速转体、收腹动作发力，依次带动肩、肘、腕各部位关节向前上方呈鞭甩动作挥动。击球时，五指微张，以掌心为主，全掌包满球，在手臂伸直的最高点的前上方击球的后中部，同时主动用力屈腕屈指向前推压，使扣出的球呈上旋。

（5）落地。落地时，以两脚前脚掌先着地，再迅速过渡到全脚掌着地，同时顺势屈膝、收腹，以缓冲下落的力量，立即做好下一个动作的准备。

2. 调整扣球

调整扣球是指在接发球或后排防守垫球不到位时，二传队员从后场区将球传到网前所进行的扣球。调整扣球技术动作与正面扣球相同，但由于二传球来自后场区，有近网球，也有远网球，还有拉开球和集中球，与球网有一定的角度并且弧线不固定，扣球队员难以判断，所以扣这种球难度较大。因此，扣球队员要准确判断来球的方向、弧线、速度和落点。调整好人和球的关系，选择好起跳点，掌握好起跳时间。根据人和球网的距离，合理地采用不同的扣球方法，控制好扣球的力量、速度、方向、路线和落点。

（六）拦网

这里仅介绍单人拦网。

单人拦网是集体拦网的基础。如图 7-46 所示，其动作结构分为准备姿势、移动、起跳、空中动作和落地 5 个互相衔接的部分。

图 7-46 单人拦网

（1）准备姿势。队员面对球网，两脚左右开立，约与肩同宽，距网 30~40 厘米。两膝微屈，两臂屈肘置于胸前。

（2）移动。常用步法有并步、交叉步、跑步等。无论采用哪种移动步法，都要做好制动动作，以保证向上起跳，避免触网和冲撞同队队员。

（3）起跳。原地起跳时，两腿屈膝，重心降低，随即用力蹬地，两臂以肩发力，于体侧近身处，做画弧或前后摆动，帮助身体迅速跳起。移动后的起跳，其起跳动作与原地起跳一样，但要注意制动并使移动与起跳动作紧密衔接。

（4）空中动作。起跳时，两手从额前沿球网向上方伸出，两臂伸直并保持平行，两肩上提。拦网时，两臂应伸过网去接近球。两手自然张开，屈指屈腕成半球状。当手触球时，两手要突然收紧，手腕下压盖在球的前上方。

（5）落地。拦球后，要做含胸动作，以保持身体平衡。手臂要先后摆或上提，从网上收回至本方上空，再屈肘向下收臂，以保持身体平衡。与此同时屈膝缓冲，双脚落地，随即转身面向后场，准备接应来球或做下一个动作准备。

三、排球运动基本战术

（一）阵容配备

1. "三三" 配备

由三名进攻队员和三名二传队员组成。站位时，一名进攻队员间隔一名二传队员。目前采用这种配备形式的队伍比较少。这种配备一般适用于初学者和水平较低的球队。

2. "四二" 配备

由四名进攻队员（主攻和副攻队员各两名）和两名二传队员组成，他们分别站在对角的位置上。目前，在水平一般的球队中采用这种配备形式的比较多。

"四二" 配备的优点是每一轮次前排都有一个二传队员和两个进攻队员，便于组织"中一二""边一二"进攻，战术配合有一定的稳定性。缺点是前排进攻点相对较少，隐蔽性差，不能适应高水平球队的要求。

3. "五一" 配备

由五名进攻队员和一名二传队员组成。位置的安排与"四二"配备基本相同，只是由一名进攻队员站在与二传对应的位置上作为接应二传，其目的是弥补在主二传来不及到位传球时所出现的被动局面，但主要是承担进攻任务。这种阵容配备在水平较高的球队中普遍采用。

（二）进攻战术

进攻战术主要有以下三种形式："中一二"进攻战术、"边一二"进攻战术、"插上"进攻战术。

1. "中一二" 战术形式特点

容易组织，但战术变化少，只能两点进攻，战术意图容易被识破，战术的突然性和攻击性小。其变化形式有：扣球队员通过二传队员传出集中、拉开、背传和平快等各种球，采用斜线助跑、直线助跑和跑动中变步起跳等扣球。

2. "边一二" 战术形式特点

形式简单，容易掌握，也是基本战术形式之一。其变化形式有：除"中一二"战术形式变化外，还可组织"快球掩护拉开""前交叉""围绕""快球掩护夹塞""梯次""短平快掩护拉开""掩护活点进攻"等战术变化。

3. "插上" 战术形式特点

保持前排三人进攻，能充分利用网的全长，发挥每个队员的特点，组成快速多变的各种战术变化。进攻的突破点多，突然性大，使对方难以有效地组织集体拦网和防守。

（三）防守战术

这里主要介绍"心跟进"和"边跟进"两种防守战术。

1. "心跟进"防守战术

在本方拦网能力强、对方采取打吊结合时采用。如，当甲方 4 号位队员进攻时，乙方 2 号和 3 号位队员拦网，后排中心的 6 号位队员在本方拦网时跟在拦网队员之后进行保护，其余三名队员组成后排弧形防守。其优点是加强了前区的防守能力，缺点是后排防守队员之间的空档较大。

2. "边跟进"防守战术

多在对方进攻较强、吊球较少时采用。如，当甲方 4 号位队员进攻时，乙方 2 号和 3 号位队员拦网，其他四个队员组成半圆弧形防守。如遇甲方吊前区，由乙方边上 1 号位队员跟进防守。其优点是加强了拦网，缺点是边上的队员既要防直线，又要跟进防前区，比较困难。

四、排球运动比赛规则

（一）发球

1. 发球击球犯规

（1）发球次序错误：未按照计分表所登记的发球次序进行发球。

（2）发球区外发球：队员击球时或跳发球时，踏及场区或发球区外地面。

（3）发球时球未抛起：发球击球时球未抛起或持球手未撤离。

（4）发球五秒：第一裁判员鸣笛后 5 秒内，发球员未将球击出。

2. 发球击球后犯规

（1）发出球触及发球队队员、未通过球网垂直面。

（2）界外球。①发出球整个落点完全在场区界限以外地面上；②发出球触及场地外物（如天花板）或非比赛队员等；③发出球触及标志杆、网绳、网柱或球网标志杆以外部分。

（3）发球掩护。任何一名发球队员，以挥臂、跳跃或左右晃动等动作妨碍对方接发球，而且发出球从对手上方飞过，则构成发球掩护。

（二）击球时犯规

（1）四次击球。一个队连续四次击球（拦网一次除外）为四次击球犯规。

（2）持球。一名队员没有将球清晰击出，使球停止，为持球犯规。

（3）连击。一名队员明显连续击球或球连续触及身体不同部位（拦网一次除外）为连击犯规。

（4）借助击球。借助同伴或任何物体的支持击球为借助击球犯规。

（三）队员在球网附近犯规

（1）过网击球。攻方进行进攻击球前或击球时，在对方空间触及球或对方队员为过网击球犯规。

（2）后排队员拦网。后排队员靠近球网，将手伸向高于球网处阻拦对方来球并触及球，为后排队员拦网犯规。

（3）拦发球。拦对方发过来的球为拦发球犯规。

（4）从标志杆外伸入对方空间拦网并触球犯规。

（四）进攻性犯规

（1）后排队员在前场区内，或踏及进攻线（或其延长线），击整体高于球网上沿水平面的球，并使球整体通过球网垂直面或触及对方拦网队员，则为后排队员进攻性击球犯规。

（2）在前场区对对方发过来并整体高于球网的球进行进攻性击球为犯规。

（五）不良行为（分四类）

（1）非道德行为：争辩、恐吓等。

（2）粗鲁行为：违背道德原则和文明举止，有侮辱性表示。

（3）冒犯行为：诽谤、使用侮辱言语或手势。

（4）侵犯行为：人身侵犯或企图侵犯。

（六）排球裁判员手势（见表7-1）

表7-1　排球裁判员手势

发球手势：裁判挥手指示发球方向	指示发球球队：向发球一方伸臂	交换场地：屈肘，环身体两侧一前一后交替扭摆
暂停：一手平举于上，另一手竖放（呈"丁"字）	换人：双手和小臂平置胸腹间，相互环绕	不当行为警告：出示黄牌或红牌

续表

驱逐出场：一手出示双牌判驱逐出场（该局）	取消资格：双手分别出示双牌，判取消资格	一局或一场比赛结束：双手交叉于胸前
即行发球：掌心向上，手臂向前伸直提起	延误发球：五指或三指向上伸张	拦网犯规：双臂垂直举，手掌向前
位置或轮次错误：以食指在腹前画圈	界内球：伸臂，指向界内地面	界外球：小臂垂直向上，双掌向后张开
持球：缓举小臂，掌向上	连击：手指示意"2"	四次击球：四指分开向上

触网：以犯规方的手指向网，并指出犯规队员的号码	过网击球：一手置于网上，掌向下	争球：双手竖起大拇指
打手出界：以掌划过另一手	后排队员过线扣球：手张开，以小臂做一次下屈动作	侵入对方场区或球由网下穿过：手指向中线
延误警告：持黄牌或红牌指向手腕		

任务四　乒乓球

一、乒乓球的起源以及发展

乒乓球起源于19世纪的英国，其产生与台球和网球有关。乒乓球最初是由19世纪末英国的上流社会创造的一种室内桌上运动。这个游戏起初被称为"围球"或"网球"，人们使用小木片或羽毛球拍在普通桌子上打球。后来，人们开始使用短木拍和皮质球，并将这项运动称为"乒乓球"，因为球拍击球时发出的声音像"乒乓"声。乒乓球很快在英国风靡开来，并于 1901 年被正式命名为"乒乓球"。此后，这项运动迅速传播到其他国家，成为一种国际性的运动。

1902 年，英国的博明顿举办了第一个国际乒乓球比赛，吸引了来自不同国家的选手参加。1926 年，国际乒乓球联合会（ITTF）成立，标志着乒乓球运动开始规范和向国际化方向发展。ITTF 的成立推动了乒乓球在全球范围内的普及和发展，并且促进了世界各国选手之间的交流和合作。

乒乓球于 1988 年首次成为奥运会正式比赛项目，至今已经成为奥运会上备受关注的一项比赛项目。自此之后，乒乓球在世界范围内的影响力和地位不断提升。

二、乒乓球基本技术

乒乓球是一项技术含量极高的运动，技术动作的正确执行对于球员的表现至关重要。

（一）握拍姿势

当前世界上流行的握拍法有两种：一是直拍握法，二是横拍握法。

1. 直拍握法

此握法正反手都用球拍的同一拍面击球，一般情况下不需要两面转换，出手较快；正手攻球快速有力，攻斜、直线球时拍形变化不大，对手不易判断，便于从速度、球路和力量上取得主动；手腕动作灵活，发球可做较多变化；但反手攻球时，因受身体阻碍较难掌握，不易起重板；攻球和削球交替时手法变化大，影响击球速度和准确性；防守时照顾面积较小。

基本握法：如图 7-47 所示，用拇指和食指握住球拍拍柄与拍面的结合部位。拍柄右侧贴在食指的第三关节内侧。食指的第二关节压住球拍的右肩，第一关节自然向内弯曲，拇指的第一关节压住球拍的左肩，其他三指自然弯曲斜形重叠，以中指第一关节贴于球拍的 1/3 上端。

图 7-47 直拍握法

2. 横拍握法

此握法照顾面比直拍大，攻球和削球时握拍的手法变化不大；反手攻球不受身体阻碍，便于发力；削球时用力方便，易于发挥手臂的力量和掌握旋转变化。但在还击左右两面来球时，需变换击球拍面；攻斜、直线球时调节拍形的幅度大、动作明显，易被对方识破；台内正手攻球也较难掌握。

基本握法：如图 7-48 所示，以中指、无名指、小指自然地握住拍柄，拇指在球拍正面轻贴在中指旁边，食指自然伸直斜于球拍的背面，虎口轻微贴拍。

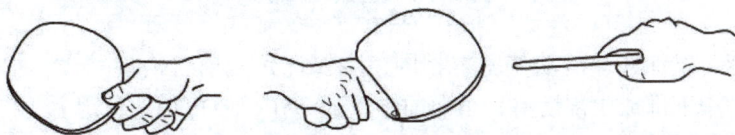

图 7-48 横拍握法

在准备击球时或将球击出后，握拍都不宜过紧或过松。过紧会使手腕僵硬，影响球的飞行弧线；过松会因拍面不稳，影响发力和击球的准确性。

（二）发球方法

发球在比赛中对于扬己之长、攻彼之短有着重要的技术和战术意义。发球、接发球、发球抢攻被称为乒乓球的前三板技术，是我国乒乓球的技术强项。下面以右手发球为例，简要介绍几种基本的发球技术。

1. 正手平击发球

正手平击发球的特点：用力不大，球速不快，一般不带旋转，它是初学者最基本的发球方法，也是掌握其他复杂发球方法的基础。

正手平击发球的要点如下（见图7-49）。

（1）发球时左脚在前，身体稍向右转。

（2）将球置于掌心，手掌伸平，然后将球抛起。

（3）拍面稍前倾，当球下降至稍高于球网时，手臂向左前方发力，挥拍击球中上部。击球后的第一落点应落在本方台面中区。

图7-49 正手平击发球

2. 发下旋球

下旋球分加转与不加转两种，且正、反手均可运用。

动作要领：左脚在前，身体略向左偏斜站立，左手向上抛球，右上臂稍外展，前臂内旋并向身体后上方引拍。以前臂和手腕的发力为主。

发加转球时，执拍手的上臂带动前臂加速向前下方挥拍，前臂迅速内旋。拍面后仰较大，击球的中下部后向底部摩擦，如图7-50所示。

图7-50 发加转下旋球

发不加转球与发加转球的动作基本相同，主要区别是前臂内旋稍慢，拍面后仰角度较小，球拍触球的中下部或中部后有一个向前推送的动作，使挥拍的作用力线接近球心，以减小旋转。

3. 反手发轻短球

动作要领：手臂先向后上方引拍。当球下降至比网稍高时，前臂向前下方轻微用力送出，拍面后仰，触球中下部并向底部摩擦。球离拍后，第一落点要在本方台面中区，才能越网落到对方近网的地方，如图7-51所示。

图7-51　反手发轻短球

4. 高抛发球

发球者先将球抛至高度为2~3米空中，待下落到一定高度时击球。挥拍时上臂外展的幅度较大，要借助转腰和蹬地的力量。由于抛球高度大幅提高，球体下落时的速度骤增，因此，高抛球具有球速快、旋转强、时间差明显等特点。

高抛发球有侧身正手左侧上（下）旋球、侧身正手上旋长球、反手右侧上（下）旋球等。

（三）接发球方法

接发球是指回接对方发球时使用的各种方法。接发球时应首先根据对方发球时的位置来调整自己的站位，一般采用的是斜角对立的方法；其次，应根据对方发球时的挥臂方向、幅度和拍面角度，以及球的飞行弧线、速度来判断其旋转和落点，尤其要看清对方球拍触球瞬间的触球部位和挥拍方向等情况，然后运用针对性的技术加以回击。

接发球的主要战术如下。

（1）以搓球和削球来削弱对方的攻势。

（2）用快搓、摆短球遏制对方的发力抢攻。

（3）以快拨、推挡和提拉等技术回接，争取形成对攻局面。

（4）力争抢拉、抢攻在先，以免陷入被动挨打的困境。

（四）击球时的基本步法

步法是指乒乓球运动员为选择合适的击球位置所采用的移动方法，它是一名优秀运动员必须掌握的基本技能，是衔接各项技术动作的枢纽，也是执行各项战术的有力保证。

1. 单步

以一脚的前脚掌为轴，另一脚向前、后、左、右某个方向移动一步，如图7-52所示。

单步的特点是移动范围较小，重心较为稳定。多在来球离身体不远的情况下使用，如上步接近网短球、让步接追身球等。

图 7-52　单步

2. 跨步

以一脚向来球方向跨出一大步，另一脚跟着移动，如图 7-53 所示。多在来球急、角度大的情况下使用，如"打回头"、削接左右大角度的来球等。

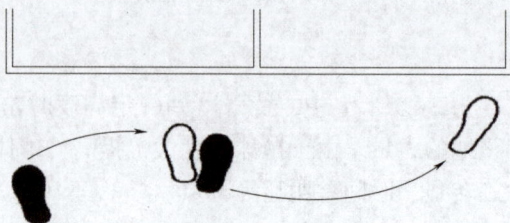

图 7-53　跨步

3. 滑步

两脚几乎同时向来球方向蹬地，然后离来球远的脚先落地，离来球近的脚后落地。多在来球角度较大、球速快时采用，如连续攻（拉）等。

4. 交叉步

离球远的脚朝来球方向跨出一大步，并从前面超过另一脚形成交叉状，另一脚再向来球方向移出一步，如图 7-54 所示。多在来球远离身体的情况下采用，如侧身后从球台左方移至右方大角度击球等。

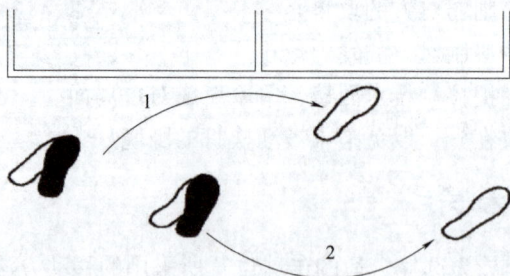

图 7-54　交叉步

（五）常用击球方法

1. 推挡球

推挡球是以球拍推击球的一种技术，其特点是站位近，变化多，速度快，动作小，在相持或防御时使用能起到调动对方和助攻的作用。

推挡球包括挡球、快推、快拨、加力推、减力挡、推下旋、挤推、拱推等多种方法，下面介绍其中常用的几种。

（1）挡球。

动作要领：击球前，前臂与台面平行伸向来球。球拍触球时，前臂和手腕稍向前移动，借助来球的反弹力将球挡回。拍面接近垂直，并在来球的上升期击球的中部，如图7-55所示。

图7-55　挡球

（2）快推。

动作要领：两脚平行站立，身体靠近球台。引拍时肘关节靠近身体右侧，前臂与台面平行。将球拍后引至左腹前，拍面垂直。击球时，前臂和手腕迅速前伸。食指用力，拇指放松使拍面稍前倾，并在来球的上升期击球的中上部，如图7-56所示。

图7-56　快推

（3）加力推。

动作要领（以右手持拍为例）：引拍时，前臂向后上方屈收的幅度较大，使球拍的位置稍高一些，并根据来球的高度调整好球拍角度。击球时以手臂发力为主，借助右脚蹬地和转腰的力量。在来球的上升后期或高点期击球的中上部，如图7-57所示。

图7-57　加力推

（4）减力挡。

动作要领：在触球瞬间，球拍前移的动作骤然停止，也可将球拍稍微后移，以减弱来球的反弹力。根据来球力量和上旋强度的大小，调节好拍面角度，控制好触球瞬间球拍后移的幅度，如图7-58所示。

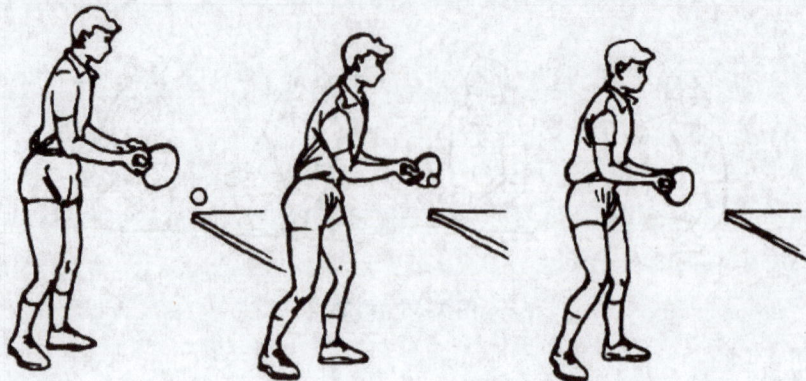

图7-58　减力挡

（二）搓球

搓球是近台还击下旋球的一种技术，特点是动作小，弧线低，落点活，旋转变化多等，可以牵制对方的攻势，并为抢攻或抢拉创造机会。搓球在左半台使用较多。

搓球种类较多，根据击球时间、落点和旋转的不同，分快搓、慢搓、转与不转搓球、侧旋搓球等。

动作要领：球拍在体前，击球时上臂前伸，拍面稍后仰，利用上臂前伸和外旋力量，将球拍向前下方送出，在来球的下降期摩擦球的中下部，如图7-59所示。

图7-59　搓球

（三）攻球

攻球是比赛中争取主动和得分的重要手段，其特点是种类多，球速快，力量大。

如果按身体方位划分，攻球有正手攻球、反手攻球、直拍反面攻球和侧身攻球等；如果按接球站位划分，攻球有近台快攻、中台快攻和远台快攻等；如果按动作划分，攻球有快抽、拉抽、扫抽和扣杀等。

1. 正手攻球

正手攻球又称近台快抽，其特点是站位近，动作小，球速快。若配合落点变化，可创造更好的扣杀机会。

动作要领（以右手持拍为例）：击球前，左脚稍向前站立，身体离台约 50 厘米。当来球即将落至台面时前臂外展，将球拍后引至身体右侧稍后。当来球从台面弹起时，上臂带动前臂向左前上方快速挥动，并配合前臂内旋动作将拍体前倾，在球的上升期击球的中上部。击球过程中，身体重心从右脚移至左脚，击球后球拍继续挥至头部高度，然后迅速还原成击球前的准备姿势，如图 7-60 所示。

图 7-60 正手攻球

2. 提拉球

提拉球是攻球运动员对付下旋球时常用的技术之一。其特点是球的落点活，球路稳健，并带有一定的旋转。比赛中，双方处于相持阶段时用此过渡，常能为扣杀创造机会。

动作要领（以右手持拍为例）：击球时，球拍从右下方朝左前方加速挥动，拍面接近垂直，在来球的下降期击球的中部或中下部，如图 7-61 所示。

图 7-61 提拉球

3. 扣杀

扣杀的特点是动作大，力量重，攻击力强，是还击半高球时得分的重要手段。击球时，拍面和击球方向约成直角，前臂和手腕同时下压。等球弹到高点时击球的中上部，要求最大限度地发挥整个手臂的力量，并配合转腰和蹬地的力量。

三、乒乓球基本战术

（一）发球抢攻战术

发球抢攻战术是乒乓球所有打法特别是进攻型打法的主要战术和得分手段。

发球抢攻战术以发球的旋转、速度、落点灵活变化为主要技术特征。其注意事项如下。

（1）发球要有线路和落点变化，以使对方在向前、后、左、右走动中接发球。

（2）发球后要有抢攻准备，以便不失去抢攻的机会。

（3）自己发什么球，对方可能以什么技术回击，这些要在发球前做到心中有数。这样，才能较好地做出抢攻的准备。

（二）接发球战术

接发球战术是发球抢攻战术的直接对立面。接发球战术一方面要抑制、扰乱或破坏对方运用发球抢攻战术，降低其发球抢攻的质量，形成相持状态；另一方面要从被动中寻求主动，通过过渡性接发球技术力争四板抢先上手，转入对己方有利的战局，同时抓住机会采用接发球抢攻直接得分或设法取得明显的战术优势。接发球战术是各类型打法的选手都必须掌握的战术，主要有主动法、稳健法和相持法。

（三）对攻战术

对攻战术是进攻型选手经常采用的战术。运用正、反手攻球、反手推挡等技术，采用攻击对方两角、轻重结合来达到目的。常用的有以下几种：压反手，伺机正手侧身攻；调右压左，转攻两角或追身连压中路，突变攻两角。

（四）推攻战术

推攻战术主要运用正手攻球和反手推挡的速度和力量，结合落点变化和节奏变化来压制和调动对方，以争取主动或得分。推攻战术是用左推右攻打法对付攻击型打法的主要战术，具有反手推挡能力的两面攻的运动员和攻削结合的运动员也时常使用它。其方法如下：左推，右攻；推挡，侧身攻；推挡、侧身攻后，扑正手；左推结合反手攻；左推、反手攻后，侧身攻；左推、反手攻、侧身攻后，扑正手。

（五）搓攻战术

搓攻战术主要运用"转、低、快、变"的搓球方法控制对方，以寻找战机，然后采用低突、快点或快拉等技术展开攻势并进入连续攻；在搓球中遇到机会球时进行扣杀，常常带有突然性，可以直接得分。搓攻战术是乒乓球各种打法都不可缺少的辅助战术。其方法如下：正、反手搓球结合正手快拉、快点、突击或扣杀，正、反手搓球结合反手快拉、快点、突击或扣杀。

（六）削攻战术

削攻是利用削球的旋转、节奏、落点变化来控制对方的攻势，并为进攻创造机会，达到反击对方的目的。削攻战术是削攻型打法对付进攻型、弧圈型打法的重要战术，常用的有以下几种：削转与不转球，伺机反攻；削长、短球反攻；削逼两角，伺机反攻；逢直变斜，逢斜变直，伺机反攻。

四、乒乓球比赛规则

1. 比赛场地

乒乓球比赛场地通常为矩形，长 2.74 米，宽 1.525 米，由木板或类似材料制成。场地上有白色底线和边线，用来界定有效区域。同时，乒乓球比赛场地的表面要求光滑平整，不得有明显的凹凸或磨损。场地的质量和平整度对球员的比赛表现有着重要影响，因此，比赛场地的维护和保养非常重要。

比赛场地中央横跨球台的中线设置有一条球网，球网的高度为 15.25 厘米，其上方还有一条白色的标线，用于界定球的合法落点。球网必须垂直于地面，固定在两端的支架上，以确保稳固和准确。

乒乓球比赛场地的灯光和环境条件也是非常重要的，充足的灯光和适宜的环境温度可以确保比赛的顺利进行，并提高球员的比赛表现。因此，比赛场地通常会配备适当的照明设备和空调设备，以确保比赛的质量和公平性。

2. 球拍

每名选手可以携带不超过两只乒乓球拍。球拍必须由木制刀板和橡胶套片组成，刀板的两面覆盖橡胶套片，其中一面的橡胶套片为红色，另一面为黑色。

球拍的主体部分为刀板，通常由木材制成，也有一些由碳纤维等材料混合制成。刀板的厚度、弹性和重量会因材料和制作工艺的不同而有所不同，影响着球拍的手感和控制性能。

贴在刀板上的橡胶套片，分为正面胶皮和背面胶皮。正面胶皮通常用于进攻性打法，背面胶皮则用于防守性打法。胶皮的材质、黏性和海绵的厚度等因素影响着球的旋转和速度。

3. 比赛用球

乒乓球比赛中使用的球是白色或橙色的球，直径为 40 毫米，球的质量为 2.7 克至 2.85 克。

球的材质方面，大致可以分为两种，即塑料球和纸质球。

（1）塑料球。自 2014 年起，国际乒乓球联合会开始使用塑料乒乓球替代传统的纸质乒乓球。塑料乒乓球相比纸质乒乓球更耐用，弹性更好，旋转效果更明显，是目前比赛和训练中的主流选择。

纸质球。传统的纸质乒乓球通常由硬质的纸板制成，表面贴有橡皮层。这种球由于制作成本低廉，曾经是乒乓球比赛和训练中最常见的用球。

4. 比赛方式

简单的乒乓球比赛可以进行单打（两名选手）或双打（两组选手）。以下为一些比赛方式的介绍。

（1）单打。在单打比赛中，每名选手独自对抗对手，比赛场地被分成两个半场，选手需要在自己的半场内击球，并尝试将球打到对手的半场上。每局先得 11 分并领先对手 2 分或以上者获胜。如果比赛出现 10 比 10 的平局，接下来必须有一方先领先两分才能获胜。

（2）双打。在双打比赛中，每组选手由两名队员组成，他们在比赛中协作对抗对手。比赛场地被分成四个区域，每个队员负责一个区域。

（3）团体赛。团体赛通常采用积分制，每场比赛获胜的队伍可以获得一定数量的积分，积分最高的队伍将获得比赛胜利。

（4）混合双打。混合双打比赛由一男一女组成的队伍进行，他们在比赛中协作对抗对手。混合双打比赛的规则与普通双打比赛相似，但每支队伍中的两名选手必须分别是男性和女性。

这些是乒乓球比赛中常见的比赛方式，每种比赛方式都有其特定的规则和比赛形式，球员需要根据自己的实际情况选择适合的比赛方式参加。

5. 发球

比赛开始时，选手进行发球。发球者必须将球从手掌以上 16 厘米处向上抛起并击球，使球先落在本方台面后穿越球网到对方台面。

6. 接发球

接发球方必须用球拍将发球击打到发球方的场地，如果未击打成功则失分。发球方和接发球方交替进行发球。

7. 失误

如果球员犯规或者发生违规动作，对手将得到一分。例如，发球时球未能击中对方场地、接发球时接不到球等。

8. 比赛结束

比赛结束后，按照获胜局数确定胜负，获胜的选手或组合将晋级下一轮比赛，直至最终决出胜者。

任务五　羽毛球

✈ 一、羽毛球的起源与发展

羽毛球运动起源于古代文明，经历了漫长的历史演变。在 19 世纪末，羽毛球开始在英国兴起，并逐渐传入亚洲和其他地区。20 世纪初，世界羽毛球联合会（BWF）的成立标志着这项运动的国际化。随着规则的完善和技术的提高，羽毛球从一种休闲娱乐活动逐渐演变为一项高度专业化和竞技化的体育运动。

1. 羽毛球的传播

随着贸易和文化交流的增加，羽毛球开始从一个地区传播到另一个地区。在 19 世纪末，羽毛球首次传入亚洲，特别是在英国其成为室内运动后，开始在欧洲迅速传播。这一时期，羽毛球的器材和规则经历了一系列改进，正式成为一项受欢迎的室内运动。

2. 现代羽毛球运动的地位

现代羽毛球不仅在奥运会等国际赛事中占有重要地位，而且在全球范围内成为大众喜爱的体育活动之一。

二、羽毛球基本技术

（一）握拍

羽毛球的握拍一般分为正手握拍法和反手握拍法两种。以下以右手握拍为例，作简要介绍。

1. 正手握拍法

右手虎口对准拍柄窄面内侧斜棱，小指、无名指、中指自然并拢，食指和中指稍分开，大拇指的内侧和食指贴在拍柄的两个宽面上将球拍柄握住。握拍时掌心不要贴紧拍柄，要使掌心与拍柄保持一定的空隙。如图 7-62（a）所示。

2. 反手握拍法

在正手握拍的基础上，将大拇指伸直，用其第一指节内侧顶贴在拍柄内侧的宽面上，食指收回，与拇指同（或略）高，用大拇指和食指将球拍稍向外转，中指、无名指、小指紧握拍柄，拍柄末端靠近小指根部。握拍时掌心与拍柄之间留有空隙，以便充分利用手腕力量和大拇指的内侧压力击球。如图 7-62（b）所示。

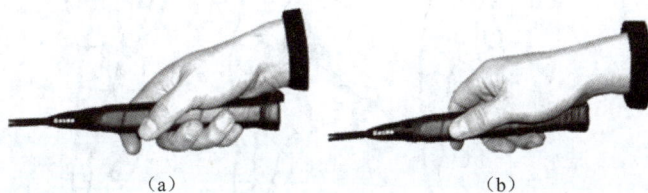

（a）　　　　　　　　　　（b）

图 7-62　正手握拍与反手握拍

（a）正手握拍；（b）反手握拍

（二）常见发球方法

发球是羽毛球运动最基本的技术之一。在羽毛球比赛中，发球质量高，可有效地陷对手于被动，为得分创造条件，甚至可直接得分。

发球可分为正手发球和反手发球两种。若按球在空中飞行的弧线划分，发球又可分为发高远球、平高球、平快球和网前球等。

1. 正手发高远球

发高远球是把球发得又高又远，使球向对方后场上方飞去，并在对方场区底线附近垂直下落。发高远球时，球的飞出方向与地面形成的夹角要大于45°，如图 7-63 所示。

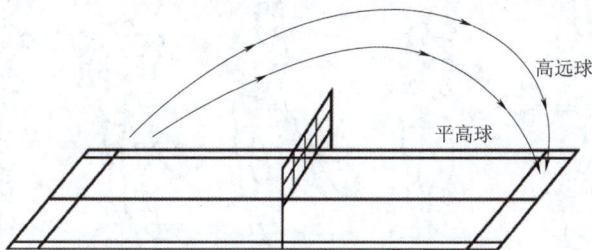

高远球

平高球

图 7-63　高远球与平高球运动轨迹

正手发高远球时，在左手放开球使之下落时，右手转拍由上臂带动前臂，自右后方沿身体向左前上方挥动。当球落到右臂向前下方伸直能够接触到球的刹那，紧握球拍，并利用手腕屈收的力量向前上方发力击球，然后顺势向左上方挥动缓冲，如图7-64所示。

图7-64　正手发高远球

2. 正手发平高球

平高球的飞行路线与高远球类似，只是抛物线要低一些，并且速度较高远球快。

正手发平高球时，动作过程大致与发高远球相同，只是在击球的一刹那，前臂加速带动手腕向前上方挥动，拍面要向前上方倾斜，以向前用力为主。

3. 正手发网前球

网前球是指球刚好越过网，落在对方前发球线附近。

正手发网前球时，握拍要放松，上臂动作要小，主要靠前臂带动手腕向前切送，球的弧线要贴网而过，落点在对方前发球线附近，如图7-65所示。

图7-65　正手发网前球

4. 反手发网前球

反手发网前球就是运用反手发球技术，把球发至对方前发球线附近。反手发网前球时，球拍触球时拍面应呈切削状，然后手腕柔和发力，由后向前推送击球，如图 7-66 所示。

图 7-66 反手发网前球

（三）常见击球方法

发球仅是击球的开始，而真正激烈的争夺是在发球后的接发球或之后的击球上。因此，合理、协调、有力、有效地击球是运动员夺取胜利的保证。

1. 击高远球

（1）击球前，重心下降，准备起跳。

（2）起跳的同时右臂后引，胸舒展。

（3）当球落至额前上方击球点时，上臂往右上方抬起，前臂自然后摆，手腕尽量后伸。

（4）前臂急速内旋，往前上方挥动，手腕发力击球托的后部，球即沿直线方向飞去；若手腕控制拍面击球托的右侧下部，球则向对角方向飞行。

（5）击球后，手臂随惯性自然回收至胸前，如图 7-67 所示。

图 7-67 击高远球

2. 击平高球

击平高球与击高远球的动作类似，只是在击球的一刹那，手腕是向前用力而不是向前上方用力。

3. 正手吊球

正手吊球是将球从自己的后场击至对方前场，其动作如下。

（1）击球前，身体先半侧对球网，左脚尖踮起，身体重心落在右脚掌上。

（2）将球拍举到右肩侧上方，左手自然上举，眼睛注视来球。

（3）当球下落到接近击球点高度时，右腿开始蹲伸，并以髋关节带动身体由右向左转动，做左腿后撤、右腿前迈的两腿交叉动作。

（4）伴随下肢蹲转的同时，胸部舒张，两侧肩关节外展，左手自然上举，持拍臂的前臂向后移动（即后撤球拍）。

（5）腰腹协调用力，上臂带动前臂，利用伸肘关节、前臂内旋和屈腕的力量，向前下方轻击来球，如图7-68所示。

图7-68　正手吊球

4. 扣杀球

扣杀球是一项攻击性很强的技术，如果从击球点距身体的位置划分，扣杀球可分为正手扣杀、头顶扣杀和反手扣杀；如果从击球力量的大小划分，扣杀球可分为大力杀、轻杀、劈杀、点杀、开网大力杀等。

扣杀球的基本动作如下。

（1）侧身，右脚在前，左脚在后。

（2）快速后退，向上引拍，使击球点在右肩前上方。

（3）身体后仰，基本成弓形，以便用上全身力量。

（4）在球开始下落时靠脚尖蹬地的力量起跳，击球时充分利用腰腹力量，以上臂和前臂带动手腕快速下扣。

（5）击球后重心落在前脚上，尽快还原动作，如图7-69所示。

图7-69　扣杀球

三、羽毛球基本战术

（一）单打战术

1. 发球抢攻战术

运动员利用发球使对方被动，为自己创造进攻机会的一种战术。这种战术一般用发网前球结合平快球、平高球，争取第三拍的主动进攻。运动员使用这一战术，可以打乱对方的整个战略部署，造成对方措手不及。运用此战术时，要求运动员应具有高质量的发球，否则难以成功。

2. 攻前击后战术

这种战术是先以吊球、放网前球、搓球吸引对方到网前，然后用推球、平高球或扣杀球突击对方的后场底线。它一般用于攻击上网步法较慢或网前球技术较差的对手。采用此战术，要求运动员首先具有较好的网前击球技术。

3. 打四方球战术

这种战术是以快速、准确的落点攻击对方场区的四个角落，逼迫对方前后奔跑、被动应付，并在其回球质量下降或露出破绽时乘虚而攻之。它多用于攻击体力差、反应和步法移动慢的对手。

4. 打对角线战术

这种战术无论是进攻还是防守均以打对角线为主，迫使对方在移动中多做转体，多走曲线。它多用于对付身体灵活性差、转体较慢的对手。

（二）双打战术

1. 攻人战术

攻人战术是双打比赛常用的一种战术。攻人战术，即"二打一"或避强击弱战术。对方两个队员的技术水平一般是不均衡的，集中力量攻击对方较弱的队员，尽量使对方的特长得不到发挥，充分暴露对方的弱点，是此战术的目的。两个人对付对方的弱者，消耗其体力，减弱其进攻威力，伺机突击空当。

2. 攻中路战术

当对方队员分边站位时，要尽可能将球攻到对方两人之间的空隙区，以造成对方争夺回击或相互让球而出现失误。这对于一些配合较差的对手，比较奏效。当对方成前后站位时，将球攻击到两人之间靠边线的位置上。

3. "软硬兼施"战术

"软硬兼施"战术先用吊网前球或推半场球迫使对方被动防守，而后大力扣杀进攻。若硬攻不下，则重新吊网前球，待对方挑球欠佳时，再度强攻。此时，攻击对象最好是刚后退而立足未稳者。

4. 后压前封战术

当本方取得主动、欲采取攻势时，站在后场者见高球则采用扣杀球或吊网前球，迫使对方被动还击；站在前场者则应立即积极移位，准备封网扑杀。这种战术要求打法比较积极，前半场技术要好，步法移动要快，配合要默契。

四、羽毛球比赛规则

（一）羽毛球场地和装备介绍

1. 羽毛球场地

羽毛球比赛通常在室内进行，以确保对运动员和比赛质量有较好的控制。以下是羽毛球场地的一般介绍。

（1）场地尺寸。羽毛球场地长 13.4 米，宽 6.1 米。场地被分为两个正方形的半场，中间有一条网隔开。

（2）网高度。羽毛球网的高度标准为 1.55 米。

（3）边线和基线。羽毛球场地的四周分别有两条边线和两条基线，标志着场地的边界。

（4）地板。羽毛球场地地板通常采用木地板或合成材料，以确保球员有良好的抓地力。

2. 羽毛球装备

羽毛球比赛所需的装备对于运动员的表现至关重要。以下是羽毛球装备的一般介绍。

（1）羽毛球拍。羽毛球拍通常由轻质的材料制成，如碳纤维或铝合金。不同类型的球拍适用于不同的技术和风格，球员可以根据个人喜好进行选择。

（2）羽毛球。羽毛球比赛中使用的羽毛球由鹅毛或人造材料制成。比赛中通常使用鹅毛球，它们具有良好的飞行稳定性和速度。

（3）羽毛球网。羽毛球场地中央的网由细密的材料制成，以确保羽毛球在运动过程中不会被卡住。标准的网高度和材质对比赛的公正性和质量起着关键作用。

（4）运动服装。舒适、透气的运动服装是羽毛球比赛中的必备品。运动员通常穿着轻便的衣物，以确保自由地运动。

（5）运动鞋。特制的羽毛球运动鞋提供了良好的支撑和抓地力，有助于球员在场地上迅速移动和灵活转身。

（6）护具。为了安全起见，球员可以使用护膝、护腕等护具，以减轻运动中可能发生的撞击和摩擦。

（二）羽毛球基本术语与记分规则

1. 羽毛球基本术语

（1）发球。开始比赛或在得分后重新开始时，发球员站在发球区内，目标是使羽毛球越过场地中央的网，落入对方场地。

（2）接发球。发球方发球后，接发球方迅速反击将羽毛球回击至对方场地。

（3）击打。即使用拍子将羽毛球击打的动作，包括正手击打和反手击打。

（4）交叉击打。将羽毛球击向对方场地的斜对角位置的动作，以制造使对手移动的机会。

（5）平行击打。将羽毛球击向对方场地的同一侧边线的动作。

（6）截击。将羽毛球轻轻打过网，使其在对方场地内短暂停留的动作。

（7）扣杀。以较大力量将羽毛球迅速击落到对方场地的动作，通常发生在高空。

（8）夹网。羽毛球在过网时触碰到网上的绳子或边缘。

（9）踏界线。在发球时，球员的脚踏过了发球区的边界线，这是违规的动作。

2. 羽毛球基本记分系统

（1）比赛开始。一方通过抛硬币等方式获得发球权，可以选择发球或选择场地。

（2）局数。一场比赛通常是三局两胜，也可以是五局三胜，取决于比赛级别和规定。

（3）换场。每局结束后，球员或组合在两侧场地之间换位，以确保比赛的公平。如，当球员或组合在第一局结束后，在第二局开始前换到场地的另一侧。

（4）胜利条件。首先达到规定局数并先达到规定得分的一方为比赛胜利者。

（5）计分。每局率先得到 21 分且达到 2 分以上的领先者，即为获胜方。如果局分为 20：20 时，比赛将继续，直到一方的领先达到 2 球为止，则领先方获胜。

任务六 网球

一、网球的起源与发展

网球运动属于隔网对抗性球类项目，它是比赛双方在中间隔着一网的场地上用球拍往返击打一个橡胶球的运动，可以在两个人或四个人之间进行，其目的是把球打过网，使其落地不出界，并尽量使对手不再把球击回自己所在的半场。

网球运动历史悠久，早在 13 世纪至 14 世纪，便盛行于法国、英国的宫廷，被称为皇家网球。1873 年，英国人温菲尔德改进了早期的网球打法，使之成为能在草坪上进行的一项运动，取名为"草地网球"，并出版了《草地网球》手册，制定了最早的网球运动规则。温菲尔德因此被人们称为近代网球运动的创始人。1877 年 7 月，英国的温布尔登举行了第一届草地网球比赛，这标志着近代网球运动的开始。

网球运动走向普及和形成高潮是在美国。第二次世界大战期间，其他国家的网球赛事基本都停止了，唯独美国继续开展并进入鼎盛时期，先后有 4 000 万人参加网球运动，为网球运动的发展做出了很大贡献。

二、网球基本技术

（一）握拍法

目前，网球基本的握拍法可分为三种：东方式握拍法、西方式握拍法、大陆式握拍法。

1. 东方式握拍法

东方式握拍法分为正手握拍法和反手握拍法。

（1）正手握拍法。如图 7-70 所示，握拍手的虎口对正拍柄右上侧棱，手掌根与拍柄右上斜面紧贴，拇指垫握住拍柄的左垂直面，食指稍离中指，食指下关节压住拍柄右垂直面，五指紧握拍柄。拍面与地面垂直，手握拍柄好像与人握手一样，也称"握手式"握拍法。

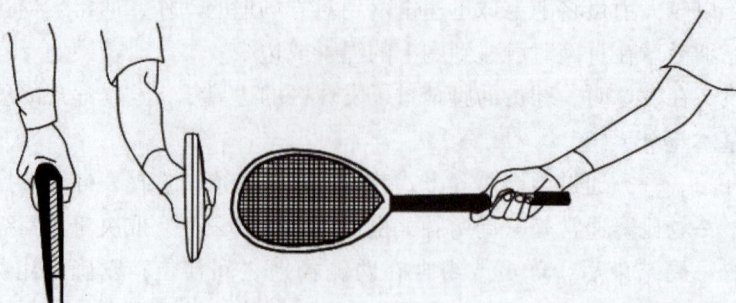

图 7-70　正手握拍法

（2）反手握拍法。在正手握拍法的基础上把手向左转动 1/4 圈（即转动 90°）或拍柄向右转动 1/4 圈（即转动 90°），虎口对正拍柄左侧棱面，即用手掌根压住拍柄的左上斜面，拇指直贴在拍柄的左垂直面上，食指下关节压住拍柄右上斜面。

2. 西方式握拍法

如图 7-71 所示，握拍时，球拍面与地面平行，拇指与食指几乎成直角，拇指直伸压住拍柄上平面，食指下关节握住拍柄右上斜面，与拍底平面对齐，手掌从上面握住拍柄。这是底线上旋攻击型打法的首选握拍方法。

图 7-71　西方式握拍法

3. 大陆式握拍法

如图 7-72 所示，由于其手型像握着锤子的样子，所以又称为"握锤式"握拍法。拇指与食指形成"V"字形，虎口放在拍柄的上平面与左上斜面的交界线上，手掌根部贴住拍柄上平面，与拍柄底部平齐，大拇指与食指不分开，食指与其余三个手指稍分开，食指下关节紧贴在拍柄右上斜面上。这种握拍法的优点在于正、反手击球时都不需要转换握拍，简单灵活。但是底线击球时不容易发力，因此是底线的攻击型打法所不适宜采用的握拍方法。

图 7-72 大陆式握拍法

（二）发球

发球动作由准备姿势和站位、抛球与后摆动作、挥拍击球和随挥动作等几个技术环节组成。下面介绍几种常见的发球方法。

1. 平击发球

如图 7-73 所示，平击发球的击球点应在身体的右前上方，击球的后上部，挥拍时"鞭击"动作发力要集中，充分向上伸展身体以获得最高的击球点来提高命中率。这种发球几乎没有旋转，球差不多笔直地下去，力量大，往往贴着网才能进入场内。在绝大多数场地上球反弹较低，一般用于第一次发球，发球成功后有时能直接得分，但平击发球失误率较高。

图 7-73 平击发球

2. 切削发球

这种发球实用且易掌握，对初学者最适宜。它是一种以右侧旋转（稍带上旋）为主的发球法，球抛在右侧前上方，球拍击球部位在球的右侧偏上方，整个挥拍动作是从右侧上方至左下方，使球产生右侧旋转。球的飞行路线是一条从右向左的弧线，可以提高发球命中率并把对方拉出场外回击，尤其在右区发球最有效。切削发球的准确率高，常用于第二次发球。

3. 上旋发球

如图 7-74 所示，上旋发球时，抛出球的位置在头后偏左上方；拍面的触球点在球的中部偏下方；击球时身体呈弓形，利用杠杆力量对球施加旋转，球拍快速从左向右上方挥动，并从下向上擦击球的背面，使球产生上旋。球的过网点较高，落地急速，球落地后反弹很高，但这种发球难度较大。

图 7-74　上旋发球

（三）底线正手击球

1. 正手平击球

如图 7-75 所示，手臂后摆引拍时，手腕稍上翘使拍头高于手腕，并引拍至头部同高。挥拍时手腕相对固定握拍，以减少拍面挥动过程中的变化。击球时拍面与地面保持垂直并以同样拍面继续前挥。击球后，球拍向前挥动于左肩上方自然收拍。这种击球方法简单易学，适合初学者使用。

图 7-75　正手平击球

2. 正手上旋击球

如图 7-76 所示，正手上旋击球是从网球的后下方向前上方挥拍，整个球体受摩擦产生一种从后下方朝前上方的旋转。其特点是飞行弧线高，落地迅速，落地后弹起的反射角度较小，产生较大的前冲力。这种击球方法适合于有一定技术基础、能发力击球的选手。

图 7-76　正手上旋击球

（四）截击球

截击球是指凌空击打对方来球的技术动作，即当球在落地之前将来球击回对方场区，可以在网前截击，也可以在场内任何地方截击。截击球以网前截击为主。截击球的特点是缩短击球距离，扩大击球的角度，加快回球速度，在网球比赛中成为一种主要打法和进攻手段。

1. 正手截击球

如图 7-77 所示，手臂后摆引拍时，左脚立即向右前方跨出，同时转肩，带动球拍向后引，拍头要高于握拍手，绷紧手腕，握紧球拍。截击球的动作有点像挡击或撞击，在拍面短促向前撞击的同时微微向下做切削球的动作，击球时保持拍头上翘、拍面稍向后仰。击球后有一个小幅向前的随挥动作，随挥过程仍紧握拍。

图 7-77　正手截击球

2. 反手截击球

对大多数人来说，反手截击球比正手截击球更容易，因为它更符合人体解剖学肌肉用力结构特点。其动作要领如下：如图 7-78 所示，手臂后摆引拍时，右脚立即向左前方跨出，左手扶拍并向后拉拍，同时转肩，做短距离后摆引拍动作，拍头高于握拍手，眼睛注视来球。挥拍击球时，左手松开球拍稍后伸，右手握紧球拍前挥并在身体前方切削来球。向前挥拍时，两只手的动作好像在拉长一根橡皮筋，以保持身体平衡。

三、网球的基本战术

网球比赛战术分为单打比赛战术和双打比赛战术。以下仅介绍单打比赛战术。

单打比赛战术一般分为发球战术、接发球战术、上网战术、底线结合上网战术和底线战术五种。

图 7-78　反手截击球

1. 发球战术

发球可实现如下作用：因不受对方支配，可通过力量、速度和准度达到得分目的；针对对方弱点，攻其薄弱环节；利用不同的发球方式，随球上网截击；运用相似手法，发不同性能的球，使对方不易判断；利用外界自然条件（如风向、阳光、场地条件等）发球，给对方接球制造困难。

（1）发第一区时，站位尽量接近中点线，发直线球攻击对方反拍；发第二区时，站位可距中点线稍远，便于以更大斜线发到对方反拍区，扩大自己正拍防守区域。

（2）第一次发球多用大力平击发球使对方接球失误，或用切削发球、上旋发球打落点，将球发至对方防守较差的地方。

（3）第二次发球时，重点在于发球准确，力求凶狠，打落点，多用切削发球或上旋发球。

（4）发球上网分为大力平击发球后上网和上旋发球后上网。大力平击发球后，对方回球快，而且自己身体不易掌握平衡，常来不及上网，故利用上旋发球后上网的居多。

2. 接发球战术

接发球一般处于被动地位，但处理得好可减少被动，甚至能化被动为主动。

（1）接发球时站在对方可能把球发到的角度的角分线上。当对方发向外或向内旋转的球时，要靠近旋转方向一点。

（2）接发球一般采用平击抽球，将球回击到对方底线两角；也可运用旋转使球旋向两边线处，造成对方左右奔跑；或运用切削球打到近网两角；或运用挑高球挑过发球上网者头顶等。

3. 上网战术

上网战术是指在发球或接发球后，冲到离网较近的位置，不等对方回击的球落地便进行空中截击或高压的一种战术。上网战术就是依靠上网截击的优势主动得分的战术。当然，运动员首先必须具备良好的发球和网前的技术，然后还要敢于冒险。上网战术最大的好处在于能够使对手始终处于一种受压状态。上网战术可分为发球上网、接发球上网、随球上网、偷袭上网、伺机上网、放小球上网等战术。

（1）上网战术多用于第一次发球。发上旋球后，借球在空中飞行时间长，对方难以回击之机上网截击。若抽击球后上网，则出球要斜、深、重，或接近中央地带。

（2）上网站位尽可能站到距离网约 2 米处。近网则进攻威胁性大，封网角度小，防守控制面积大。

4. 底线结合上网战术

底线结合上网战术是全面运用各种技术进行攻防的打法。这种打法对运动员的技术和战术水平具有较高要求，包括既能在底线来回击球，又能创造或不失网前得分的机会。因此，快速反应的能力、灵活多变的战术、全面熟练的技术是取胜的关键。这种打法对运动员提出如下要求。

（1）底线正反拍必须具有进攻性和较大威胁。

（2）用凶狠抽击球（或上旋球）拉开对方，及时上网。

（3）具有较好的预测、判断能力，击球果断、有力，随之上网。

（4）底线抽击球在斜、深、重的情况下使对方被动，紧跟着上步进行抽杀。

（5）既要考虑积极上网，又要提防对方的破网打法。

（6）上网击球主要采用截击球和高压球，此时还要熟练掌握反弹球，以落点为主，应付被动情况，争取第二次截击。

5. 底线战术

底线战术以进攻型打法作为前提，以快速、力量、准度、凶狠取胜对方，使看起来是防守性的打法具有攻击性。常用的有逼右攻左、逼左攻右，以及攻击对方弱点或打对方不擅长打的球。双方运动员均在底线进行抽击。

四、网球比赛规则

1. 发球员和接球员

运动员应各自站在球网的一边，先发球的运动员叫作发球员，另一边的运动员叫作接球员。

2. 选择权

第一局比赛用掷硬币的方法来决定选择场区或首先发球权、接发球权。得胜者，有权选择或要求对方选择。

（1）选择发球或接发球者，应让对方选择场区。

（2）选择场区者，应让对方选择发球或接发球。

3. 发球

发球员在发球前，应先站在端线后、中线和边线的假定延长线之间的区域里，然后用手将球向空中任何方向抛起，在球接触地面以前用球拍击球，球拍与球接触的那一刻，发球动作即被认为已经结束。

4. 发球员的位置

每局开始发球时，发球员应先从右区端线后发球；得（失）一分后，应换到左区发球。这样每得（失）一分就轮流交换发球位置。如发球位置错误而未察觉，比分仍然有效，一旦察觉，应立即纠正。

5. 第二次发球

发球员第一次发球失误后，应在原发球位置进行第二次发球。如第一次发球失误后，发觉发球位置错误时，应改在另一区发球，但只能再发一次球。

6. 发球次序

第一局比赛结束后，接球员成为发球员，发球员成为接球员，之后每局结束后，均依次互相交换直至比赛结束。如发球次序发生错误时，发觉后应立即纠正，由应轮及发球的球员发球，发觉错误前双方所得的分数都有效；如发觉前已有一次发球失误，则不予计算。如一局结束后才发觉次序错误，则之后的发球次序就以该局为准按规定轮换。

7. 交换场地

双方应在每盘的第一、三、五等单数局结束后，以及每盘结束双方局数之和为单数时交换场地。如一盘结束，双方局数之和为双数，则不交换场地，须等下一盘第一局结束后再进行交换。在决胜局中，运动员应在每6分后交换场地。如发生差错未按正常顺序交换场地，一经发现，应立即纠正场区，按原来顺序进行比赛。

8. 失分

发生下列任何一种情况，均判失分。

（1）在球第二次着地前未能还击过网。

（2）还击的球触及对方场区界线以外的地面、固定物或其他物件。

（3）还击空中球失败（站在场外击空中球失败也算失分）。

（4）在比赛进行中，运动员故意用球拍接住球，或故意用球拍触球超过一次。

（5）"活球"期间，运动员的身体、球拍（不论是否握在手中）或穿戴的其他物件触及球网、网柱或对方场区以内的地面。

（6）来球尚未过网即在空中还击（过网击球）。

（7）除握在手中（不论单手或双手）的球拍外，运动员的身体或穿戴的物件触球。

（8）抛拍击球。

9. 压线球

线被认为是场地的一部分，所以落在线上的球都算好球。

10. 胜一局

运动员每胜一球得一分，胜第一分记分为15，胜第二分记分为30，胜第三分记分为40，先得四分胜一局。但遇双方各得三分时，则为"平分"。"平分"后，一方先得一分时，为"该运动员占先"（简称"占先"）。"占先"后再得分，才算胜一局；如一方"占先"，之后对方又得一分，则仍为"平分"。依此类推，直到一方在"平分"后净胜两分结束该局。

11. 胜一盘

（1）一方先胜6局为胜一盘。但遇双方各胜5局时，一方必须净胜2局才算胜一盘，通常应用于大满贯比赛的决胜盘中。

（2）决胜局计分制可应用于每盘的局数为6:6平时。

单打决胜局计分制如下。

①先得7分者为赢得该局及该盘。若分数成6:6平时，比赛须延长到某方净胜2分时止。决胜局应全部采用数字计分制。②该轮及的发球员发第一分球，然后由对方发第二分及第三分球；此后轮流交替发球，每人连发两分球，直至决出该局与该盘的胜负为止。③该轮及的发球员在右区发第一分球后，即改由对方依次在左区和右区发第二、三分球；此后轮流交替发球时，第一分球均应在左区发。

双打决胜局计分制如下：单打比赛的规定都适用于双打比赛。轮到发球的运动员发第一分球，此后发球次序仍按该比赛中原先的发球次序排定，每人轮流交替发两分球，直到决出该局与该盘的胜负为止。

12. 双打规则

除以下各条规则外，上述规则均适用于双打。

（1）发球次序。应在每盘开始之前，决定发球次序如下：每盘第一局开始时，由发球方决定由何人首先发球，对方则同样地在第二局开始时决定由何人首先发球。第三局由第一局发球方的另一球员发球，第四局由第二局发球方的另一球员发球。此盘以下各局均按此次序发球。

（2）接球次序。应在每盘开始之前，决定接球次序如下：先接发球的一方，应在第一局开始时，决定何人先接发球，并在这盘单数局继续先接发球。对方应在第二局开始时，决定何人先接发球，并在这盘双数局继续先接发球。他们的同伴应在每局中轮流接发球。

总结案例

在巴黎的璀璨星空下，一颗新星光耀夺目，再次书写了中国网球的辉煌篇章。当地时间2024年8月3日晚，巴黎奥运会网球女子单打决赛的赛场上，中国选手郑钦文以一场酣畅淋漓的胜利，为中国军团夺得了首枚奥运会网球女单金牌。这不仅是中国网球的荣耀时刻，更是无数网球爱好者心中的激动瞬间。

比赛在万众瞩目中拉开序幕，郑钦文对阵的是实力强劲的克罗地亚选手维基奇。面对强敌，郑钦文没有丝毫畏惧，她以稳健的步伐、精准的击球和坚韧的意志，展现了中国网球运动员的风采。经过两盘激烈的较量，郑钦文以总比分2:0完胜对手，为中国代表团赢得了这枚沉甸甸的金牌。这一刻，整个赛场沸腾了，无数观众起立欢呼，为这位年轻的英雄送上最诚挚的祝贺。

郑钦文的夺冠之路并非一帆风顺。从小活泼好动的她，在北京奥运会期间目睹了中国女网领军人物李娜的辉煌战绩，心中便种下了成为网球冠军的梦想。从青少年赛事到职业网坛，郑钦文一步步走来，经历了无数次的挑战与磨砺。在成都，她曾参加国际网联世界巡回赛青少年年终总决赛，虽然当时并未取得耀眼的成绩，但那份对网球的热爱与执着，早已在她心中生根发芽。

五年的时间，郑钦文从一名青涩的青少年选手成长为世界女子网坛的顶尖高手。她在大满贯赛事中崭露头角，多次闯入决赛阶段，用实力证明了自己的价值。而这一次，在奥运会的舞台上，她更是超越了儿时的偶像李娜，创造了属于自己的辉煌。拿下比赛的那一刻，郑钦文扔掉球拍，躺倒在这片带给她最大荣耀的红土场上，泪水与汗水交织在一起，这是她多年努力与付出的最好见证。

这枚金牌不仅仅是对郑钦文个人努力的肯定，更是对中国网球多年发展的最好回报。自2004年雅典奥运会李婷和孙甜甜夺得女双金牌以来，中国网球一直在努力追赶世界顶尖水平。如今，郑钦文的夺金，不仅填补了中国网球在奥运会女单项目上的空白，更激发了无数年轻选手的斗志与梦想。她的成功，将激励更多中国网球运动员勇攀高峰，为中国网球的未来发展注入新的活力。

在夺冠后的庆祝仪式上，郑钦文身披国旗，眼中闪烁着泪光。这一刻的荣耀与喜悦，是对她多年辛勤付出的最好回报。她用自己的实际行动诠释了什么是坚持与努力，什么是梦想与追求。对于中国网球来说，这仅仅是一个新的开始。随着张之臻和王欣瑜在混双项目中夺得银牌，中国网球正迎来一个全新的时代。我们有理由相信，在未来的日子里，中国网球将会创造更多的辉煌与奇迹。

探索与思考

1. 简述篮球移动技术包含的内容。
2. 为什么要在青少年中广泛开展足球运动？
3. 排球的基本技术有哪些？
4. 分析羽毛球高远球的技术特征。
5. 乒乓球握拍技术有哪些？并简述它们的特点。
6. 网球运动的基本战术有哪些？

模块八　操类运动

知识目标

1. 掌握健美操的基本步伐。
2. 掌握啦啦操的手型和练习方法。

能力目标

学会通过健美操科学地锻炼身体，达到促进健康的目的。

素质目标

1. 塑造健美体态、促进个性发展。
2. 培养感受美、鉴赏美、表现美和创造美的意识与能力。

傍晚走到各大公园附近，你是不是常看到一波又一波的"广场舞"大爷大妈们？过去一段时间，广场舞健身活动曾存在场地不足、噪声扰民、管理服务不到位等问题，不少民众对广场舞这种健身方式褒贬不一。广场舞实际上属于健美操的一种。国家体育总局在2017年发布《关于进一步规范广场舞健身活动的通知》，要求严格规范广场舞健身活动行为。

任务一　健美操

一、健美操的起源与发展

健美操的英文原名为"Aerobics"，意思为"有氧操"，它起源于20世纪70年代末。在当时，健美操是美国太空总署为宇航员设计的体能训练内容，医学博士库珀专门创编了一些动作并选配了音乐，形成了一种新的运动方式。

1984年起，健美操运动在世界各地全面兴起。每年国际上举办的健美操活动有：健美操世界锦标赛、世界杯赛、世界冠军赛、世界巡回赛。

由于健美操比赛可在体育馆和舞台上举行，加之健美操运动时场地运用集中的特点，给企业结合比赛进行广告宣传创造了机会。健美操项目受到越来越多企业的青睐。

1987年，北京举办了首届全国健美操邀请赛，随后1988年、1989年、1990年、1991年先后在北京、贵阳、昆明、北京举办了四届邀请赛，1992年起改名为全国锦标赛，成为每年举办的传统赛事。另外，1992年、1995年在北京举办了两届全国健美操冠军赛。1998年，举办了全国锦标赛暨全国健美操运动会。

健美操是一项起源于民间，来自广大人民群众的体育运动。随着健美操运动在世界范围内的广泛开展，参与健美操锻炼的人群越来越多，形成了一种"健美操热"，人们逐渐认识到了健美操运动的强大生命力，同时也看到了孕育其中的巨大商业价值，许多热心于健美操运动的有识之士发起并成立了一些健美操组织，使健美操成为一项有组织的体育运动，促进了健美操运动的普及与发展。

二、健美操的基本动作

（一）基本步伐

健美操的基本步伐有 5 类：踏步类、迈步类、点地类、抬腿类和双腿类。

1. 踏步类

运动强度较低，两脚始终依次交替落地。

（1）踏步。

如图 8-1 所示，两腿原地依次抬起，依次落地，两臂自然前后摆动。落地时，由脚尖过渡到脚跟，踝、膝、髋关节依次有弹性地缓冲。

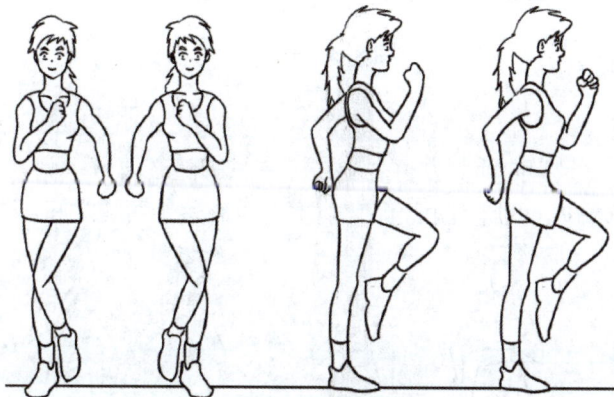

图 8-1 踏步

（2）走步。

如图 8-2 所示，迈步向前走时，脚跟先落地，再过渡到全脚掌；向后走时则相反。其技术要点基本与踏步相同。

图 8-2 走步

（3）一字步。

如图 8-3 所示，一只脚向前一步，另一只脚并于前脚，然后依次还原。前后均要有并脚过程，每一拍动作膝关节始终有弹性地缓冲。

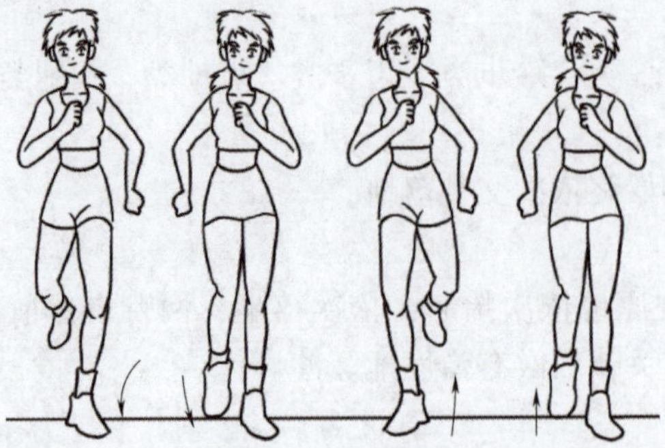

图 8-3　一字步

（4）"V"字步。

如图 8-4 所示，一只脚向前侧方迈一步，另一只脚随之向另一侧方迈一步，两脚开立，屈膝，然后依次退回原位。两脚间距离略比肩宽，重心落于两腿之间。

图 8-4　"V"字步

（5）漫步。

如图 8-5 所示，一只脚向前迈出，屈膝，重心随之前移，另一只脚稍抬起，然后原地落下；或向后撤一步，重心后移，另一只脚稍抬起，然后原地落下。动作富有弹性，身体重心随之前后移动。

图 8-5　漫步

（6）跑步。

如图 8-6 所示，两腿交替腾空，依次屈膝落地缓冲，脚跟要着地，两臂屈肘摆动。

2. 迈步类

一条腿先迈出一步，重心移至该腿，另一条腿用脚跟、脚尖点地或吸腿、屈腿、踢腿后向另一个方向迈步。

（1）并步。

如图 8-7 所示，一只脚迈出，另一只脚随之并拢屈膝点地；再向反方向迈步。两膝保持弹动，重心随之移动，动作幅度和力度可随风格而定。

图 8-6　跑步　　　　　　　　　　　　　图 8-7　并步

（2）侧交叉步。

如图 8-8 所示，一只脚向侧方迈一步，另一只脚在其后交叉，随之再向侧方迈一步，另一只脚并拢，屈膝点地。第一步时脚跟先落地，屈膝缓冲，身体重心随脚步快速移动。

图 8-8　侧交叉步

3. 点地类

一条腿屈膝站立，另一条腿伸出，用脚尖或脚跟点地后还原到并腿位置。

（1）脚尖点地。

如图 8-9 所示，一条腿稍屈膝站立，另一条腿伸出（向前、向后、向一侧），脚尖点地，然后还原到并腿姿势。支撑腿始终保持屈膝站立，并随动作有弹性地屈伸。

图 8-9　脚尖点地

（2）脚跟点地。

如图 8-10 所示，一条腿稍屈膝站立，另一条腿伸出，脚跟点地，然后还原到并腿姿势。只可做向前和向侧的脚跟点地。

4. 抬腿类

一条腿站立，另一条腿抬起。

（1）吸腿。

如图 8-11 所示，一条腿屈膝抬起，落地还原。上体保持正直，大腿用力上提超过水平线，小腿自然下垂。

图 8-10　脚跟点地

图 8-11　吸腿

（2）摆腿。

如图 8-12 所示，一条腿稍屈膝站立，另一条腿做摆动。摆腿时，上体顺势前倾、后倾或侧倾。

（3）踢腿。

如图 8-13 所示，一条腿稍屈膝站立，另一条腿抬起，然后还原。踢腿时，加速用力且有控制，上体保持正直。

图 8-12 摆腿

图 8-13 踢腿

（4）弹踢腿（跳）。

如图 8-14 所示，一条腿站立（蹬跳），另一条腿先向后屈，再向前下方弹踢，还原。腿弹出时要有控制，无须太高，上体保持正直。

图 8-14 弹踢腿（跳）

（5）后屈腿（跳）。

如图 8-15 所示，一条腿站立（蹬跳），另一条腿向后屈膝折叠，放下腿还原。后屈腿脚跟靠近臀部，支撑腿有弹性地缓冲落地，两膝并拢。

图 8-15 后屈腿（跳）

5. 双腿类

双腿站立或跳跃，身体重心在两腿之间。

（1）并腿跳。

如图 8-16 所示，两腿并拢跳起。落地缓冲且有控制。

（2）分腿跳。

如图 8-17 所示，两腿分立，屈膝半蹲（膝关节角度不小于 90°），向上跳起，分腿落地屈膝缓冲。

图 8-16　并腿跳

图 8-17　分腿跳

（3）开合跳。

由并腿跳起，分腿落地，再由分腿跳起，并腿落地。落地时，屈膝缓冲，脚跟着地。

（4）半蹲。

分为并腿半蹲和分腿半蹲，两腿有控制地同时屈和伸。如图 8-18 所示，分腿半蹲时，两腿左右分开稍大于肩，脚尖稍外展，膝关节角度不小于 90°，与脚尖方向一致，上体保持直立。

图 8-18　分腿半蹲

（5）弓步。

两脚前后分开，平行站立，一条腿屈膝，脚尖与膝垂直，另一条腿伸直，重心落于两脚之间。也可两膝皆屈，后腿的大腿垂直于地面（见图8-19）。

图8-19 弓步

（二）手型

健美操中，手掌随臂的姿态而灵活变化，一般而言，手臂伸展时，手指和手腕随之伸展，手背呈反弓形；手臂弯曲时，手指、手腕放松，从肩至手指成一柔和弧线。恰当地运用各种手形，能使手臂动作更加丰富多彩、生动活泼。健美操常见手形如下。

（1）并拢式。五指伸直并拢，大拇指微屈，指关节贴于食指旁。

（2）分开式。五指用力伸直，充分张开，手腕保持一定的紧张程度。

（3）一指式。握拳，食指或拇指伸直。

（4）芭蕾手式。五指微屈，后三指并拢、稍内收，拇指内扣。

（5）拳式。握拳，拇指在外，指关节弯曲，紧贴于食指和中指。

（6）立掌式。五指伸直，手掌用力上翘。

（7）西班牙舞手式。五指用力，小指、无名指、中指自掌指关节处依次屈，拇指稍内扣。

（8）花式。在分开式的基础上，小指伸直向掌心回弯到最大限度，无名指随小指回弯。

（9）剑指。拇指与无名指、小指相叠，中指、食指并拢伸直。

三、健美操组合范例

（一）第一个八拍（见图8-20）

（1）预备姿势：直立，两臂置于体侧。

（2）1拍两手半握拳，右脚向前一步，同时两臂弯曲，左臂前摆，右臂后摆。

（3）2拍左脚向前一步，同时两臂弯曲，右臂前摆，左臂后摆。

（4）3拍同1拍的动作。

（5）4拍成直立姿势，两臂弯曲置于身体两侧，双手半握拳，拳心向上。

图 8-20　第一个八拍

（6）5 拍右脚向右侧分成侧弓步，左腿伸直，左臂向右前方侧平举，拳心向下，右臂屈肘，右拳心向上置于体侧。

（7）6 拍成直立姿势，两臂弯曲置于体侧，两手半握拳，拳心向上。

（8）7 拍同 5 拍的动作，只是方向相反。

（9）8 拍还原成预备姿势。

（二）　第二个八拍（见图 8-21）

（1）1 拍跳起，前后分腿开立，左腿在前，同时两臂上举，撑掌，掌心向前。

（2）2 拍跳成并腿蹲立，同时两臂肩侧屈，握拳，拳心向内。

（3）3 拍同 1 拍动作，右脚在前。

（4）4 拍同 2 拍。

（5）5 拍跳成开立，同时两臂肩上侧屈，握拳，拳心相对。

（6）6 拍跳成并立，同时两臂胸前屈，拳心向内。

（7）7 拍跳成开立，同时两臂胸前平屈，基本手型，掌心向下。

（8）8 拍跳成并立，同时两臂上举，两手半握拳，拳心向内。

图 8-21　第二个八拍

（三）　第三个八拍（见图 8-22）

（1）预备姿势：直立，两臂置于体侧。

（2）1 拍两手半握拳，两臂弯曲，左臂前摆，右臂后摆，同时右脚向前走一步。

（3）2 拍右臂前摆，左臂后摆，同时左脚向前　步并右脚。

（4）3 拍左臂前摆，右臂后摆，同时右脚向后走一步。

（5）4 拍右臂前摆，左臂后摆，同时左脚向后一步并右脚。

图8-22 第三个八拍

（6）5拍左脚向前一步成前弓步，两臂侧上举，撑掌，掌心向上。

（7）6拍两臂放下置于体侧，同时原地后转180°。

（8）7拍扣脚再向前一步成弓步，两臂侧上举，撑掌，掌心向上。

（9）8拍原地转体180°，两臂放下置于体侧。

（四）第四个八拍（见图8-23）

（1）预备姿势：直立，两臂置于体侧。

图8-23 第四个八拍

（2）1拍右脚向左前方迈一步，右臂弯曲置于胸前，右手呈操化手型。右腿支撑，左腿向后屈膝弹动一次。

（3）2拍左脚重新接触地面，其他身体姿势不变。

（4）3拍右脚向右侧，两臂侧平举，两手成操化手型，掌心向下。左脚并右脚。

（5）4拍右腿向右侧滑一步。

（6）5拍以右腿为轴转体180°，同时送髋、左脚侧点，右手叉腰，左手半握拳。

（7）6拍左腿提膝，左臂肩侧屈。

（8）7拍同5拍。

（9）8拍右脚并左脚还原成预备姿势。

任务二 啦啦操

一、啦啦操的起源

啦啦操英文名为"cheerleading"。其有振奋精神、提振士气的意思。啦啦操来源于早期部落社会的仪式，为激励外出打仗或打猎的战士们，人们通常会举行一种仪式，仪式中族人用欢呼、手舞足蹈的表演来鼓励战士，希望他们能凯旋。现代啦啦操是体育运动中的一个新兴项目，起源于美国，遍布美国的篮球、橄榄球、棒球、游泳、田径、摔跤等比赛现场，至今已经有100多年的历史，从最初为美式足球呐喊助威的活动发展成世界范围内的一项体育运动，受到全世界人民的喜爱。

二、啦啦操的基本手形

啦啦操中的手形有多种，是从芭蕾舞、现代舞、迪斯科、武术中吸收和发展的。啦啦操的手形如运用得好，会使啦啦操动作更加丰富多彩，生动活泼，具有感染力。

（1）并拢式。五指伸直，相互并拢。大拇指微屈，指关节贴于食指旁。

（2）分开式。五指用力伸直，充分张开。

（3）芭蕾手势。五指微屈，后三指并拢、稍内收，拇指内扣。

（4）拳式。握拳，拇指在外，指关节弯曲，紧贴于食指和中指。

（5）立掌式。五指伸直，手掌用力上翘。

（6）西班牙舞手势。五指用力，小指、无名指、中指自掌指关节处依次屈，拇指稍内扣。

三、啦啦操的组合技术

一级花球舞蹈啦啦操（节选）分解教学如下。

1. 预备造型

动作					
		预备	1~4	5~7	8
预备		左手扶腰，右臂侧平举，两腿屈膝外开，右脚点地，面向1点			
动作说明	手臂动作	1~4	1~4拍双臂成下 V		
		5~8	5~7拍双臂向上成上 V；8拍双手握持花球于胸前，两腿并拢站立		
	步法	1~4	1~4拍脚上前锁步		
		5~8	5~7拍双腿分离；8拍双腿跳成并步		
	手型		握花球		
	面向		1点		

2. 第一个八拍

	1~3正面示范	1~3侧面示范	4，5~6	7~8

动作说明	手臂动作	1~4	1~3拍手臂垂于大腿前方；4拍成上 H
		5~8	双手抱于胸前，成上 V，两拍一动
	步法	1~4	1~3拍右、左、右脚依次前上步；4拍并步提踵
		5~8	上左脚成弓步，右膝微曲，脚跟提起
	手型		握花球
	面向		1点

3. 第二个八拍

	1~3正面示范	1~3侧面示范	4，5~6	7~8

动作说明	手臂动作	1~4	1~3拍手臂垂于大腿前方；4拍成上 H
		5~8	双手抱于胸前，成上 V，两拍一动
	步法	1~4	1~3拍左、右、左脚依次后退步；4拍并步提踵
		5~8	左脚后退成弓步，右膝微曲，脚跟提起
	手型		握花球
	面向		1点

4. 第三个八拍

		1	2	3	4
		5~6	7~8		

动作说明	手臂动作	1~4	1~3拍双臂垂于大腿前方；4拍双臂屈肘于胸前
		5~8	5~6拍手臂成K；7~8拍双臂屈肘于胸前
	步法	1~4	1~3拍左、右、左脚依次踏步，同时向左转体360°；4拍成并步
		5~8	5~6拍迈左脚成屈腿弓步；7~8拍收左脚，并腿站立
	手型		握花球
	面向		1~3拍向7点转360°；4拍1点；5~6拍7点；7~8拍1点
	头位		5~6拍身体面向7点，头部面向1点

5. 第四个八拍

		1	2	3	4
		5~6	7~8		

动作说明	手臂动作	1~4	1~3拍双臂垂于大腿前方；4拍双臂屈肘于胸前
		5~8	5~6拍手臂成K；7~8拍双臂屈肘于胸前
	步法	1~4	1~3拍右、左、右脚依次踏步向右转体360°；4拍成并步
		5~8	5~6拍迈右脚成屈腿弓步；7~8拍收右脚，并腿站立
	手型		握花球
	面向		1~3拍向3点转360°；4拍1点；5~6拍3点；7~8拍1点
	头位		5~6拍身体面向3点，头部面向1点

6. 第五个八拍

动作	

	手臂动作	1~4	1拍右臂上L；2拍屈肘于胸前；3~4拍动作相同，方向相反
动作说明		5~8	5拍右臂前L；6拍双臂成上H；7拍左臂前L；8拍双臂垂于大腿前方
	步法	1~4	1拍左脚向左侧迈步，同时半蹲，2拍收左脚成并步；3~4拍动作相同，方向相反
		5~8	5拍左脚上步成前弓步；6拍并步双脚提踵；7拍左脚向左侧迈步，同时半蹲；8拍双脚跳成并步
	手型		握花球
	面向		1点

7. 第六个八拍

动作	

	手臂动作	1~4	1~2拍成右上斜线；3~4拍成左上斜线
动作说明		5~8	5~6拍含胸双手收于胸前；7~8拍两手并拢，前伸双臂前举
	步法	1~4	1~2拍迈右脚成右弓步；3~4拍重心左移成左弓步
		5~8	5~6拍跳成屈膝并步；7~8拍向前迈左脚，成屈膝弓步，右脚跟提起
	手型		握花球
	面向		1点
	头位		5~6拍低头

8. 第七个八拍

动作			

动作说明	手臂动作	1~4	1~2拍右臂高冲拳；3~4拍点抬头一次
		5~8	5拍左臂右斜下冲拳；6拍左臂由右下方摆至左上方，变成左侧冲拳；7~8拍动作相同，方向相反
	步法	1~4	1~4拍左脚向左后侧迈出，成分腿站立
		5~8	5~8拍保持不动
	手型		握花球
	面向		1点

9. 第八个八拍

动作			

动作说明	手臂动作	1~6	1~6拍双臂垂于大腿前方
		7~8	7~8拍双手抱于胸前（成加油手位）
	步法	1~6	左右脚依次踏步
		7~8	7~8拍成并步
	手型		握花球
	面向		1点

10. 第九个八拍

动作	

动作说明	手臂动作	1~4	1~2拍双手上举成上 A；3~4拍双手向下成 H
		5~8	5拍双臂平行向右上方斜冲拳；6拍双手下压扶右膝；7拍双臂垂于大腿前方；8拍屈臂收于腰间
	步法	1~4	1~2拍双脚大分腿站立；3~4拍屈膝俯身
		5~8	5拍身体右转后靠，两腿分立半蹲，重心移至左脚，同时左脚跟提起；6拍保持体位，重心移至两腿之间；7拍跳成并步直立；8拍右脚在前成锁步
	手型		握花球
	面向		5~6拍2点；7拍7点
	头位		1~5拍眼随手走；6拍低头；7拍7点，8拍1点

11. 第十个八拍

动作	

动作说明	手臂动作	1~7	1拍双手上举成上 H；2拍双臂经体侧由上向下压；3~7拍扶右膝
		8	8拍双臂垂于大腿前方
	步法	1~7	1拍右脚支撑，左脚向左侧摆腿；2拍成左脚前锁步；3~7拍身体右转向前俯身，两腿分立半蹲，重心在两脚之间，同时左脚跟提起
		8	8拍跳成并步直立
	手型		握花球
	面向		1拍1点；2拍2点；3~7拍3点；8拍1点
	头位		1、2、8拍1点；3~7拍低头

12. 第十一个八拍

动作			

动作说明	手臂动作	1~4	1~3拍双臂成H上举分别于右前、正前、左前三个方位各敲击一次；4拍保持左前方位垂直下压扶膝
		5~8	5~7拍同1~3拍；8拍双臂垂于大腿前方
	步法	1~4	1~3拍分腿站立；4拍身体左转向前俯身，两腿分立半蹲，重心在两脚之间，同时右脚跟提起
		5~8	5~7拍同1~3拍；8拍跳成并步直立
	手型		握花球
	面向		1拍2点；2拍1点；3拍8点；4~7拍同1~3拍；8拍1点
	头位		1~3拍眼随手走；4拍低头；5~7拍眼随手走；8拍1点

13. 第十二个八拍

动作			

动作说明	手臂动作	1~4	1~4拍两臂屈肘于胸前
		5~8	5~6拍两臂屈肘成短T；7~8拍垂于大腿前方
	步法	1~4	左、右脚依次踏步
		5~8	5~6拍左、右脚依次踏步；7~8拍双腿并立
	手型		握花球
	面向		1点

总结案例

　　全国健美操锦标赛由国家体育总局体操运动管理中心、中国健美操协会主办，每年举办一次，旨在推动健美操在广大青少年中广泛开展，发现和培养更多健美操人才，提升健美操竞技水平。

　　2024年"三清山杯"全国健美操锦标赛开幕式于7月21日上午在江西省上饶市举行。本次比赛根据报名人数分两个阶段进行，第一阶段为7月19日至7月23日，第二阶段为7月24日至7月29日，赛事根据运动员年龄分为成年组、青年组、少年组、预备组和少儿组五个组别，共设置男子单人操、女子单人操、混合双人操、三人操、五人操、有氧舞蹈和有氧踏板7个单项。赛事共吸引了全国各地的124支队伍近1 500名运动员、教练员参加。

探索与思考

　　1. 简述健美操的基本动作。

　　2. 以小组为单位，创编一套啦啦操。

模块九　武术与民族传统体育

学习目标

知识目标

1. 了解太极拳的基本要求。
2. 掌握太极拳的基本动作。

能力目标

练习二十四式简化太极拳，实现强身健体的目的。

素养目标

1. 树立传承民族传统体育的使命感和创新精神。
2. 积极培养体育实践能力和自学能力、社会适应能力。

导入案例

《"健康中国2030"规划纲要》是为推进健康中国建设，提高人民健康水平，根据党的十八届五中全会战略部署制定。由中共中央、国务院于2016年10月25日印发并实施。

《"健康中国2030"规划纲要》全文分八篇二十九章，其中第一篇第六章第二节明确提到，继续制定实施全民健身计划，普及科学健身知识和健身方法，推动全民健身生活化。组织社会体育指导员广泛开展全民健身指导服务。实施国家体育锻炼标准，发展群众健身休闲活动，丰富和完善全民健身体系。大力发展群众喜闻乐见的运动项目，鼓励开发适合不同人群、不同地域特点的特色运动项目，扶持推广太极拳、健身气功等民族民俗民间传统运动项目。

一、太极拳概述

太极拳是中国武术的一个重要流派，流行于各地，深受人们的喜爱。太极拳是根据我国古代阴阳哲学的原理而命名的拳术。其所有动作的开合、起落、进退、刚柔、蓄发、顺逆、虚实、曲直等，无不和谐地体现出阴阳对立与统一的辩证规律。

太极拳在长期的流行过程中形成了陈氏、杨氏、吴氏、孙氏、武氏等技术流派。中华人民共和国成立后，编创了二十四式简化太极拳、三十二式简化太极剑等。20世纪初到20世纪80年代末，为了适应武术的国际交流与竞赛，又编创了陈、杨、吴、孙、武式太极拳和太极剑等竞赛套路。各式太极拳尽管在运动风格上有所不同，但体松心静、柔和缓慢、连绵不绝、圆活自然、协调完整的要求是基本一致的。

（一）体松心静

太极拳是一种"静中寓动、动中求静"的拳术，与其他竭尽全力去追求高度、速度、远度的竞技运动截然不同。练习太极拳，首先要使身体充分放松，头部、肩部、胸部、腰部、上肢、下肢均要充分放松，尤其是肩、髋、肘等几个大关节。身体放松了，才能在运动中保持自然舒展、柔和顺畅，才能做到"心静"。在演练太极拳时，尽管运动不息，但也要做到心里宁静从容。正如《太极拳论》中形容的"一羽不能加，蝇虫不能落"的境界。

（二）柔和缓慢

太极拳的动作柔和缓慢，以柔劲为主，以意识引导动作，用意不用力。动作柔和的好处是用力小，肌肉不至过于紧张。缓慢的好处是能使呼吸深长，增加吸氧量，并且气沉丹田，使意、气、劲三者合一。这样动作才能自然舒展，感觉灵敏，步法稳健，气血调和。太极拳在运动时不出拙力，呼吸深沉自然，动作轻柔缓慢，形神合一。

（三）连绵不绝

在练习太极拳的过程中，动作不能忽快忽慢、停顿或断续，而要连贯、势势相承、动动相连、前后贯穿、连绵不断，形成有节律的连续运动。

（四）圆活自然

太极拳的动作走向多为弧形，这是因为弧形动作转换灵活、不滞不涩、易于转化，也符合人体各关节自然弯曲的状态，因此，有人称太极拳为"圆的运动"。

（五）协调完整

太极拳是一种需要身心高度协调配合的运动，无论是整个套路，还是单个动作姿势，都必须做到上下相随、协调完整、内外合一，将身体外形的动作和内在意识完整地统一起来。

在单个动作上，腰部一动，上、下肢均动，眼睛亦随之转动。太极拳动作要求以腰为轴，由腰部带动上、下肢运动，全身上下、左右相互呼应。

二、二十四式太极拳

（一）预备姿势

身体自然直立，两脚并拢，脚尖向前；胸腹自然放松；两手垂于大腿外侧，手指微屈；头正颈直，眼平视前方；精神集中，全身放松。

（二）第一组

1. 起势（见图9-1）

左脚提膝开立；两臂前举，与肩平齐；屈膝按掌。

图9-1 起势

2. 左右野马分鬃（见图9-2）

（1）左野马分鬃。重心右移，右抱球收左脚，左转体上步，弓步分手。

（2）右野马分鬃。后坐左转体撇脚，左抱球收右脚，右转体上步，弓步分手。

（3）左野马分鬃。后坐右转体撇脚，重心右移，右抱球收左脚，左转体上步，弓步分手。

图 9-2　左右野马分鬃

3. 白鹤亮翅（见图 9-3）

重心前移，跟步展臂；后坐引手；虚步合手。

图 9-3　白鹤亮翅

（三）第二组

1. 左右搂膝拗步（见图 9-4）

（1）左搂膝拗步。左转体摆臂，右转体摆臂收左脚，左转体上步屈肘，弓步左搂右推。

（2）右搂膝拗步。重心后移，左脚尖外撇，左转体摆臂收右脚，右转体上步屈肘，弓步右搂左推。

（3）左搂膝拗步。重心后移，右脚尖外撇，右转体摆臂收左脚，左转体上步屈肘，弓步左搂右推。

图 9-4　左右搂膝拗步

2. 手挥琵琶（见图 9-5）

重心前移，跟步展臂；后坐引手；虚步合手。

3. 左右倒卷肱（见图 9-6）

（1）右倒卷肱：右转体撤手；左退步卷肱；虚步右推掌。

（2）左倒卷肱：左转体撤手；右退步卷肱；虚步

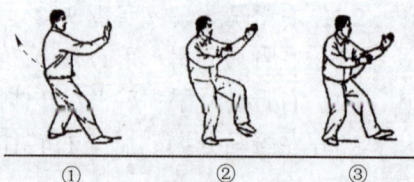

图 9-5　手挥琵琶

左推掌。

（3）右倒卷肱同（1）。

（4）左倒卷肱同（2）。

图 9-6 左右倒卷肱

（四）第三组

1. 左揽雀尾（见图 9-7）

右转体撤手；右抱球收左脚；左转体上步；弓步左掤臂；右手前摆，上体右转双手右后捋；上体左转，右手搭左腕内侧；右手推送左前臂向体前挤出，重心前移成弓步；后坐引手；弓步前按。

图 9-7 左揽雀尾

2. 右揽雀尾（见图 9-8）

右转体分手；左抱球收右脚；右转体上步；弓步右掤臂，左手前摆；上体左转双手左后捋；上体右转，左手搭右腕内侧；左手推送右前臂向体前挤出，重心前移成弓步；后坐引手；弓步前按。

图 9-8　右揽雀尾

（五）第四组

1. 单鞭（见图 9-9）

重心左移，左转体运臂；重心右移，右勾手左收脚；上体左转，左脚上步；左弓步推左掌。

图 9-9　单鞭

2. 云手（见图 9-10）

右转落手，左转云手，并步按掌，右转云手，出步按掌。（注：重复三次）

图 9-10　云手

3. 单鞭（见图 9-11）

斜落步右转举臂，出步勾手，弓步推掌。

图 9-11　单鞭

（六）第五组

1. 高探马 （见图 9-12）

跟步后坐展手，虚步推掌。

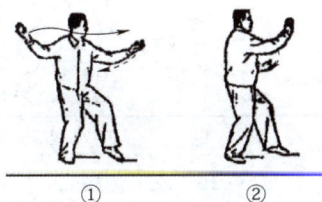

图 9-12　高探马

2. 右蹬脚 （见图 9-13）

收脚收手，左转出步，弓步划弧，合抱提膝，分手蹬脚。

图 9-13　右蹬脚

3. 双峰贯耳 （见图 9-14）

收脚落手，出步收手，弓步贯拳。

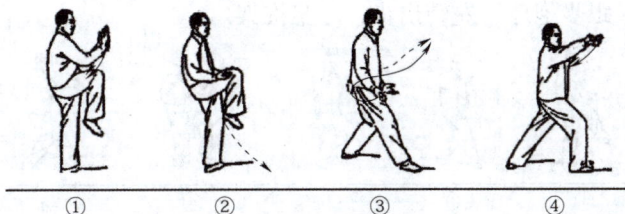

图 9-14　双峰贯耳

4. 转身左蹬脚 （见图 9-15）

后坐扣脚，左转展手，回体重合抱提膝，分手蹬脚。

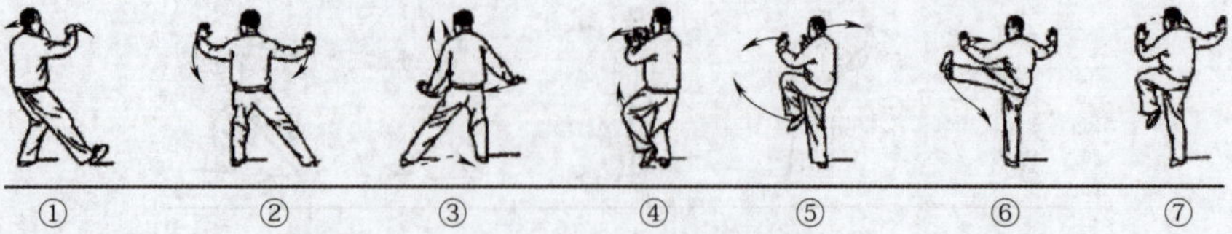

图 9-15　转身左蹬脚

（七）第六组

1. 左下势独立（见图 9-16）

收脚勾手，蹲身仆步，穿掌下势，撇脚弓腿，扣脚转身，提膝挑掌。

图 9-16　左下势独立

2. 右下势独立（见图 9-17）

落脚左转勾手，蹲身仆步，穿掌下势，撇脚弓腿，扣脚转身，提膝挑掌。

图 9-17　右下势独立

（八）第七组

1. 左右穿梭（见图 9-18）

（1）落步落手，跟步抱球，右转出步，弓步推架。

（2）后坐落手，跟步抱球，左转出步，弓步推架。

图 9-18　左右穿梭

2. 海底针（见图9-19）

跟步落手，后坐提手，虚步插掌。

图9-19　海底针

3. 闪通臂（见图9-20）

收脚举臂，出步翻掌，弓步推架。

图9-20　闪通臂

（九）第八组

1. 转身搬拦捶（见图9-21）

后坐扣脚，右转摆掌，收脚握拳，垫步搬捶，跟步旋臂，出步裹拳拦掌，弓步打拳。

图9-21　转身搬拦捶

2. 如封似闭（见图9-22）

穿臂翻掌，后坐收掌，弓步推掌。

图 9-22　如封似闭

3. 十字手（见图 9-23）

后坐扣脚，右转撇脚分手，移重心扣脚划弧。

图 9-23　十字手

（十）收势（见图 9-24）

收脚合抱，旋臂分手，下落收势。

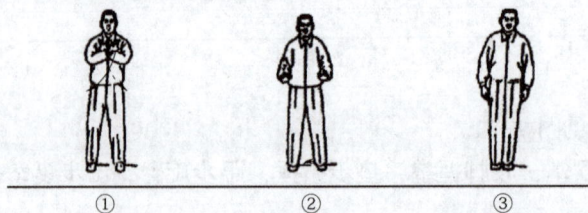

图 9-24　收势

总结案例

高佳敏是中国女子武术运动员，福建福州人。1977 年入福建省武术队，是我国太极世界冠军。新加坡报界用中英文两种文字对高佳敏进行了新闻报道，《联合早报》称高佳敏为年轻的"太极女皇"。

记者：作为世界太极拳冠军，您一定有很多宝贵的太极拳竞技训练的要领和经验，如何有效提高太极拳竞赛水平？

高佳敏：以我自己的经验，首先要循序渐进、一步一个脚印、脚踏实地打好扎实的基本功，不能拔苗助长。老师有再好的经验，都要靠你自己去体会，针对自身的条件苦练加巧练，还要加强理论学习，没有文化的底蕴再聪明也是昙花一现。

记者：很多人说看您的太极拳演练是一种很好的享受，太极拳套路如何演练才能更有韵味？

高佳敏：都说太极拳是思维拳、哲理拳，之所以称为"韵味"，其实就是一个人对太极拳理解与沉淀的产物及所表现出来的独特的演练风格。要想演练出自己的风格特点，首先对自己要有充分的了解，根据自身的条件找出一条适合自己的发展的路子，经过千锤百炼到最后才能形成自己独一无二的风格特点——韵味。

记者：发展当随时代，那么太极拳对当代社会的价值主要体现在哪里？

高佳敏：随着社会的进步及现代科技的快速发展，高科技给人们的生活带来方便的同时，其实也丧失了许多动手的能力。为了生活得更好，努力拼命地工作、挣钱，生活节奏越来越快，浮躁、不安的情绪及人与人之间不信任且对立等许多社会问题日趋严重。而练习太极拳正好能弥补、帮助和缓解人们的这些状况。练习太极拳能沉淀自己、修身养性、调节并达到身心的平衡。自身能和谐，才能与别人和谐，进而使社会和谐。我认为在这方面，太极拳在当代社会体现出了巨大的价值。

探索与思考

1. 简述二十四式太极拳的动作名称。
2. 练习太极拳对人的生理有哪些影响？

模块十　游泳运动

学习目标

知识目标

1. 了解水中行走练习和呼吸练习的方法。
2. 掌握蛙泳、仰泳和自由泳的练习方法。

能力目标

1. 能够熟练运用蛙泳的基本技术和方法。
2. 能够熟练运用仰泳的基本技术和方法。
3. 能够熟练运用自由泳的基本技术和方法。

素养目标

培养游泳时的安全防范意识。

导入案例

男子 100 米仰泳是徐嘉余的主攻项目。2016 年里约奥运会上，当时才 21 岁的徐嘉余夺得银牌。2019 年，在世界游泳锦标赛男子 100 米仰泳比赛中，徐嘉余游出了 52 秒 43 的成绩，成功卫冕，收获个人世锦赛第二枚金牌，成为真正的"仰泳之王"。

2021 年，第 32 届东京奥运会上，徐嘉余获得第五，遗憾与奖牌擦肩而过。

2024 年，第 33 届巴黎奥运会男子 100 米仰泳决赛中，第四次参加奥运会的徐嘉余以 52 秒 32 的成绩，获得了一枚宝贵的银牌。他的坚持和拼搏精神令人感动。

任务一　蛙泳

蛙泳有很多优点，例如，呼吸节奏容易掌握，游动小，容易观察和判断游动方向，每个动作周期结束后都有短暂的滑行放松时间，但是蛙泳的臂、腿变化方向较多，其内部技术结构是几种泳姿中较为复杂的。由于运动员在水下移臂和收腿会给前进带来很大的阻力，使行进速度下降，所以它也是几种泳姿中速度最慢的一种。

➤ 一、蛙泳技术

（一）身体姿势

如图 10-1 所示，蛙泳时，身体呈水平俯卧于水中，微抬头，稍挺胸，两臂向前、两腿向后均伸直并拢，掌心向下，身体纵轴与前进方向呈 5°～10°。游进时，头部的动作幅度应适度，否则会导致肩部起伏过大而增加阻力，影响前进速度。

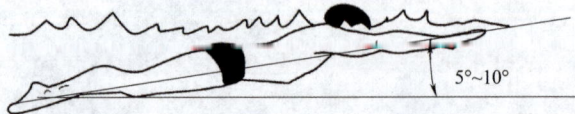

图 10-1　蛙泳身体姿势

（二）腿部动作

蹬腿是蛙泳推进力的主要来源之一，可分为收腿、翻脚、蹬夹腿和滑行四个阶段，且这几个阶段应连贯。两腿动作对称进行，收腿为蹬伸做准备，翻脚是收腿的结束和蹬夹腿的开始。

（1）收腿。收腿是把腿收到最有利于蹬水的位置。首先屈膝，由大腿带动小腿前收，同时两腿逐渐分开。两脚和小腿在大腿正面投影截面内，两脚后跟尽量向臀部靠近。收腿后，大腿与躯干成 130°～140°，两膝分开最大时与肩同宽。如图 10-2 所示。

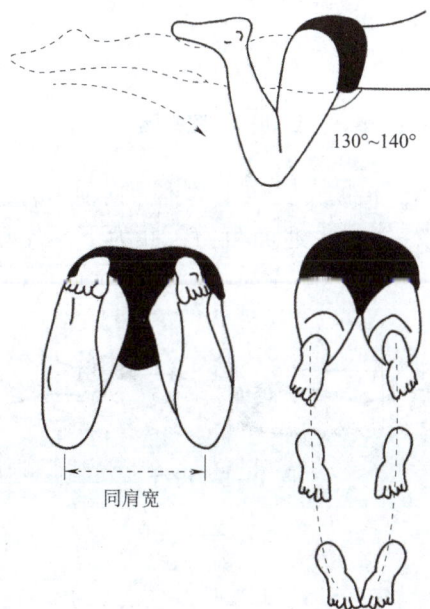

图 10-2　收腿姿势

（2）翻脚时，双脚仍向臀部靠近，两膝内扣，两脚外转，脚尖向外，使脚和小腿内侧朝向水面方向，小腿离开大腿的投影截面。翻脚结束时，两脚之间的距离大于两膝之间的距离。如图 10-3 所示。

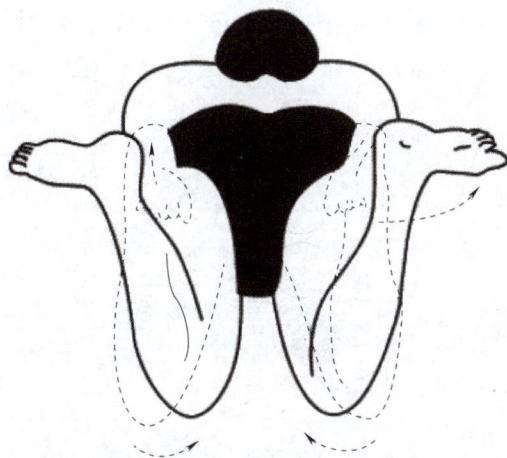

图 10-3　翻脚

· 173 ·

（3）蹬夹腿。翻脚后，大腿发力向后伸出，通过伸髋、伸膝、伸踝，以大腿、小腿的内侧面和脚掌快速地做弧形蹬夹动作。蹬夹腿结束后，两腿并拢伸直。蹬夹腿时，双膝间的距离保持不变。如图10-4所示。

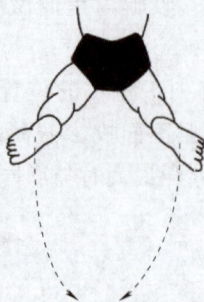

图10-4　蹬夹腿

（4）滑行。蹬夹腿结束后，借助夹腿产生的推力向前滑行，此时双腿并拢，收腰，身体呈流线型且保持较高位置，以减少迎面阻力，并为下一轮动作做好准备。如图10-5所示。

图10-5　滑行

（三）手臂动作

蛙泳的手臂划水对产生牵引力具有重要作用，两臂动作对称、速度一致，可分为滑行、抓水、划水、收手、前伸五个连续的步骤，整体路线近似心形。

（1）滑行。伸臂结束后，身体呈流线型向前滑行，手指并拢，掌心向下，两手尽量接近水面，使身体在较高的位置上保持稳定。

（2）抓水。如图10-6所示，肩保持前伸，两臂内旋对称外划，掌心转向斜外下方。当双臂间距超过肩宽时，向外、下屈腕呈150°～160°。此时，两臂与水平面及前进方向呈15°～20°，肘关节伸直。

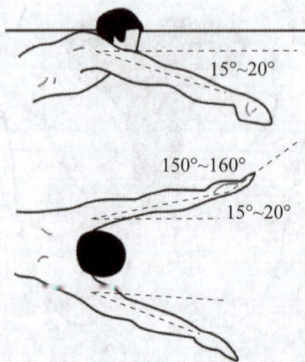

图10-6　抓水

（3）划水。如图 10-7 所示，掌心从外后转向内后，双臂向斜下方急促拨水。两手划至肩线时，逐渐屈臂提肘，同时加速沿弧线继续划水。整个动作过程，肩部向前伸展，肘高于手并前于肩。划水结束时，形成高肘姿势，臂与前进方向呈 80°，肘关节的角度为 120°~130°。

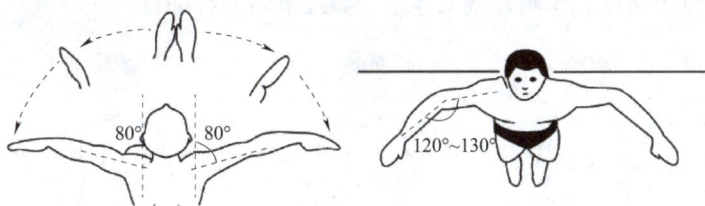

图 10-7　划水

（4）收手。如图 10-8 所示，高肘划水完成后，双手倾斜相对，向内上移动，同时上臂外旋，双肘逐渐向内、下靠。

图 10-8　收手

（5）前伸。如图 10-9 所示，收手到下颌前时，迅速推肘伸臂，两手先向前上，再向前伸，掌心转向下，肩关节和身体尽量伸展、放松，两臂伸直靠拢，恢复为滑行姿势。

图 10-9　前伸

（四）手臂、腿和呼吸配合技术

蛙泳的手臂、腿和呼吸配合一般是，蹬腿一次，划臂一次，呼吸一次。由于腿、手臂和呼吸的配合时间不同，可形成不同的技术特征。

一般的配合技术是：两臂做抓水和划水动作时，抬头吸气，腿自然伸直。收手的同时收腿，手开始向前伸，收腿结束翻好脚掌。当伸臂动作进行到胸口时，做好蹬夹腿动作，然后滑行吐气。

二、练习方法

蛙泳练习的顺序是先练腿部动作，后练手臂动作和呼吸方法，再练臂腿配合和完整动作配合。

（一）坐姿蹬水

如图 10-10 所示，坐在凳上或池边，上体稍后仰，两手后撑，两腿伸直并拢，做收腿、翻脚、蹬夹水和停止动作。先做分解动作，再做连贯的完整动作。

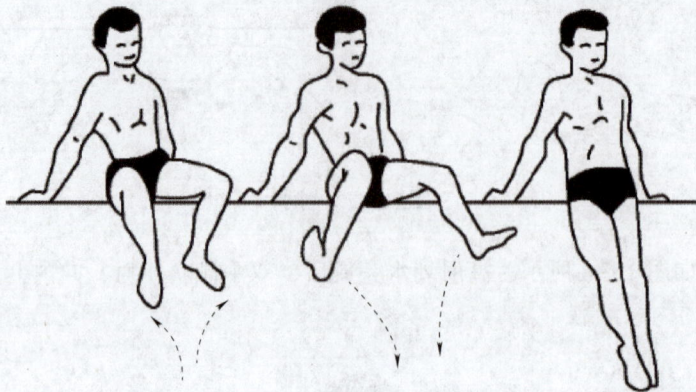

图 10-10　坐姿蹬水

（二）卧姿蹬水

如图 10-11 所示，俯卧在凳子上做收（腿）、翻（脚）、蹬（夹腿）、停的腿部动作。

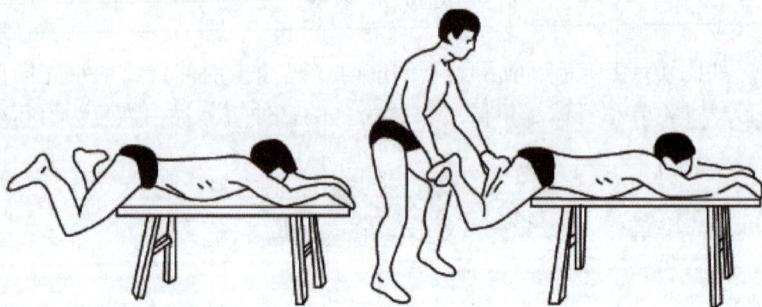

图 10-11　卧姿蹬水

（三）水中练习

如图 10-12 所示，一手扶池槽，另一手撑住池壁，身体漂浮平卧于水中，两腿伸直并拢，做蛙泳腿部动作。

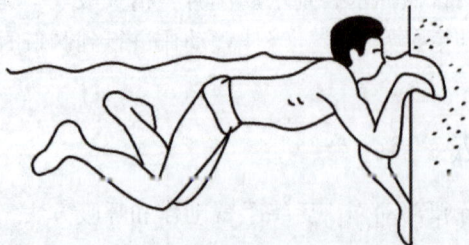

图 10-12　水中练习蛙泳腿部动作

（四）手臂和呼吸动作练习

如图 10-13 所示，在岸上呈站立姿势，上体前倾。两臂前伸并拢，掌心朝下，按照抓水、划水、收手和伸臂四拍分解练习，熟练后将四拍合为一拍，一次完成手臂的整套动作。

手臂动作熟练后，配合呼吸，再做练习。

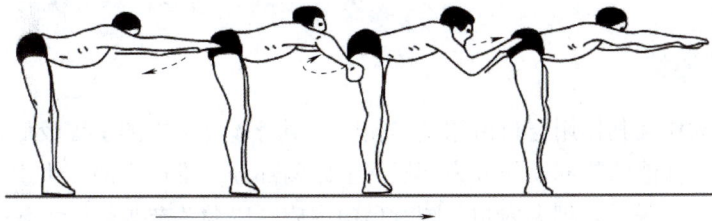

图 10-13　在岸上做手臂练习

站在齐腰深的水中做手臂动作练习时，弯腰将上体没入水中，做手臂与呼吸配合练习，划水不要用力，重点体会划水路线。熟练后由同伴抱住大腿或用大腿夹住浮板做手臂与呼吸的配合练习。

三、常见的错误动作及纠正方法

（1）收腿之后没翻脚。在陆上进行练习时，收腿之后着重体会翻脚的感觉；在水中练习时，强制性地做翻脚动作。

（2）两腿距离变大，展得过宽。在做水中的腿部练习时，由同伴帮助保持两腿间距离，矫正不良姿势。

（3）吸不到气或吸气时喝到水。由于在水中未吐气或气未吐尽，在抬头出水后有吐气动作，吸气时间不够，造成吸不到气或喝到水。练习者可加强水中原地的手臂与呼吸配合练习，要在出水瞬间将气吐尽。

任务二　仰泳

一、动作要领

仰泳是仰卧在水面的一种游泳姿势，依靠两臂交替向后划水，两腿交替上下（向后）打水游进。

（一）躯干姿势

如图 10-14 所示，仰泳时，身体自然伸展，仰卧在水中，下颌微收，头和肩稍高，水面齐于耳际。游进时，头部应保持相对稳定，颈部肌肉自然放松。

图 10-14　仰泳躯干姿势

（二）腿部姿势

仰泳的腿部动作及其作用与自由泳基本相同，但身体在水中的位置较低，小腿打水幅度和弯曲角度较大。仰泳的腿部动作分为下压和上踢两部分。推进力的产生主要取决于上踢动作的力量和速度。上踢时，脚尖内扣，脚背稍向内旋，以髋关节为轴，大腿带动小腿，屈膝向后上方踢动。下压主要使身体上升并保持平衡，膝关节应充分放松。

（三）臂部姿势

仰泳的臂部动作由入水、抓水、划水、出水和空中移臂五个连贯部分组成。

（1）入水。伴随同侧身体的侧向转动，手臂自然伸直，掌心朝外下方，手稍内收，与小臂呈 150°～160°（见图 10-15），小指首先入水。入水点一般在同侧肩关节延长线上。

（2）抓水。手臂入水后，伸肩外旋，屈肘勾腕，掌心对水。此时大臂与前进方向构成 40°，手掌离水面约为 30 厘米（见图 10-16），肘关节呈 150°～160°。

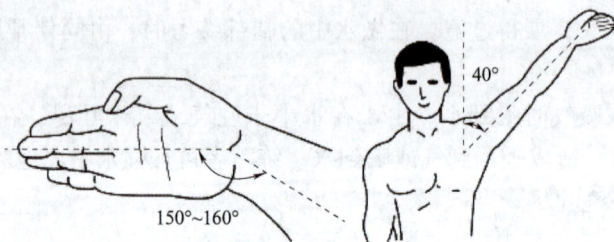

图 10-15　入水

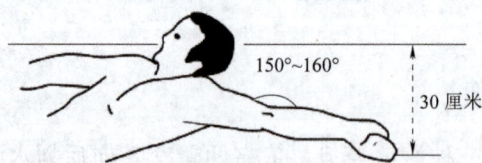

图 10-16　抓水

（3）划水。划水是获得推进力的主要阶段。整个动作由拉水和推水两个部分组成。拉水时，屈肘角度逐渐减小。当划至肩部垂直平面时，手掌离水面约 15 厘米，小臂和大臂呈 90°～110°（见图 10-17）。推水时，整个手臂同时用力向下方做推压动作，并借助惯性使大臂带动小臂和手加速内旋推水，随后手掌划至臀部侧下方，距离水面 45～50 厘米，以小臂带动手掌下压划水，直至划到大腿一侧手臂伸直时，推水结束（见图 10-18）。整个过程，手掌轨迹呈"S"形，速度由慢到快，划水后期有明显的加速动作（见图10-19）。

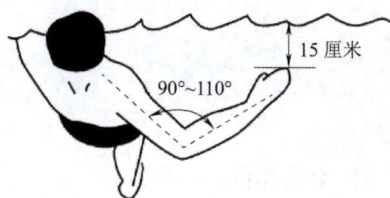

图 10-17　划水姿势

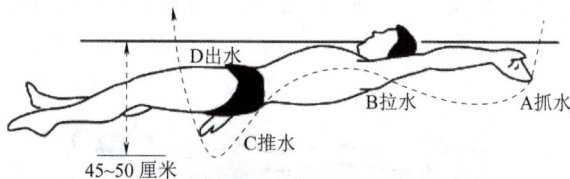

图 10-18　划水过程

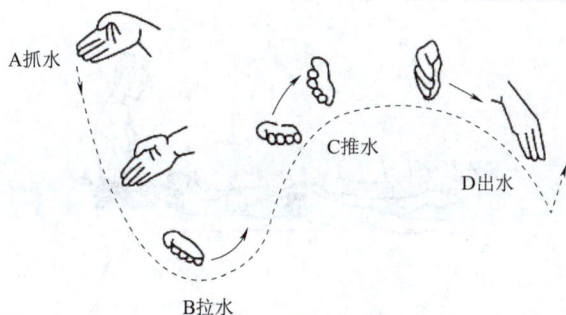

图 10-19　划水手型

（4）出水。划水结束，手臂立即外旋，掌心向大腿侧，先压水后提肩，肩部露出水面后，带动大臂、小臂和手依次出水。

（5）空中移臂。手臂出水后，自然伸直，由后向前迅速向肩前移动，肩关节充分伸展。当手臂移至肩的正上方后，手臂外旋，掌心外翻，随后重复入水动作。

仰泳时，两臂动作始终是对角交替的。当一臂完成出水时，另一臂抓水，当一臂空中移臂时，另一臂则划水。

（四）整体配合

仰泳一般采用1∶2∶6的配合方式，即一次呼吸、二次划水（两臂各划一次）、六次打腿。一侧移臂入水时，另一臂划水结束。一臂空中移臂时吸气，然后短暂闭气，另一臂空中移臂时呼气，循环进行。

二、练习方法

（一）腿部动作练习

1. 岸上练习

仰泳的腿部坐姿打水练习与自由泳相同。

2. 水中练习

如图 10-20 所示，双手反握池槽，或由同伴扶住头部（两臂置于体侧），或蹬壁滑行，仰卧水中做腿部上下交替打水练习。在此基础上，可进行单臂或双臂前伸的仰卧滑行打水练习。

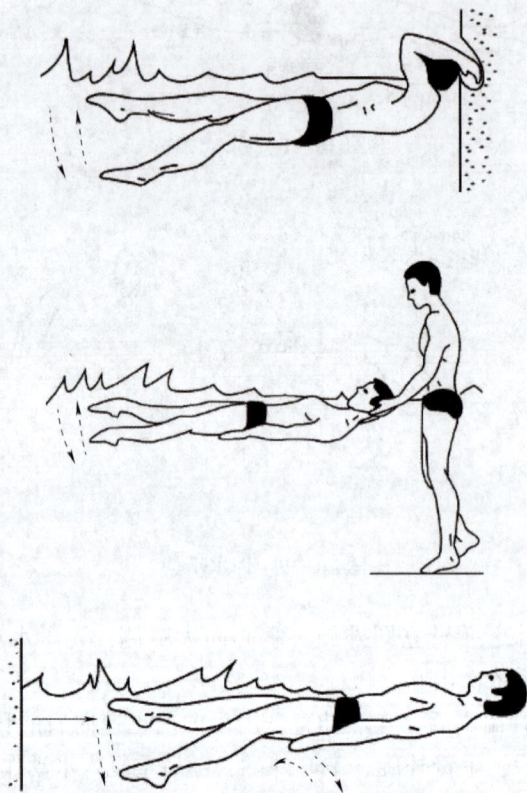

图 10-20　仰泳腿部动作水中练习

（二）臂部动作练习

1. 陆上练习

仰泳的站姿练习包括单臂练习和双臂练习。如图 10-21 所示，单臂练习是以站立姿势为主，一臂自然下垂，另一臂上举，做抓水、拉水、推水、出水、空中移臂、入水的动作。双臂练习则是进行两臂交替动作，也可在平地上后退行走，同时做出双臂划水的动作。

如图 10-22 所示，卧姿练习是仰卧凳上，做单臂划水及双臂交替划水的动作。

图 10-21　单臂
练习

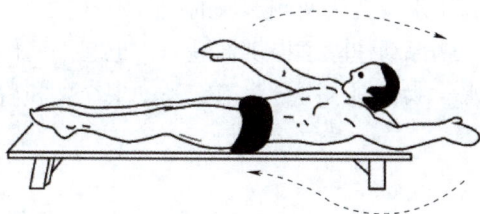

图 10-22　仰泳手臂动作卧姿练习

2. 水中练习

水中练习可以模仿陆上练习的动作，也可利用救生衣等使身体漂浮，或自行蹬壁滑行，或由同伴扶住双腿（见图 10-23），进行手臂动作练习。

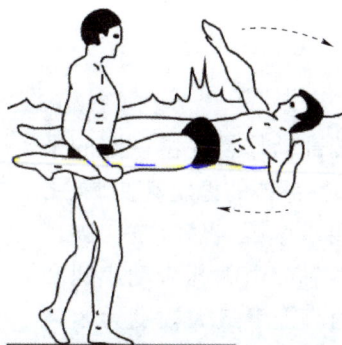

图 10-23　仰泳手臂动作水中练习

（三）整体配合练习

可先进行局部动作的配合练习，如两臂的配合、臂与呼吸的配合等，再进行整体动作的配合练习。

任务三　自由泳

自由泳，严格来说不是一种游泳姿势，而是竞技游泳的一种比赛项目，它的竞赛规则对游泳姿势几乎没有任何限制。自由泳这种姿势结构合理，阻力小，速度均匀、快速，是最省力、速度最快的一种游泳姿势。

一、动作技术

（一）技术特点

自由泳的基本技术特点是，人体俯卧水中，头肩稍高于水面，游进时躯干绕身体纵轴适当左右滚动，两臂轮流划水推动身体前进。手入水后划水路线呈"S"形，呼吸与划水动作协调。当臂用力划水时，利用水流在头两侧形成的波谷吸气。

在自由泳整套动作中，腿部动作除了提供推进力，也起平衡作用，保持身体的稳定和协调性，使双臂做有力地划水，双臂划水可分为前交叉、中交叉和后交叉划水等。

（二）身体姿势

如图 10-24 所示，自由泳时身体俯卧在水面成流线型，背部和臀部的肌肉保持适当的紧张度，在游进中保持头部平稳，躯干围绕身体纵轴有节奏地自然转动 35°～45°。

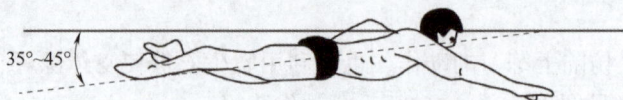

图 10-24　自由泳身体姿势

（三）腿部动作

如图 10-25 所示，自由泳腿部动作虽提供一定的推进力，但主要起平衡作用，以保持身体的稳定和协调性，使双臂做有力地划水。其动作要求两腿自然并拢，脚稍内旋，踝关节放松，以髋关节为轴，由大腿带动小腿和脚掌，两腿交替做鞭打动作，两脚上下最大幅度为 35～45 厘米，膝关节最大屈度为 140°～160°。

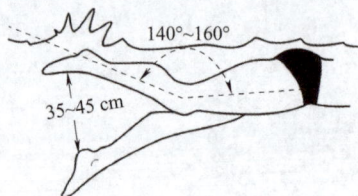

图 10-25　自由泳腿部动作

（四）臂部动作

自由泳的臂部动作是推动身体前进的主要动力，以一个周期分为入水、抱水、划水、出水和空中移臂五个不可分割的阶段。

1. 入水

完成空中移臂后，手在控制下自然放松入水。手的入水点一般在身体纵轴和肩关节的前后延长线之间。入水时手指自然伸直并拢，臂内旋使肘关节抬高处于最高点，手掌斜向外下方，使手指首先触水，然后是小臂，最后是大臂自然插入水中。如图 10-26 所示。

图 10-26　自由泳臂部入水动作

2. 抱水

臂入水后，在积极向下方插入的过程中，手掌从向斜外下方转向斜内后方并开始屈腕、屈肘，肘高于手，以便能迅速过渡到较好的划水位置。抱水结束，手掌已经接近水面，肘关节屈至150°左右，整个手臂像抱着一个大圆球似的为划水做准备。如图10-27所示。

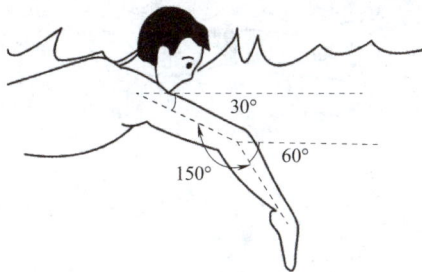

图10-27　自由泳臂部抱水动作

3. 划水

划水是发挥最大推进作用的主要阶段，其动作过程可分为拉水和推水两个部分。紧接抱水阶段进入拉水，这时要保持抬肘，并使大臂内旋，继续屈肘，使手的动作迅速赶上身体的前进速度，同时，也使主要肌肉群在良好的工作条件下进入推水动作。拉水至肩的垂直平面后，即进入推水部分，这时肘的屈度约为100°。大臂在保持内旋姿势的同时，带动小臂，用力向后推水。同时，使肩部后移，以加长有效的划水路线。向后推水有一个从屈臂到伸臂的加速过程，手掌以从内向外、从下向上的动作路线加速划至大腿旁。整个划水动作，手的轨迹始于肩前，继之到腹下，最后到大腿旁，呈S形。如图10-28所示。

4. 出水

划水结束时，掌心转向大腿，出水时小指向上，手臂放松，微屈肘。由上臂带动，肘部向外上方提拉带前臂和手出水面，掌心转向后上方。出水动作必须迅速而不停顿，同时应该柔和、放松。

5. 空中移臂

紧接出水不停顿地进入空中移臂，移臂时，肘高于手。

图10-28　自由泳臂部
划水动作

6. 两臂配合

自由泳时两臂划水发生的交叉位置有前交叉、中交叉和后交叉三种类型。前交叉是指一臂入水时，另一臂已前摆至肩前方与平面呈30°左右。前交叉有利于初学者掌握自由泳动作和呼吸。中交叉是指一臂入水时，另一臂处在向内划水阶段与水平面呈90°。后交叉是指一臂入水时，另一臂划至腹下，手与水平面呈150°左右。两臂划水时的交叉配合如图10-29所示。

图 10-29　两臂划水时的交叉配合

（五）臂腿呼吸配合

在自由泳时，一般是在两臂各划水一次的过程中进行一次呼吸，以向右边吸气为例：右手入水后，嘴和鼻开始慢慢呼气。右臂划水至肩下，开始向右侧转头和增大呼气量。右臂推水即将结束，则用力呼气。右臂出水时，张嘴吸气，至空中移臂的前半部为止，并开始转头还原。然后，直至臂入水结束，有一个短暂的闭气过程，脸部转向前下。头部稳定时，右臂入水，再开始下一慢慢呼气的过程。

自由泳的呼吸与臂、腿配合，初学者一般宜采用 6：2：1 的方法，即呼吸一次、臂划两次、腿打 6 次，这种配合方法易保持平衡和协调掌握自由泳技术。

自由泳时身体俯卧保持良好流线姿势，当速度快时肩背浮出水面，两肩配合划水交替滚动，两腿交替打水。手臂动作是自由泳主要动力来源，手入水后勾手提肘，以高肘姿势在躯干反复转动配合下沿身体下面呈"S"形曲线向后划水，两手相继出水后经空中向前摆臂，形成一个连贯的加速过程。高肘加速划水是现代技术特征之一。换气是生理需要，对完整配合结构有一定影响，尤其是在高频率快速冲刺阶段。故在速度快时为了减少因换气动作对完整节奏的影响，多采用缩小换气动作时间或减少次数的方法进行。

速度快时，多用 6 次腿、2 次臂和 1 次换气进行完整配合；中等速度时可用 4 次腿、2 次臂、1 次换气。由于自由泳游速快，出发要求起动快、前冲有力、滑行短并尽快浮出水面，故多用爬台式平拍入水技术。而转身可用身体任何部分触壁，为了赢得距离和转速，多采用前滚翻转身技术。

自由泳项目在比赛中占比重最大，因而成为实力的标志。自由泳技术正朝向实效发展，要求高体位、高肘加速后划为主，减少换气次数，动作连贯，节奏稳定合理。

二、练习方法

1. 模仿练习

（1）坐姿打水。如图 10-30 坐在池边或地上，两手后撑，两腿伸直，腿内旋使脚尖相对，脚跟分开成八字，两腿放松，以髋为轴，大腿带动小腿，上下交替打水。

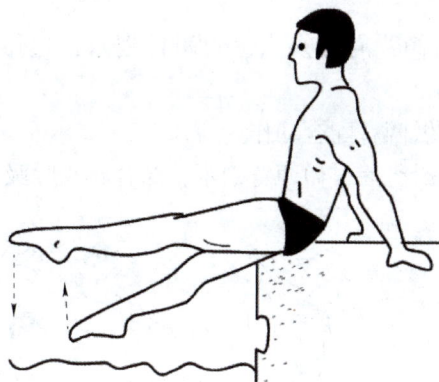

图 10-30　坐姿打水

（2）卧姿打水。俯卧在凳上，做两腿上下交替打水，要求同上。

2. 水中练习

（1）俯卧打水。如图 10-31 所示，手握池槽，或由同伴托其腹部，成水平姿势，两腿伸直，做直腿或屈腿打水。

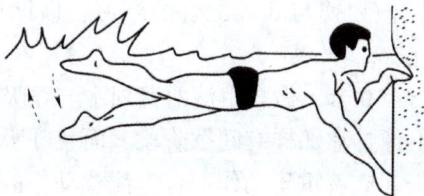

图 10-31　俯卧打水

（2）仰卧打水。仰卧姿势，手握池槽，或由同伴帮助托其背部，做两腿交替打水，注意膝盖不要露出水面。

（3）滑行打水。练习时要求闭气，两臂伸直并拢，头夹于两臂之间。如图 10-32 所示。

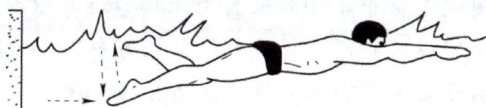

图 10-32　滑行打水

（4）扶板打水。练习时两臂伸直，放松扶板，肩浸入水中，手不要用力压板，呼吸自然。

（二）手臂与呼吸配合

1. 陆上模仿练习

（1）两脚开立，上体前屈，做手臂划水的模仿练习。如图 10-33 所示。

（2）同上练习，结合呼吸配合。

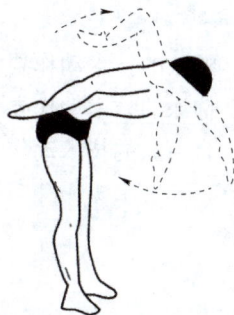

图 10-33　自由泳陆上
模仿练习

2. 水中练习

（1）站立水中，上体前倾，肩浸入水，做两臂划水，边做边走，同时转头呼吸。如图 10-34 所示。

（2）蹬边滑行后闭气，做两臂配合动作。

（3）腿夹打水板，蹬边滑行后，做两臂划水，结合转头呼吸。

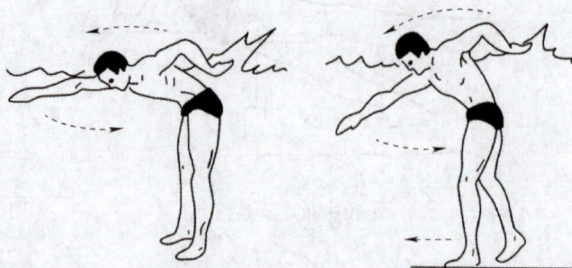

图 10-34　自由泳水中练习

（三）臂腿呼吸的配合

（1）站立水中，上体前倾做划臂与呼吸配合的练习，借助用力划水向前移动，然后蹬离池底，两腿打水形成完整配合。

（2）蹬边滑行打水漂浮 5~10 米，做自由泳两臂划水与呼吸配合练习。

练习提示：自由泳技术不像蛙泳那样有间歇阶段，而且呼吸时还必须向侧方转头，因而初学者往往显得忙乱而且紧张。应着重于动作配合，注意动作的放松。

总结案例

潘展乐在第 33 届巴黎奥运会上的表现非常出色。在男子 100 米自由泳决赛中，他以 46 秒 40 的成绩夺冠，并打破了自己之前保持的世界纪录，将这一成绩提升了 0.4 秒，成为比赛中唯一一位游进 47 秒的选手。潘展乐对自己的表现感到非常激动和满意。

此外，潘展乐在本届奥运会男子 4×100 米自由泳接力决赛中游出了 46 秒 92 的成绩，打破了奥运会纪录。他的表现不仅为自己赢得了荣誉，也为中国游泳队带来了极大的鼓舞，实现了中国游泳队在奥运会男子百米自由泳项目上的历史性突破。

他的成功激励着无数年轻运动员，也为中国体育事业的发展注入了新的活力。

探索与思考

1. 蛙泳的技术动作要领和练习方法有哪些？

2. 仰泳的技术动作要领和练习方法有哪些？

3. 自由泳的技术动作要领和练习方法有哪些？

模块十一　新兴体育运动

知识目标

1. 了解花样跳绳的技术动作。

2. 了解毽球的基本技术。

能力目标

1. 能够熟练掌握两种花样跳绳的技术动作。

2. 能够积极参加校园跑活动。

素养目标

1. 树立团队合作意识。

2. 树立终身体育意识。

导入案例

随着滑板、冲浪、攀岩、霹雳舞等项目逐渐亮相奥运赛场，"新兴体育"逐渐褪去"亚体育"的标签，跻身主流行列，这是体育运动作为一个有机整体发展的必然规律，也为体育教育提供了新的出口与可能。作为青春的"梦工厂"，高校的"新兴体育"课呼之欲出。

在教育领域有一些有趣的"矛盾"现象，很多同学上大学前最喜欢的课就是体育课，上了大学后最不想上的课也是体育课；在大学校园中，操场与球场往往空空荡荡，花样跳绳、街舞等新兴运动社团却如雨后春笋般涌现且广受追捧。在大学生身体素质下滑已经逐渐成为共识的当下，如果高校能够借着奥运会的东风，开设"又潮又酷"的"新兴体育"课程，以兴趣带动参与，便既能有效激发同学们的积极性，增强大学生群体的身体素质，又能为我国新兴运动项目的发展提供群众基础与后备力量。

任务一　花样跳绳

一、跳绳的起源

跳绳是一项在环摆的绳索中做各种跳跃动作的体育运动，也是一项老少皆宜的全身性有氧健身运动。跳绳活动源远流长，当神话中的创世女神女娲"乃引绳在泥中，举以为人"时，绳子便伴随着人类一起生活了。古人拿绳子来记事，也用它来捆扎收获的农作物，或拴牛马、捆绑猎物等，绳子成了人类生活中的重要工具。最早出现的跳绳史料是汉代画像石上的跳绳图，它证明在汉代已经有了跳绳活动。在古代，跳绳叫"跳百索"，最早是孩子们在春节时玩的一种游戏，如图 11-1 所示。所谓"跳百索"，就是当绳飞转时，可以幻成千百条。明朝时《帝京景物略》中提道："二童子引索略地，如白光轮，一童子跳光中，曰：跳百索。"《幽州风土吟》中提道：

图 11-1　"跳百索"

"太平鼓，声咚咚，白光如轮舞索童，一童舞索一童歌，一童跳入白光中。"这就是现在跳绳中的母子跳。另外，在《宛书杂记》里，也有我们今日跳绳中的半回旋跳。根据以上记载可知，现今国外韵律操所采用的绳操，就有对我国"跳百索"的应用。所以，我们要珍惜祖先的文化遗产，并加以发扬光大。

二、花样跳绳的基本方法

（一）摇绳的种类

正摇、反摇、交叉摇、双摇、三摇、水平摇、花式体侧摇、八字摇、交互摇、网摇、峰谷摇、来回摇等。

（二）跳绳的种类

1. 单人跳

单脚跳、双脚跳、前后跳、左右跳、前后开合跳、左右开合跳、交叉步跳、滚石跳、十字步跳、前踢跳、后踢跳、抬腿跳、行进间跳、全蹲跳等。

2. 双人跳

双人一绳跳、双人双绳跳等。

3. 多人跳

三人组合跳（两人摇绳、一人在中间跳）、四人组合跳、五人组合跳、集体跳等。

（三）跳绳姿势的变化

1. 并脚跳

预备姿势：直立，两手握绳的两端，两臂自然屈曲，将绳置于体后。

练习方法：两手腕、手臂协调一致用力，将绳向上、向前抡起。当绳抡至头以上位置时，两手臂不停顿，继续向下、向后抡绳。在绳落地的一瞬间双脚随即跳起，绳从两脚下抡转过去，两手臂不停顿，继续向后、向上、向前抡绳，绳接近地面的瞬间，双脚继续跳起，连续做数次。如图 11-2 所示。

图 11-2　并脚跳

摇绳方向变换：正摇、反摇、水平摇等。

2. 单脚交换跳

预备姿势：直立，两手握绳的两端，两臂自然屈曲，将绳置于体后。

练习方法：两手腕、手臂协调一致用力，将绳向上、向前抡起。当绳抡至头以上位置时，两手臂不停顿，继续向下、向后抡绳。在绳落地的一瞬间两脚分前后依次跨绳，连续单脚交换跳短绳，如此交替进行，如图 11-3 所示。

图 11-3　单脚交换跳

摇绳方向变换：正摇、反摇、水平摇等。

三、个人技术动作

(一) 步伐花样

1. 速度跳

在单脚跳的技术上根据实际情况将速度不断地增快。理论上，踏步跳是单摇跳中速度最快的一种跳法，因此，世界跳绳比赛规则中规定 30 秒速度单摇跳、3 分钟耐力单摇跳速度比赛必须使用双脚轮换跳。

动作方法：在基本摇绳姿势的前提下，两脚做依次交替抬起落地的踏步动作。

练习方法：练习双脚轮换踏步跳。

2. 开合跳

双脚一开一合地跳跃。

动作方法：跳跃时一开一合的节奏是相同的，开时双脚稍宽于肩，合时双脚并拢。

练习方法：练习连续一开一合，如图 11-4 所示。

图 11-4　开合跳

3. 开合交叉跳

双脚一开一交叉跳。

动作方法：双脚一开一交叉的节奏相同，开时双脚稍宽于肩，交叉时两膝盖重合。双脚一开一交叉时绳子分别过脚一次。

练习方法：练习连续一开一交叉，如图11-5所示。

图 11-5　开合交叉跳

4. 弓步跳

双脚前后张开跳跃一次后，左脚或者右脚依次前后分开并拢。

动作方法：两手持绳向前摇，当绳子过脚置于空中时，两脚分开成前后弓步动作；当绳子打地快过脚时，双脚并拢跳过绳。一拍一动，左右边各四次，完成弓步跳。

练习方法：练习张开后直接左脚或右脚弓步跳，如图11-6所示。

图 11-6　弓步跳

5. 左右跳

双脚并拢连续向左或向右跳。

动作方法：向左或向右跳跃时绳子各过脚一次，摇绳节奏不变。

练习方法：练习连续往左跳或者往右跳，如图11-7所示。

6. 剪刀跳

左脚或右脚前后交叉地跳跃。

动作方法：双脚向前交叉时都必须过绳子，双手摇绳必须配合双脚跳绳的节奏。

练习方法：练习连续向前跳，如图11-8所示。

图 11-7　左右跳

图 11-8　剪刀跳

7. 走步跳

绳子过脚时不像在跳跃，而像在走路。

动作方法：跳跃保持单脚跳，每次跳跃时都要向前移动，摇绳配合移动的速度。

练习方法：练习向前移动交换腿走步跳，如图 11-9 所示。

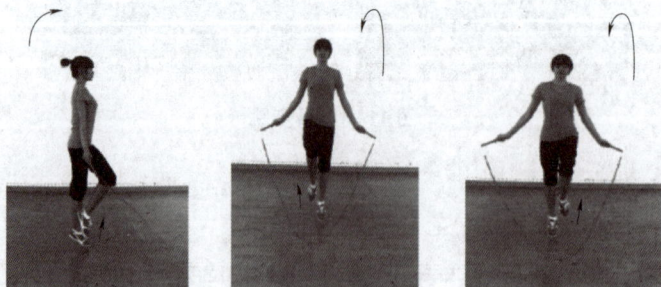

图 11-9　走步跳

8. 单脚跳

只有一脚着地，连续跳跃，每跳跃一次绳了过脚一次。

动作方法：只用一只脚作为支撑点且每次需跳跃，摇绳与跳跃需保持相同的节奏。

练习方法：练习连续单脚跳，如图 11-10 所示。

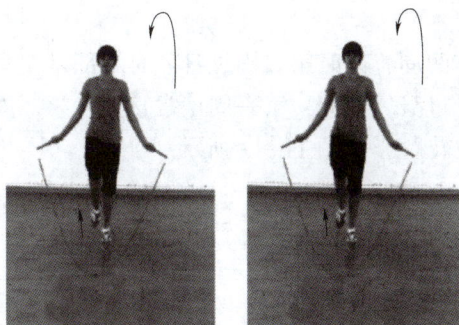

图 11-10　单脚跳

9. 跑步跳

动作类似于跑步动作的原地跳。

动作方法：像跑步一样跑起来，双手摇绳节奏与跑步节奏一致。

练习方法：练习连续跑步跳绳，如图 11-11 所示。

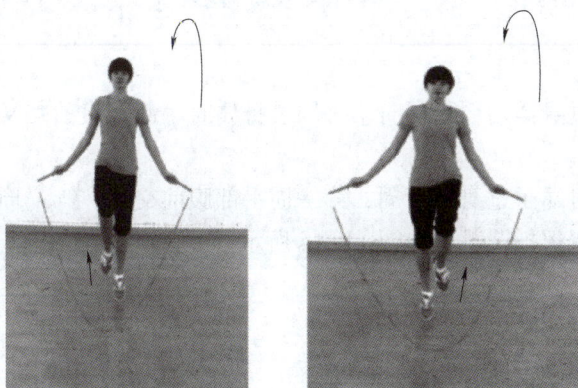

图 11-11　跑步跳

（二）交叉花样

1. 基本交叉跳

绳子过身体时手部动作在腹前交叉跳跃。

动作方法：绳子每次过脚时，手部都在腹前交叉。

练习方法：练习手部交叉的跳跃，如图 11-12 所示。

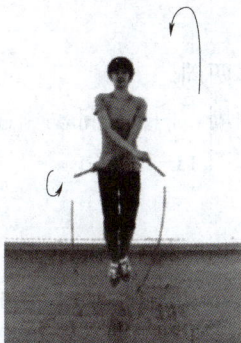

图 11-12　基本交叉跳

2. 双摇快花跳

起跳一次，绳子过身体两周，同时第二周过身体时手部是交叉的动作。

动作方法：起跳时绳子过身体两周，第一周正常直摇，第二周手部腹前交叉。

练习方法：练习双摇快花跳，如图 11-13 所示。

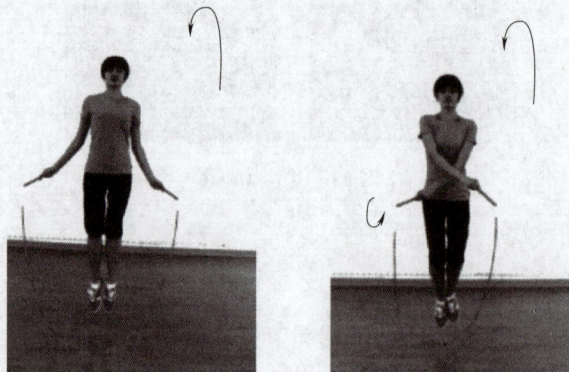

图 11-13　双摇快花跳

3. 双摇扯花跳

起跳一次，绳子过身体两周，同时第一周过身体时手部是腹前交叉的动作，第二周正常直摇。

动作方法：起跳时绳子过身体两周，第一周手部腹前交叉，第二周正常直摇。

练习方法：练习双摇扯花跳，如图 11-14 所示。

图 11-14　双摇扯花跳

4. 双摇凤花跳

起跳一次，绳子连续交叉过身体两周。

动作方法：起跳时绳子过身体两周，两周手部动作连续交叉。

练习方法：练习双摇凤花跳，如图 11-15 所示。

5. 上下翻花跳

重复左右手轮流上下交叉。

动作方法：第一次起跳时与第二次起跳时左右手要交换位置，重复动作，左右手交换位置必须连续进行。

练习方法：练习上下翻花跳，如图 11-16 所示。

图 11-15　双摇凤花跳

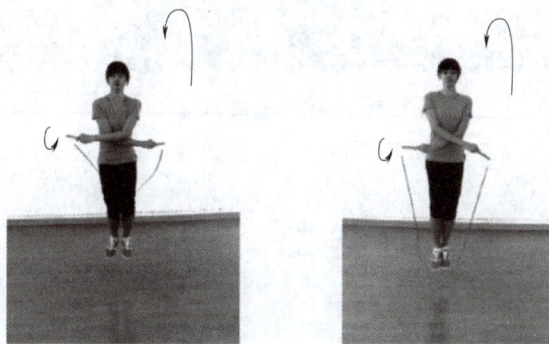

图 11-16　上下翻花跳

三、转体花样

（一）半转身跳

绳子正常向前摇跳跃一次，绳子向左侧打或者向右侧打的同时转身 180°，绳子后摇跳跃一次，再往相反方向转身 180° 后直接变为向前摇动。

动作方法：绳子向左侧打或者向右侧打转身时节奏不变，可将半转身分为四拍练习：第一拍原地向前只摇一次，第二拍绳子在向左侧或者右侧打时转身 180°，第三拍绳子向后摇动跳跃一次，第四拍往相反方向转身 180° 再向前摇绳跳跃，如图 11-17 所示。

图 11-17　半转身跳

（二）全转身跳

绳子正常向前摇跳跃一次，绳子向左侧打或者向右侧打的同时转身 180°，绳子后摇跳跃一次，摆绳一次，再接着转身 180°变为向前摇动跳跃。

动作方法：绳子每拍的节奏不变，可将半转身分为五拍练习：第一拍原地向前只摇一次，第二拍绳子在向左边或者右边打时转身 180°，第三拍绳子向后摇动跳跃一次，第四拍向后摆绳一次，第五拍继续转身 180°再向前摇绳跳跃，如图 11-18 所示。

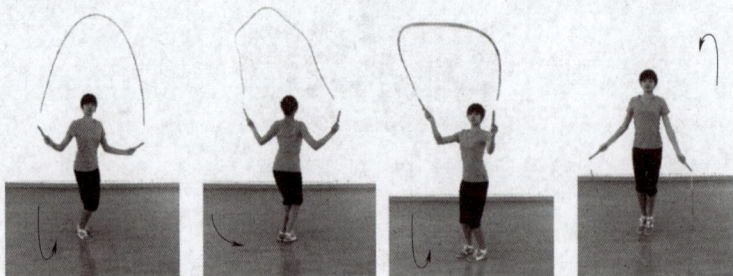

图 11-18　全转身跳

任务二　毽球

一、毽球的起源与发展

踢毽子，在我国是一项历史悠久、流传很广的民族体育运动。经常进行这项运动可以活动筋骨，促进健康。在古都北京，踢毽子还有个富有诗意的名字——翔翎。

据历史文献和出土文物证明，踢毽子起源于我国汉代，盛行于六朝、隋、唐。唐《续高僧传》二集卷十六《魏嵩岳少林寺天公僧佛陀》中记载：有一个叫跋陀（佛陀）的人到洛阳去，在路上遇到了 12 岁的慧光在天门街井栏上反踢毽子，连续踢了 500 次，观众赞叹不已。跋陀（467—499 年）是南北朝时北魏人，为河南嵩山少林寺的祖师，他非常喜欢慧光，便将他收为弟子，慧光便成了少林寺的小和尚。宋朝高承在《事物纪原》一书中对踢毽子有较详细的记载：

"今时小儿以铅锡为钱，装以鸡羽，呼为建子，三四成群走踢，有里外廉、拖抢、耸膝、突肚、佛顶珠等各色。"

明清时期，踢毽子得到进一步发展，关于踢毽子的记载也就更多了。明代进士、著名的散文家刘侗在《帝京景物略》中写道："杨柳儿青，放空钟，杨柳儿死，踢毽子。"踢毽子已成为民谚的内容，而且发展为数人同踢的技巧运动。

至清末，踢毽子已达到鼎盛时期，参加的人越来越多，不仅把踢毽子作为养生之道用来锻炼身体，而且把踢毽子和下棋、放风筝、养花鸟、唱二黄等并提，一些人以会踢毽子自荣。因此，踢毽子的活动更加广泛。以北京为例，每遇城乡庙会，各路能手步行相聚，观摩、比赛、培养新手，甚是热闹。

到了 20 世纪 30 年代，各地涌现出一批全国闻名的踢毽子能手。踢毽技术在普及的基础上得到了提高，各种踢法丰富多彩，新颖、高难度的动作层出不穷，不同风格争奇斗胜，使观赏者眼花缭乱，惊叹不已。我国传统的踢毽运动，日趋完善。

二、毽球基本技术

（一）准备姿势

对于毽球运动，准备姿势是运动员在场上未接球时身体的一种等待状态。保持良好的准备姿势是使身体能随时在瞬间由静变动、由被动状态变为主动状态的关键。准备姿势一般分两种：左右开位站势；前后开位站势。

（二）起球技术

1. 脚内侧起球

脚内侧起球时，膝关节向外张，大腿向外转动，稍有上摆，但幅度不要过大，髋关节和膝关节放松，小腿向上摆，踢毽时踝关节发力，脚放平，用内足弓部位踢球，如图11-19所示。在运用上主要多用在传球方面，因此要想成为一名出色的球员，无论是一传手、二传手还是攻球手，都必须熟练、稳定地掌握好脚内侧球。

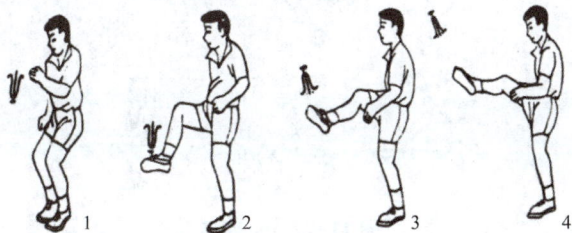

图 11-19　脚内侧起球

2. 脚外侧起球

脚外侧起球要稍侧身，向体侧甩踢小腿，勾脚尖，用脚外侧踢球。如图 11-20 所示。

注意：要想获得较低的托球点，必须使支撑脚做适当的弯曲，还要注意身体重心应放在支撑脚上。

3. 脚背起球

用脚背起球，一般是用正脚背，要注意绷脚尖和抖动脚腕发力击球。此踢球的技术是相对其他基本技术中难度较大的一种，主要动作不但要求快，还要有一定的准度。抖动脚腕发力击球的节奏过快或过慢会影响踢球的质量。

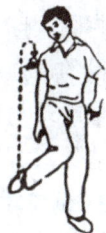

图 11-20　脚外侧起球

4. 腿部起球

在身体膝关节以上部位的踢球都叫触球，它可以分为大腿触踢球、腹部触踢球、胸部触踢球、头部触踢球。大腿触踢球时，要注意抬大腿迎球，放松小腿，用大腿正面前段击球，如图 11-21 所示。

注意：腹部触踢球、胸部触踢球、头部触踢球，在触球时都要将腹部、胸部或头部稍微向前去主动迎接球，并控制球落在自己的前方，然后用脚将球踢出。

图 11-21　腿部起球

（三）发球技术

发球动作一般有三种：脚内侧发球、脚正背发球、脚外侧发球。脚内侧发球时要抬大腿带小腿，用内足弓部位向前上方送髋推踢，其特点是既稳又准、破坏性强；脚正背发球时要注意绷脚尖，用正脚背向前上方发力挑踢，它的特点是平、快、准；脚外侧发球时要注意稍侧身站位，绷脚尖，用脚外侧发力扫踢，其发球的特点是既快又狠、攻击力强。

（四）攻球技术

攻球技术是指将高于网沿的球直接攻入对方场区的一种击球动作。

1. 头攻球技术

头攻球时，一般是从限制区外助跑起跳，靠腰部、颈部发力在空中用额头的正面、侧面击球，如图 11-22 所示。这种攻球的特点是力量大、速度快、变向多，如果能熟练运用，也能给对方防守带来一定难度。

图 11-22　头攻球

2. 脚踏攻球技术

脚踏攻球是向上抬腿后，向下发力，用前脚掌部位推压击球。脚踏攻球的特点是视野开阔、目的性强、球速快、变化多，既可以压踏前场，又可以推踏后场，还可以抹吊近网。由于脚踏攻球与倒勾攻球力量方面相比相对较弱，因此必须充分发挥其快、刁的特点，攻其不备才能给对方防守带来较大的威胁，令其防不胜防。

3. 倒勾攻球技术

倒勾攻球的要点是以大腿带动小腿向上摆动，加速发力，如图 11-23 所示，其特点是击球点高、球速快、力量大、易控制、变化多。

图 11-23　倒勾攻球

在通常情况下，可根据对方不同的阵型攻出直线、斜线、外摆、内扫、轻吊和凌空等不同特性的球，能给对方造成很大的威胁。斜线攻球，可以用站位方向的变化和脚尖内扣来达到变线攻球的目的；外摆攻球，要注意击球瞬间外翻脚腕，用转体和向外摆动腿来控制球的力量和落点；内扫攻球时应用脚尖部位或脚内侧向异侧腿前上方边转体边扫踢击球；轻吊攻球的起跳动作和发力倒勾攻球一样，只是在击球瞬间改用前脚掌部位，将球轻轻推托过网；凌空攻球是现有攻球技术中难度最大的一种，它要求运动员要有较好的制空能力、弹跳力与协调性，并且注意落地时运动员的自我保护。

三、毽球基本战术

（一）进攻战术

1. "一、二"和"二、一"配备

"一、二"阵容配备就是在三个上场队员当中有一个是主攻手，两个是二传手。运用此阵容配备时，主攻手一般不参与接发球，两个二传手交替接发球和做二传。这种战术的进攻特点是分工明确、稳而不乱，尤其适用于有高大主攻手善打中一二和两次攻等高举高打的打法。"二、一"阵容配备是在上场三个队员中有一个主攻手、一个副攻手和一个二传手。"二、一"阵容配备中，主攻手一般也不参加接发球，由副攻手、二传手互换接做二传。这种战术的特点是攻球变化多又可以互相掩护，适用于交叉、插上、掩护等进攻战术。

2. "三、三"配备

"三、三"阵容配备就是上场的三个队员既是攻球手又是二传手。"三、三"阵容配备，即场中队员按球站位一般成倒三角形，任何一个队员接到球后随时都可以组织两人以上同时参与进攻的战术打法。这种阵容可采用掩护、交叉战术，并可打出快攻、背溜、双快一掩护等较复杂多变的战术进攻球。

（二）防守战术

1. "弧形防"

"弧形防"，就是三名队员在中场成小弧形的站位防守。"弧形防"阵型在对方攻球威力不大时采用。这种区域联防的特点是防守视线清楚、分工明确。

2. "一拦二防"

"一拦二防"是在场上三个队员中，一人在网前拦网，另两个队员分别在其两侧分区防守。"一拦二防"这种封线分防的特点是有两道防线，即网上拦网封线路、网下中场防落点，拦防结合，利于反击。

3. "二拦一防"

"二拦一防"阵型就是在场上三个队员中有两人在网前拦网，另一个队员在其中后方防守。"二拦一防"这种封线补防的特点是网上拦网封线路、网下中场补空缺，具有明显的网上拦网优势。

任务三　校园跑

一、校园跑概述

校园跑活动是结合移动互联网技术，采用趣味打卡模式进行跑步锻炼，学生可根据要求安排时间和场地进行参与。校园跑不仅仅是一项具有深远意义的校园体育活动，也是一次关于健康、团队精神和青春活力的盛大展示，更是促进学生身心健康发展的重要举措。

学生们放下手机、走出宿舍参与长跑运动，能够引导他们树立健康的生活观念，培养他们的运动习惯，帮助他们建立健康的生活方式。同时在跑步过程中，还需要学生具备坚韧不拔的意志力和毅力，从而培养他们的意志品质、团队合作精神和竞争意识，为他们的全面发展打下坚实基础。此外，校园跑活动还加强了校园文化的建设，营造了积极向上、健康阳光的校园氛围，加强了校园文化的凝聚力和向心力，能够让学生们感受到运动的魅力和快乐。

二、校园跑的科学安排

制订科学的校园跑锻炼计划，一般可分为四个阶段。

第一阶段：要达到的锻炼目的是用中速走 3 000~5 000 米。这个阶段分两步安排：第一步先用匀速走的方法完成慢走 3 000 米，所谓慢走，比散步要快些，每分钟 60 步左右；第二步完成中速走 3 000~5 000 米的目标，中速走要求每分钟走 75 步左右，这一步可以采用匀速走和变速走两种方法进行。锻炼地点可以在田径场地，便于掌握走的距离及安排走的速度变换，也可在公路上走，以电线杆或路灯等作为标记。

第二阶段：要完成慢跑 2 000~3 000 米的锻炼目标。第一阶段中速走 3 000~5 000 米完成后，要巩固几周，感觉仍然良好，再转入第二阶段。这个阶段采取的方法是匀速跑或走跑交替。慢跑的速度：跑 1 000 米用 7~8 分钟。在采用走跑交替方法时，慢速或中速走应根据个人身体情况而定。

第三阶段：提高跑的速度，完成跑 3 000~5 000 米的锻炼目标。第二阶段目标达到了，就会感到体力明显增强，工作起来精力比较充沛，有些慢性病也会有些好转。但不要认为自己跑的能力提高了，就可以多跑和快跑了，一定要多巩固几周，再开始第三阶段的锻炼。这个阶段要把跑速加快一些，18~29 岁的人跑完 1 000 米用 5~6 分钟，这个速度比慢跑稍快一些，用"中速"这个词来概括。这个阶段采取的锻炼方法是匀速跑和变速跑。采用匀速跑的方法进行锻炼，开始可以用中速跑 1 000~2 000 米，要根据个人的情况来确定。然后依次增加 400~500 米，最终达到完成计划规定的目标数。增加跑的距离，不能操之过急，应当在身体感觉良好的基础上进行。在增加距离时，也可在增加的距离段跑慢一些，逐渐提高到计划规定的速度。采取变速跑的方法，先慢跑的距离长、中速跑的距离短，然后逐渐减少慢跑距离而增加中速跑距离。

第四阶段：加长距离、加快跑速。这个阶段跑 1 000 米的时间用 4~5 分钟。为了和慢跑、中速跑有区别，这个阶段称为"快跑"，实际上这个阶段的速度也是比较慢的。这个阶段的锻炼目标是快跑 8 000~10 000 米。第四个阶段的锻炼方法和上个阶段的相同。采用匀速跑的锻炼方法，应根据个人的锻炼水平来确定开始跑的距离；采用变速跑的锻炼方法，也应从实际情况出发。

在实行计划时，还应注意以下几个问题：

（1）不一定都从第一阶段开始锻炼，应根据个人的身体状况来确定。

（2）校园跑四阶段锻炼法所需的时间和跑后即刻测定的脉搏数，是以身体健康者进行锻炼时的数据为依据的。如果身体较弱或有慢性病，虽然已到计划规定的时间，但身体感觉不良好，就应延长该阶段的锻炼时间，直到身体确实感觉良好，再巩固一段时间，方可转入下一阶段。晨脉（早晨醒后在起床前测定的脉搏）比平时每分钟高 6~8 次，应适当减小运动量，确实感觉良好后，再逐渐加大运动量，达到计划的要求。

（3）有的地方附近没有田径场，或虽然有田径场，但锻炼者不愿在田径场一圈一圈地跑，愿意在公路上跑，此时则可以利用路灯或电线杆作为标记来掌握跑的距离和速度。

（4）患有心脏病、高血压和某种严重疾病者，应到医院进行全面检查，征得医生的同意后，可以从走开始锻炼，锻炼的每一步都应以不加重病情为原则。

三、每天跑步的时间安排

每天什么时间进行校园跑为宜，看法各不相同。有人主张早晨锻炼好，因为早晨的空气新鲜，杂质和灰尘较少，是一天环境条件最好的时间；有人认为下午锻炼好，可以消除紧张，尤其对那些精神处于紧张状态的人，效果更为明显；还有人喜欢晚上进行锻炼，他们感觉晚上凉快，锻炼后身体很舒适，上床后能立即入睡。但也有人进行校园跑后，往往很兴奋，反而影响睡眠。所以，一般人在锻炼和睡眠之间要间隔 1.5~2 小时。

任务四 团队合作项目

一、团队合作概述

1994 年，斯蒂芬·罗宾斯首次提出了"团队"的概念：为了实现某一目标而由相互协作的个体所组成的正式群体。在随后的十几年里，关于"团队合作"的理念风靡全球。团队合作指的是一群有能力、有信念的人在特定的团队中，为了一个共同的目标相互支持、合作、奋斗的过程。它可以调动团队成员的所有资源和才智，并且会自动地驱除所有不和谐和不公正现象，同时会给予那些诚心、大公无私的奉献者适当的回报。如果团队合作是出于自觉自愿，则必将会产生一股强大而且持久的力量。

二、团队合作的基础

团队要做好四方面的基础工作，才能切实做到团队协作。

1. 建立信任

要建设一个具有凝聚力并且高效的团队，第一步是建立信任感。这意味着一个有凝聚力的、高效的团队成员必须学会自如、迅速、心平气和地承认自己的错误、弱点、失败，他们还要乐于认可别人的长处，即使这些长处超过了自己。以人性脆弱为基础的信任是不可或缺的，离开它，一个团队不能、或许也不应该产生直率的建设性冲突。

2. 建立良性冲突

一个有团队协作精神的团队是允许良性冲突存在的，要学会识别虚假的和谐，引导和鼓励适当的、建设性的冲突。

这是一个杂乱的、费时的过程，但这是不可避免的。否则，一个团队建立真正的承诺就是不可能完成的任务。

3. 坚定不移地行动

要成为一个具有凝聚力的团队，管理者必须学会在没有完善的信息、没有统一的意见时做出决策，并付诸行动。而正因为完善的信息和绝对的一致非常罕见，故坚定的行动力就成为一个团队最为关键的行为之一。

4. 无怨无悔、彼此负责

卓越的团队不需要领导提醒团队成员竭尽全力工作，因为他们很清楚需要做什么，他们会彼此提醒注意那些无助于成功的行为和活动，而正是这种无怨无悔的付出才造就了他们对彼此负责、勇于承担的品质。

三、团队合作项目实例

（一）飞越激流

这个游戏会使参加者思维活跃、热血沸腾。它重点培养团队合作、沟通和计划能力，目的是培养团队合作精神和实际解决问题的基本能力。

1. 道具

1棵树枝很高的大树（用来捆绳子）；一根粗绳子，这根绳子至少要能承受一个人的重量（以最重的游戏者为准）；两根4~6米长的木条。或是准备两根绳子和4个木桩（用来标记河岸）；一桶水（代表液体炸药）。

2. 准备

选择一个高大粗壮的树枝，在上面系上准备好的粗绳子。绳子的用处是帮助小组成员"渡河"。绳子要足够长，以保证游戏者能抓着绳子，从"河"的一边像荡秋千一样飞到河的对岸。

根据飞越的方向，确定河的位置和宽度。在标记两岸的位置上，放上两根木条，或是用绳子拉出两根线。如果使用绳子标记河岸，最好先打出4个木桩，然后再拉绳子。

给每个小组的桶里装水，水满到距桶边2厘米或3厘米为止。

3. 开展步骤

（1）分好小组后，做游戏开场白。开场白示例如下：你们在野外勘探稀有金属和矿石，挖掘工作正在进行中。突然，正在开凿的岩洞出现部分坍塌。你所在的小组侥幸逃了出来，可是，还有很多成员被困在岩洞中，艰巨的营救工作落到了你们小组的肩上。营救的唯一希望是炸开落下的巨石。你们小组赶回营地，取了一桶液体炸药。现在你们需要快速返回到出事地点。不幸的是，一条布满鳄鱼的急流挡住了你们的去路。你们可以通过绳子从河上荡过去，但是在飞越的过程中必须有人携带那桶液体炸药，而且一滴也不能洒。如果不小心弄洒了炸药，即便只有一点点，携带炸药的人都必须回去，重新开始。如果有人在渡河的过程中不小心碰到了河面，这个人就会被鳄鱼吃掉，一旦发生了这种情况，整个小组都必须回到对岸，重新开始。你们面临的第一个挑战是绳子悬在河的中央，必须想办法把它拉到岸边来。注意，任何人都不许接触河面。

（2）等所有小组都做完游戏之后，引导队员就团队合作、克服困难，以及游戏的现实意义等话题展开讨论。

4. 讨论问题示例

（1）你们在游戏过程中碰到了什么问题？你们是如何对问题进行分解的？

（2）每个人的任务是什么？

（3）哪些因素有助于成功地完成游戏？

（4）你们遇到了什么困难？是如何克服这些困难的？

（5）游戏过程中有无领导者产生？

（6）这个游戏揭示了什么道理？

（7）如何将这个游戏和我们的实际工作联系起来？

5. 注意事项

（1）通常情况下，不允许在悬挂的绳子上打结，如果队员坚持这样做或者队员年龄较小，可以考虑在绳子末端打一个结，距地面1米左右，这样他们就可以用两腿夹住绳结比较容易地摆过去。

（2）设置完成游戏的时间限制，告诉队员岩洞中的氧气仅能维持一段时间，让他们必须在规定的时间内完成渡河任务。

（二）盲人方阵

盲人方阵又叫黑夜协作，这是一个以团队挑战为主的项目。学员均要戴上眼罩，在附近不超过5米的范围内用教练给的一团绳子，在40分钟内围成一个面积最大的正方形，围好后，所有的人相对均匀地分布在这个正方形的四条边上，如图11-24所示。

图11-24 盲人方阵

场地器材：边长不小于25米的平整开阔地面一块；长3米、5米、15米左右，粗1~1.5厘米的绳子各一根，预先打结并揉乱；眼罩14个或与学员人数相等。

注意事项：要求地面平整，周围没有障碍物，以保证学员安全；学员戴上眼罩后应该将双手放置胸前，不得背手行走，严禁学员蹲坐在地上；不要让绳子绊倒学员，不要猛烈甩动绳子，以免打到学员面部；及时阻止学员向不安全地带移动；提醒学员摘下眼罩时背对阳光，先闭一会儿再慢慢睁开眼睛；尽量避免在暑季烈日下或其他恶劣天气下完成任务。

（三）信任背摔

信任背摔是一个个人挑战与团队配合相结合的项目，要求每一位学员轮流上到高 1.4~1.6 米不等的台子上，按照教练要求笔直后倒，其他队友将其接住，如图 11-25 所示。

图 11-25　信任背摔

场地器材：1.4~1.8 米背摔台，有扶梯和半角围栏；背摔绳一根，要求结实、柔软、摩擦大；最好选择相对较软的地面；学员一般在 12~16 人，其中男士不应少于 3 人。

注意事项：摘除戴、装的所有硬物，雨天雨衣必须脱下；严格按照教练讲解示范的动作进行；教练安排学员在台下接人时要由背摔台向外按弱、较强、强、强、较强、弱来排列，3、4 组安排男士，接人学员手臂一定要笔直、水平且掌心向上，头一定后仰；后倒队友后倒时身体一定要挺直。

（四）蜘蛛网

这是一个广为人知的拓展训练游戏，它可以被用于创建团队、培养团队合作精神、学习处理冲突技巧、培养领导才能、锻炼沟通能力。虽然这个游戏需要培训专员进行一定的准备工作，但是这些准备工作一定会带来超值回报。

1. 游戏目的

（1）培养团队合作精神。

（2）增进沟通。

（3）体现协同工作在解决问题中的作用。

（4）把队员团结在一起。

（5）学会解决看似难以解决的问题。

2. 道具

选取两棵结实的大树（用来支撑蜘蛛网）；尼龙绳或其他类似的绳子（用来编织蜘蛛网）；8 个螺栓，或者几节电线，甚至几小节绳子亦可（用来把蜘蛛网固定在树上）；蒙眼布，如果有人被蜘蛛咬着了，他的眼睛就会被蒙起来；用来做警报器的小铃铛；用来制造气氛的大橡胶蜘蛛。

3. 准备

培训教师需要为每个小组架设一个蜘蛛网，具体方法如下：

（1）用螺栓或绳子在 2 棵树上做出 8 个固定点，每棵树上 4 个点，最低固定点距离地面约 20 厘米，同一棵树上的固定点间距为 70 厘米。这样最高固定点距离地面约为 2.3 米。

（2）固定点做好后，利用固定点来测量编织蜘蛛网边框所需的尼龙绳的长度。在编织边框之前，最好先在尼龙绳上打出绳结。绳结的做法是从尼龙绳的一端开始，每隔 10~15 厘米打一个结。打绳结的作用是阻止内部网线的任意滑动。

（3）编织蜘蛛网的边框。具体做法如下：从树 1 开始，把尼龙绳的一端系在树 1 的最低固定点上；用绳子由下至上穿过树 1 的其他几个固定点，到达最高固定点；把绳子从树 1 的最高固定点拉到树 2 的最高固定点；用绳子从上到下穿过树 2 的 4 个固定点，到达最低固定点；把绳子从树 2 的最低固定点拉回到树 1 的最低固定点；拉紧绳子，形成一个长方形，把绳子的剩余部分固定在树 1 的最低固定点上。

（4）编织蜘蛛网的内部。从边框一个的角落开始，模拟蜘蛛网的样子，编成一张网。注意要在网上编出适量的、足够大的网洞，以便游戏时队员们能够从中钻过去。

（5）蜘蛛网编完之后，可以在网上放上一具橡胶蜘蛛和一个小铃铛，橡胶蜘蛛可以烘托气氛，小铃铛可以充当警报器，报告大家有人触网。

4. 开展步骤

游戏时间在 1 小时以上，并将游戏者分成若干个由 8~12 个人组成的小组。

致游戏开场白。开场白如下：你们小组陷入在一片原始森林之中。走出森林的唯一出路被一个巨大的蜘蛛网封锁了，你们必须从蜘蛛网中钻过去（不能绕过去，也不能从网的上面或下面过去）。值得庆幸的是，蜘蛛目前正在睡觉。

但是非常不幸，蜘蛛很容易被惊醒。在穿越蜘蛛网的过程中，任何人一旦碰到蜘蛛网，不论轻重，蜘蛛都会立刻被惊醒，并扑过来咬人，其结果是造成正在穿越的人和已经过去的人立刻双目失明。另外，每个网洞只能用一次，即不同的人必须从不同的网洞穿越过去。

在多个小组参加游戏的情况下，让先做完游戏的小组作监护员，观察其他小组的游戏情况。

等所有小组都做完游戏之后，引导队员们就团队合作、沟通、冲突和领导等问题展开讨论。

5. 注意事项

（1）注意不要让游戏者从网洞中跌落下去。

（2）可以在游戏进行过程中变更游戏规则，加大游戏的难度。

（3）如果你发现某些人领导欲极强，已经完全控制了整个游戏，你需要改变这种局面，那么，你可以让蜘蛛咬他们一下。这样，他们就会失明或失声。这种失明或失声可以是暂时的（比如 5 分钟）；也可以是永久的，即持续到游戏结束。这样就可以使其他人也有机会充当领导的角色。

（4）如果可能会多次使用这个游戏，那么建议用 PVC 管子做一个支架，用来支撑蜘蛛网，在管子上打出固定点，拉好网线。这样每次做培训的时候，把它拿出来用就可以了。

（5）为了增加游戏的难度，你还可以要求每个小组带着满满的一桶水穿越蜘蛛网，这桶水可以被描述成解毒药水，用来在穿越成功后治疗那些被蜘蛛咬伤的人。

总结案例

中国竞技跳绳不乏高手，但出道即巅峰，短短几年内连续拿到"世界跳绳大师""亚洲跳绳大师"称号的却鲜少。2024 年只有 22 岁的杜婷婷便是这样的"大师"。

从上初一时首次参加比赛至今，与跳绳结伴十余年，杜婷婷已手握超过 60 个国家或国际级赛事冠军。尽管全年无休的训练非常枯燥，有时甚至累到腿都抬不起来，但凭借对跳绳的热爱和执着，她选择坚持下去。

对杜婷婷来说，比赛像是一面镜子，既能检验自己的水平，也能看到与高水平选手之间的差距。让她印象深刻的是，初中三年的每一场比赛，无论是个人赛还是团体赛，她们总是被贵州省某学校的跳绳队"压着"，这让她暗暗较劲，要赢一次"老对手"。

梦想总会照进现实。仅 2017 年，杜婷婷在国内各类跳绳赛事中拿到了 14 个冠军。2018 年在上海举行的世界跳绳锦标赛上，除了击败贵州的"老对手"外，她还获得了个人赛和团体赛共五个项目的金牌，打破 30 秒单摇跳世界纪录，成为中国首位获得 16 岁以上女子组"世界跳绳大师"称号的运动员。

探索与思考

1. 简述花样跳绳开合跳的技术动作。
2. 简述毽球的基本战术。
3. 以班级为单位，组织一次团队拓展活动。

附录 《国家学生体质健康标准》测试与评价

附录一 《国家学生体质健康标准》测试意义及由来

一、为什么要测试

第一，国家规定必须测：教育部 2014 年发文要求全国全日制大、中、小学全体学生，每年都必须参加《国家学生体质健康标准》测试。具体说每一名学生于每学年的秋季学期，也就是每年 9—12 月都要参加一次测试。

第二，对个人影响大：体测成绩达到良好及以上者，方可参加学校的各种评优和评奖；高等学校学生毕业成绩不到 50 分者，按结业或肄业处理，不能获得毕业证书。毕业成绩等于毕业当年学年总分 50% 与其他学年总分平均得分的 50% 之和进行评定。

第三，以测促练强体质：学校抓严体测流程，落实测试成绩与学业挂钩，教师引导学生积极锻炼，享受运动乐趣，养成经常锻炼身体的好习惯，提高自我保健能力和体质健康水平，是体测的最大目的及教育部制定政策的初衷。

《国家学生体质健康标准》是教育部联合国家体育总局为了促进学生积极参加体育锻炼，养成良好的锻炼习惯，贯彻落实"健康第一"的教育指导思想，切实加强学校体育工作，提高学生体质健康水平而制定，是国家对学生体质健康方面的基本要求。

《国家学生体质健康标准》是国家对学校教育工作的基础性指导文件和教育质量基本标准，是评价学生综合素质、评估学校工作和衡量各地教育发展的重要依据，是《国家体育锻炼标准》在学校的具体实施，适用于全日制普通小学、初中、高中、中等职业学校、普通高等学校的学生。

体测项目选择具有较高的信度、效度和区分度，能全面准确地反映和判断学生的体质健康水平，且各指标测试可操作性强，方便学生自评自测。体测着重强化其教育激励、反馈调整和引导锻炼的功能，着重提高其教育监测和绩效评价的支撑能力。

二、《国家学生体质健康标准》的由来

中华人民共和国成立七十多年来，国家一直非常重视广大学生的身体健康，原国家教委、原国家体委为鼓励学生积极参加体育锻炼，增强学生体质，先后制定了《劳卫制》《国家体育锻炼标准》《大学生体育合格标准》《中学生体育合格标准》《小学生体育合格标准》及初中毕业生升学体育考试办法等一系列制度，并于 2002 年开始在全国试行《学生体质健康标准》。这些制度的制定和实施，对于增强学生体质、促进我国学校体育工作具有积极作用。经过十多年运行和新时代对学生体质健康新的要求，教育部又推出了《学生体质健康标准（2014 年修订版）》，也是目前在执行的新标准。

我国学生体质健康测量与评价制度的演变和发展，是与不同时期经济、文化、科技、教育和社会生活的发展水平相适应的；是与全国提高青少年的身体健康素质、满足国家对受教育者的全面发展和培养人才战略的基本要求相一致的。新的《国家学生体质健康标准》是根据社会发展的变化要求，在新的历史条件下，面对新的情况、新的问题所采取的积极措

施。中华人民共和国成立以来，一系列制度和标准的制定、颁布和实施，促进了学生体质健康测量与评价制度的发展和完善，为新的"标准"积累了丰富的经验，了解这些标准的演变和发展，以及当时的社会背景，有利于正确认识并实施新的《国家学生体质健康标准》。

（一）《劳卫制》

中华人民共和国的成立揭开了学校体育的新篇章。1954年，在借鉴苏联经验的基础上，根据在部分地区试行的情况，政务院批准并发布了《劳卫制》暂行条例，经过试行和修改于1958年由国务院正式公布实施《劳动卫国体育制度条例》，明确指出：《劳卫制》是国家根据社会主义建设事业需要，对人民在体育锻炼上的基本要求而制定的，其目的在于鼓励人民积极参加体育锻炼，促进体育运动的广泛开展，提高运动技术水平，使人民身强力壮、意志坚强，更好地为社会主义建设和保卫祖国服务。

《劳卫制》由预备级（少年级）、第一级和第二级三个级别组成。在项目设置上，除了发展身体素质和机能的锻炼项目以外，还设置了射击、手榴弹掷远、行军、国防知识等内容，反映了当时巩固国家政权和建设祖国的社会需要。《劳卫制》自中华人民共和国成立以来开创了国民体质健康促进事业的新纪元，也开创了学生体质健康评价工作的先河。

（二）《国家体育锻炼标准》

1975年5月，国家体委颁布了《国家体育锻炼标准》，要求在学校广泛实施，此后，在1982年、1990年和2013年又进行了修改，一直沿用至今。《国家体育锻炼标准》实现了6~69岁人群的全覆盖，在项目设置上删繁就简，测试指标反映力量、速度、耐力、灵敏、柔韧五类身体素质。在保持测验项目一致性的同时，兼顾各年龄组的身体特点。1995年开始施行的《中华人民共和国体育法》规定：学校必须实施国家体育锻炼标准，对学生在校期间每天用于体育活动的时间给予了保证。

《国家体育锻炼标准》的目的是：鼓励和推动人民群众，特别是青少年、儿童积极参加体育锻炼，以增强体质，提高运动技术水平，培养共产主义道德品质，更好地为社会主义现代化建设和保卫祖国服务。《国家体育锻炼标准》面对全体人群，分四个组进行测验，分别是儿童组，9~12岁，相当于小学3~6年级；少年乙组，13~15岁，相当于初中；少年甲组，16~18岁，相当于高中；成年组，19岁以上，相当于大学。所选项目，少而精，强调增强体质，既能促进身体全面发展，又简便易行，便于测试记录成绩，并适当兼顾为提高运动技术水平打基础，主要由体育行政部门主管，具体实施时会同教育等有关部门进行，同时强调学校应当把体育锻炼标准的施行工作同体育课、课外体育活动紧密结合，并纳入学校工作计划。它的推行对促进全社会关注学校体育，督促学生积极地参加体育锻炼，保证身体正常发育，增强体质都起到了重要的作用。

《国家体育锻炼标准》在培养群众健身意识、健身观念、科学健身等方面发挥了不可替代的作用。对于参加国家体育锻炼标准达标测验的广大群众来说，可以更清楚地了解自己的身体状况和运动能力，可以更科学和有针对性地参加体育运动；对于国家来说，通过进行国家体育锻炼标准达标测验和收集、分析相关数据，可以更全面、系统地掌握国民的身体素质情况，为相关决策提供重要参考。

(三)《学生体质健康标准》——（2002 年试行方案，2014 年修订版）

2002 年 7 月由教育部联合国家体育总局下发了《学生体质健康标准（试行方案）》，作为《国家体育锻炼标准》在学校的具体实施，为贯彻《中共中央国务院关于深化教育改革全面推进素质教育的决定》，提出了"学校教育要树立健康第一的指导思想，切实加强体育工作"的精神，以促进学生积极参加体育锻炼，养成经常锻炼身体的习惯，提高自我保健能力和体质健康水平。

21 世纪以来，我国的综合国力有了极大的提高，国人开始享受科学技术和现代文明所带来的便捷、舒适生活。现代文明在带给人们充分的物质享受的同时，也给人类的健康带来了新的威胁。由于精神紧张、营养过剩、运动不足、环境污染等因素所引发的非传染性疾病在全球的不断蔓延，处于"亚健康状态"的人群不断扩大。对于学生来说，升学压力大、睡眠不足正成为影响他们身心健康的重要因素；生活水平的普遍改善，热量、脂肪等摄入过多及食物结构的不尽合理，加之营养科学知识的宣传普及滞后，特别是沉重的课业压力使学生余暇锻炼时间减少，导致了肥胖发生率的不断增加。

为了解决这些问题，适应社会发展以及人们对健康的迫切需要和对生活质量的不断追求，必须从青少年儿童的健康抓起。"健康体魄是青少年为祖国和人民服务的基本前提，是中华民族旺盛生命力的体现。"这是中共中央国务院在当前的历史条件下，从我国人才培养和可持续发展战略的高度出发对青少年学生提出的基本希望和要求，也为制定《学生体质健康标准》明确了方向，同时，青少年学生的全面发展以及健康增进的问题已成为全世界所关注的热门话题。《学生体质健康标准（试行方案）》根据学生的生长发育规律，将测试对象按照年级分组，小学一、二年级为一组，小学三、四年级为一组，小学五、六年级为一组，初中和高中各为一组，大学为一组。该标准从身体形态、身体机能、实体素质等方面综合评定学生的体质健康状况，在测试内容中，选择了与学生身体的发展及身体健康素质关系最为密切的要素作为测试的内容，并新增加了"身高标准体重"这一指标对学生身体的匀称性进行评价，间接反映学生的营养状况，以引导学生及家长和全社会来关注少年儿童的身体形态——肥胖、营养不良状况。

《学生体质健康标准》对引导学生正确认识和了解自己的健康状况，有针对地进行身体锻炼起到了非常积极的作用。随着时代的发展，人们对自身健康的要求越来越高，标准在实施过程中也难免会出现一些这样或那样的问题，标准也在不断发展完善，为扭转这种不利局面，切实加强学校体育工作，改善学生体质健康水平，教育部和国家体育总局组织专家在广泛深入调查研究的基础上，又推出了《国家学生体质健康标准（2014 年修订）》版。

三、测试项目及分数计算

体测从身体形态、身体机能、身体素质三个维度，综合测评学生体质健康状况。每人有七个测试项目：男女生都参加的五个项目——身高体重、肺活量、50 米跑、立定跳远、坐位体前屈；另外女生有两项 800 米跑和仰卧起坐，男生有两项 1 000 米跑和引体向上。

（一）总成绩计算

学年总分为 120 分，由标准分与附加分构成。标准分为 100 分，为各单项指标得分权重乘积之和。附加分为 20 分，男女各有两个项目，成绩超过标准分 100 分时进行加分，每项最多加 10 分。

各项目权重见附表 1-1。

附表 1-1　《国家学生体质健康标准》不同项目权重

测试项目	权重/%
身高体重（BMI=体重除以身高的平方，身高单位米，体重单位千克）	15
肺活量	15
50 米跑	20
女生 800 米跑、男生 1 000 米跑	20
坐位体前屈	10
立定跳远	10
女生 1 分钟仰卧起坐、男生引体向上	10

女生成绩=（BMI+肺活量）15%+（50 米跑加 800 米跑）20%+（坐位体前屈+立定跳远+仰卧起坐）10%+附加分

男生成绩=（BMI+肺活量）15%+（50 米跑加 1000 米跑）20%+10%（坐位体前屈+立定跳远+引体向上）10%+附加分

（二）加分办法

男生、女生各有两个项目可获得附加分，即女生 800 米跑和仰卧起坐、男生 1 000 米跑和引体向上，测试成绩超过标准分 100 分水平的，进行加分，每项最多加 10 分，即便测试成绩优于附加分 10 分标准，也仅仅加 10 分。每人最多获得附加分 20 分，附加分直接加入总分。还需注意，除这四个项目外的其他项目，成绩不管优于 100 分标准多少，仍然为 100 分。

如大一女生仰卧起坐 56 个 100 分，当完成 58 个时，则获得附加分 1 分，如做 69 个，则加 10 分。大一女生 800 米跑 3′18″，100 分，如 3′13″跑完，则获得附加分 1 分，如 2′28″跑完，则加 10 分。另外需要留意，大三、大四和一、二年级附加分赋分标准不同。男生也是如此，附加分赋分方法见附表 1-2。

附表 1-2　男女生附加分赋分表

女生				加分	男生			
仰卧起坐/（次·分⁻¹）		800 米跑			引体向上/（次·分⁻¹）		1 000 米跑	
大一、大二	大三、大四	大一、大二	大三、大四		大一、大二	大三、大四	大一、大二	大三、大四
69	70	2′28″	2′26″	10	29	30	2′28″	2′26″
68	69	2′33″	2′31″	9	28	29	2′33″	2′31″
67	68	2′38″	2′36″	8	27	28	2′38″	2′36″
66	67	2′43″	2′41″	7	26	27	2′43″	2′41″
65	66	2′48″	2′46″	6	25	26	2′48″	2′46″

女生				加分	男生			
仰卧起坐/（次·分$^{-1}$）		800米跑			引体向上/（次·分$^{-1}$）		1 000米跑	
大一、大二	大三、大四	大一、大二	大三、大四		大一、大二	大三、大四	大一、大二	大三、大四
64	65	2′53″	2′51″	5	24	25	2′53″	2′51″
63	64	2′58″	2′56″	4	23	24	2′58″	2′56″
62	63	3′03″	3′01″	3	22	23	3′03″	3′01″
60	61	3′08″	3′06″	2	21	22	3′08″	3′06″
58	59	3′13″	3′11″	1	20	21	3′13″	3′11″

四、《国家学生体质健康标准》（简称"标准"）说明

（1）各学校每学年第一学期开展覆盖本校各年级全体学生的"标准"测试工作，"标准"测试数据经当地教育行政部门按照要求审核后，通过"中国学生体质健康网"上传至"国家学生体质健康标准数据管理系统"。测试和数据上传时间由教育行政部门确定。

（2）学生每学年评定一次，计入《国家学生体质健康标准登记卡》，此卡将进入学生档案。测试成绩不及格者，在本学年度准予补考一次，若补考仍不及格，则学年成绩评定为不及格。

体测等级评定：根据学年总分，90.0分及以上为优秀，80.0~89.9分为良好，60.0~79.9分为及格，59.9分及以下为不及格。毕业成绩49.9分及以下按肄业处理，不能获得毕业证。毕业成绩等于毕业当年学年总分50%与其他学年总分平均得分的50%之和进行评定。

（3）学生因病或残疾可向学校提交暂缓或免于执行"标准"的申请，学生填写免予执行《国家学生体质健康标准》申请表，附带医疗单位证明，经体育教学部门核准，可暂缓或免于执行"标准"，并存入学生档案。免测学生仍可参加评优，毕业时体测成绩需注明免测。

五、测试注意事项

要想测试出好成绩，最好保持规律运动，提高运动能力。测试时仍需注意：

（1）必须穿运动装。测试时着装，包括运动鞋和运动服，方便身体运动。

（2）一定吃好饭。如上午测试，一定要吃早餐，活力满满的运动，发挥出自己的最好水平。

（3）学习测试方法。凡事都有窍门，按照方法能取得更好成绩。认真学习后面的课程，老师为大家总结出最好的方法，助力你取得好成绩。

（4）模拟测试。测试前可邀请同学一起进行模拟性测试，以在真正的测试时心中有数，不慌张。

附录二 体测各项目测试方法及优化

一、身高体重

身高体重测试放在首位，因为身高体重可间接判断身体成分，合适的身体成分是健康的首要条件。美国运动医学会提出的健康体适能四要素中，身体成分是第一要素，即维护身体健康活力，要保持合适的身高体重，过重而肥胖，或过轻而消瘦，都是不够健康的一种表现。身高体重通过 BMI（Body Mass Index，身体质量指数，简称体质指数）指数进行评价，BMI 指数是国际上常用的衡量人体胖瘦程度以及是否健康的一个标准。

（一）测试方法

测试时赤足、背对立柱，立正姿势站在仪器上，足跟靠拢，足尖分开约 60 度，双腿用力并拢伸直，收腹，挺胸，头部正直，目视前方。易犯错误：抬头、低头、含胸、腿部没有并拢或伸直等，身体不够挺拔。测试完计算 BMI 指数。

$$BMI = 体重 \div 身高^2（体重单位：千克，身高单位：米）$$

从上公式看，BMI 指数和体重成正比，BMI 指数大表示超重或肥胖，BMI 指数小表示低体重，见附表 2-1。BMI 指数是中优指标，过高或过低都不好。所以 BMI 指数的增大或减小主要依靠体重的增加或减少。

附表 2-1 BMI 指数

等级	单项得分	大学阶段
正常	100	17.9~23.9
低体重	80	≤17.8
超重		24.0~27.9
肥胖	60	≥28.0

（二）优化提高

BMI 是中优指标，过大或过小都不好。针对两种情况进行优化，有减重和增重两种手段。采用不同的方法，能让超重肥胖的减重变瘦变美，也能让低体重消瘦的增重练结实。

1. 减重理论

减重就是减脂，通常超重的人超出的都是脂肪。从简单的一句话开始——"管住嘴，迈开腿"，管住嘴即控制能量摄入，迈开腿即增加能量支出。减少摄入，增加支出，创造了能量负平衡，从而动员消耗体内过多的脂肪，达到减重的效果。

肥胖同学必须双管齐下，既要控制饮食总量，也要增加运动量，并持续一个学期甚至更长时间，才会收到理想效果，并将减重期间的良好习惯长期保持下去。超重同学往往仅靠增加运动，如跑步、跳绳，或打篮球、踢足球等，就会减少少量超标的体重。要想加快减重速度，可在增加运动的同时，控制能量摄入。

减重同学切忌——急功近利。想一两个月减到中学或其他时间体重，多是不现实的，不计算具体减多少体重，仅靠一个盲目的想法，难以成功。如坐下来计算，发现盲目想法是一个月要减一二十斤，显然不合实际。急切减肥者就没有成功的，减重一定要看长远。

急剧减重不健康，减的不是脂肪，且必然反弹。胖不是一口吃出来的，自然不可能一个月减下去，即便靠节食，或食用利尿剂等减肥产品，做到短时快减，但减轻的重量大半是体内水分，而不是脂肪，恢复正常饮食后，必然会反弹，大多数情况体重反弹的比"减肥"前还重。

应根据自己肥胖程度，计算与标准体重的差，再按一周减 0.5～1 千克体重的速度，看需要多长时间。订立切实目标，有时间期限和具体方法，这样才是科学的减重方法。如不是严重的肥胖，一个月减重超过 4 千克，肯定不科学，对身体健康有伤害，多是通过脱水减去体内的水分减重，且反弹的风险很大。

2. 增重理论

增重就是增肌，必须进行抗阻力训练，同时增加优质蛋白质的摄入，帮助加快肌肉合成速率。常见优质蛋白质食物有鸡蛋、牛奶、鸡胸肉、鱼虾、牛羊等瘦肉等。强调一下肉类食品，只有瘦肉是蛋白质。

增重为什么要进行抗阻力训练？

第一先吃胖行不通？

需要增重的人通常都是瘦体质，脂肪不容易囤积。多吃没用，身边总有同学，比别人吃的多，还很瘦，让减肥的同学羡慕。

第二肌肉什么情况下会增？

老师看到新学期同学们搬书，有同学搬的很轻松，有同学很费力，中途还要歇几次。假如让费力的同学，这学期每周都搬两次书，坚持到学期末，他肯定会变轻松。那么内在的什么支持他轻松了呢？力量变大了。力量增大通常都伴随着肌肉的增加，如果加大书的重量，应该能看到他手臂变得更结实。

第三肌肉功能和状态存在"用进废退"规律。

同学们保持目前的身体和形态，是我们每天还使用身体：走路、上下楼、写字、翻书等各种动作，如果没有这些工作，肌肉就会萎缩。同学们大概都见过肢体骨折，打石膏两个月后，患侧肢体变细，且肌肉稀软了，即是"用进废退"的表现。

现在反过来，更大强度的使用肌肉，给肌肉有挑战的任务，肌肉也就更强健，而达到增肌的效果。我们看建筑工地的工人，总比办公室的白领体格更健壮，即是因为他们工作中反复做了更多对肢体刺激大、强度高的活动。所以进行抗阻力训练，可以增肌，从而达到增重的效果。

另外大部分女生或部分男生审美不健康——担心肌肉增长太大，这种想法完全是多余，或痴人说梦。平时课上说到增重增肌，女同学总是充满恐惧，担心自己一不小心成图册上健美运动员身材，不能接受太大块的肌肉。这大可不必，如将增肌比作学习，从一般到优秀都有个过程，不可能出现不小心考到名校。增肌也不可能存在一不小心，增大到不可接受。

第一、确切地告诉你，不可能练到你想象的太大，老师练了十几年才这么点肌肉。

第二、女性肌肉天生合成慢。生活中也能看出，通常男生手臂都更结实有棱角，是雄性激素分泌更旺盛的缘故。而女生雄性激素分泌量不到男生的十分之一，所以女生完全不用担心增肌太大。看女生手臂多是圆润，是因为女性雌激素分泌多，相对容易囤积脂肪。

第三、女生力量小。力量和肌肉正相关，力量小、肌肉小，而且增长速度慢。

第四、肌肉增长有个过程，你觉得进步到合适程度可以放缓节奏。

增肌增重训练好处很多，如一、身材更好，二、促进减脂、三、人更精干有魅力，四、更自信。所以男生、女生都有必要进行抗阻力训练。

3. 有氧运动和无氧运动，哪个对减重更有帮助

如想更快减重，获得更好身材，有氧运动和无氧运动，两类运动都需要练习，且合理搭配。有氧运动和无氧运动是生活中的说法，专业上常称之为心肺功能训练、抗阻力训练。

两类运动主要从运动强度区分，强度小的是有氧运动，强度大的是无氧运动。运动强度可以简单理解为费力程度。

强度小，不费力，能长时间持续练习的叫有氧运动。因为不费力，消耗能量速度慢，而不过度气喘，身体不缺氧，才叫有氧运动。正因为有充足的氧气参与新陈代谢，故练习可持续进行，如慢跑、跳绳、骑车等。

强度大，太费力，不能长时间持续练习的叫无氧运动。太费力的剧烈运动，来不及运输足够的氧气到肌肉组织，进入亏氧状态，所以叫无氧运动。缺氧状态下，细胞通过无氧糖酵解产能，产生乳酸，抑制机体持续进行高强度运动，所以动作不可持续，如深蹲、卧推等。

从计量方式看，有氧运动通常计时间，如跑步、跳绳、蹬单车 20 分钟；无氧运动通常计次数，如肱二头肌弯举、深蹲 15 次。

从参与部位看，有氧运动要求全身参与，如跑步、跳绳等，全身都参与活动；而无氧运动通常局部参与，如肱二头肌弯举、平板卧推。无氧运动也有全身参与的，如深蹲，全身参与的无氧运动会更具挑战。

直接功效，有氧运动因持续时间长，参与部位多，而耗能多，且代谢底物是糖和脂类，有利于减脂减重；健身中的无氧运动主要是增肌增重。

老师考验一下同学们，你觉得 100 米跑是无氧运动，还是有氧运动？

有氧运动和无氧运动的对比见附表 2-2。

附表 2-2　有氧运动和无氧运动的对比

生活中称号	科学称呼	强度	计量方式	参与部位	直接功效	间接功效
有氧运动	心肺功能训练	大	时间	全身参与	耗能多，减脂	
无氧运动	抗阻力训练	小	次数	局部	增肌	减脂

4. 抗阻力训练的魔力

抗阻力训练间接功效——高效减脂。抗阻力训练，增肌，提高基础代谢，让减脂更高效。

人体能量支出有三大途径：基础代谢、活动代谢和食物热效应。任一途径能量支出增加，都会加大能量亏空，促进减脂，其中基础代谢的提高能让减脂事半功倍。

基础代谢率是指人体在清醒而又极端安静的状态下，不受肌肉活动、环境温度、食物及精神紧张等影响时的能量代谢率，即人体为维持生命的最低能量需求。在临床和生理学实验中，测定基础代谢率，要求受试者在至少 12 小时未进食，室温 20 ℃，静卧休息半小时后，

保持清醒状态，不进行脑力和体力活动等条件下进行。

由此可见，基础代谢提高后，第一，不运动，都能燃烧更多能量。如在图书室学习一整天，身体活动极少，也会燃烧更多能量。第二，只要身体动起来，都会燃烧更多能量。基础代谢犹如汽车排量，不同汽车同样开100千米，排量大的，耗油多，即基础代谢高时，同样的打篮球、跑步或收拾宿舍20分钟，会燃烧更多能量。

因此想加快减脂速度，应努力提高基础代谢，以提高减脂效率。

基础代谢受性别、年龄、身高、体重、健康状况和气候等多重因素影响，其中唯有肌肉含量是相对可调控的。同样体重情况下，肌肉含量高则基础代谢高，容易保持身材。如老师83千克，同学们的爸爸有和老师体重接近的，我们每天吃一样数量的东西，老师相对容易控制体重。我们大概率身材也不一样，老师精干很多，肌肉多，同学们的爸爸可能大腹便便，脂肪多。其原因是老师肌肉含量高，从而基础代谢高，容易减脂和保持体重。

另外同学们也觉得老师身材更好，身体更有活力。希望大家按照老师的方法，运动起来，超越老师。总的来说，一、抗阻力训练帮助减脂事半功倍；二、能促进增重，更强壮；三、还能让骨骼坚韧，保持更好骨密度；四、让人身材更好，更有自信。如此好的运动，心动不如行动，加油练起来。

二、女生 800 米和男生 1 000 米跑

中距离跑最能反映测试者是否规律参与运动和身体活力及健康程度，且挑战心肺功能。心肺功能是美国运动医学会提出的健康体适能四要素之一，中距离跑能更好地评判心肺功能是否优秀，肺活量是反映心肺功能中肺通气能力的静态指标，中距离跑是反映心肺功能的动态指标。如能顺利地用三分多钟跑完 800 米，说明心脏和肺功能强大，且血管循环系统良好，能为身体带来充足氧气，人就会精力充沛、活力满满的生活。否则心肺功能低，会造成缺氧性疲劳，学习生活中总感觉困倦，不在状态。练习跑步等有氧运动，能提高心肺功能。

1. 测试方法

女生 800 米跑绕标准田径场两圈，男生 1 000 米跑绕标准田径场两圈半。采用站立式起跑，当听到"各就位"时做起跑准备，"鸣枪"时开始跑，仪器自动开始计时。当运动员跑完规定距离，冲刺时身体越过终点线垂直面，完成测试。以分秒为单位记录成绩，忽略毫秒，不计小数，如 3 分 12 秒 50，记 3′12。

测试前一要穿好运动装；二要进食，活力满满的测试，测试半小时前完成进食，不可马上测试了才吃饭。

另外需要注意：

（1）临出发前，检查并绑好鞋带，整理服装，准备工作做充分。

（2）站到起点位置，发令前注意力集中，听老师的口令。

（3）前半程不可过猛，否则会导致下肢迅速产生并堆积大量乳酸，导致迈不开腿，后半程跑不动。

（4）途中跑要刻意加大呼吸深度，并努力用鼻和嘴深吸气，若冬季天气寒冷时测试，主要依靠鼻吸气，口鼻共同呼气。可采用三步一吸，三步一呼的节奏。途中跑尽量保持匀速，呼吸、摆臂和腿的蹬摆保持协调的节奏，能相对轻松地跑完全程。

（5）终点冲刺根据自己的能力，拉长距离，最后全力冲过终点线。

（6）测试完成后应缓慢走动，不可立刻坐下，以免出现重力性休克。

中距离跑是通过训练，最容易满分的项目。老师带的学生，有的每周训练三次，坚持两个多月，就从 60 分提高到满分。易犯错误：体能分配不合适，一是太保守，速度没有加上去；二是前半程冲刺太快，身体进入乳酸保护状态，后半程跑不动。

女生 800 米跑和男生 1 000 米跑赋分见附表 2-3。

附表 2-3　女生 800 米跑和男生 1 000 米跑赋分

等级	单项得分	女生 800 米跑		男生 1 000 米跑	
		大一 大二	大三 大四	大一 大二	大三 大四
优秀	100	3′18″	3′16″	3′17″	3′15″
	95	3′24″	3′22″	3′22″	3′20″
	90	3′30″	3′28″	3′27″	3′25″
良好	85	3′37″	3′35″	3′34″	3′32″
	80	3′44″	3′42″	3′42″	3′40″
及格	78	3′49″	3′47″	3′47″	3′45″
	76	3′54″	3′52″	3′52″	3′50″
	74	3′59″	3′57″	3′57″	3′55″
	72	4′04″	4′02″	4′02″	4′00″
	70	4′09″	4′07″	4′07″	4′05″
	68	4′14″	4′12″	4′12″	4′10″
及格	66	4′19″	4′17″	4′17″	4′15″
	64	4′24″	4′22″	4′22″	4′20″
	62	4′29″	4′27″	4′27″	4′25″
	60	4′34″	4′32″	4′32″	4′30″
不及格	50	4′44″	4′42″	4′52″	4′50″
	40	4′54″	4′52″	5′12″	5′10″
	30	5′04″	5′02″	5′32″	5′30″
	20	5′14″	5′12″	5′52″	5′50″
	10	5′24″	5′22″	6′12″	6′10″

2. 优化提高

中距离跑训练的顶层设计——以能满分的配速跑尽量长的距离，并逐渐增加这个距离，到能够完成 800 米或 1 000 米。如大一女生 800 米跑满分 3′18″，即每 100 米用时 24.75 秒（后面配速指跑 100 米用时）。如目前不能满分，则训练时尝试用 24 秒的配速，尽力跑更长距离。24 秒的配速不算极限，因为 100 米跑只用 19 秒，所以 24 秒的配速能持续更长距离，可能是 300 米。后面的训练，努力延长这个速度下的奔跑距离，延长至 400 米，达成后再进一步加长距离。逐渐能成功地跑完 800 米。

中距离跑训练最常见错误思路是"跑的慢，多跑几圈"，多跑几圈也仅仅提高了慢速多跑几圈的能力，而不是快速跑的能力，所以同学们切忌犯此错误。当然慢跑也有一定训练价值，可帮助水平一般的同学优化跑姿，积累跑量。

中距离跑的重点在能量代谢训练：

（1）匀速跑积累量，根据能力，采用有一点心肺负荷的速度，匀速跑 2 000~3 000 米。有心肺负荷：边跑还能说话，但不能唱歌的速度。如还能唱歌，即是速度太慢。

（2）变速跑提速度，速度有快有慢，调整着速度奔跑。快速跑相对匀速跑增加了一点速度挑战，持续一段距离后，需要减速调整节奏；或采用田径场直道快节奏大步跑，弯道减缓速度，缓解一下心肺和腿部压力。一次训练跑 2 000 米。

（3）间歇跑要求高，间歇跑是跑一段距离，休息几分钟，心率降下来再跑下一组，相对变速跑的快速跑更快，休息时体能恢复得更好，为下一组练习蓄积充分的力。可以一组跑 400 米，休息 5 分钟，再跑 400 米，训练 4~5 组。

（4）优化跑姿，提高跑步的向前性和稳定性，提高力量，能加快进步节奏，事半功倍地提高跑步成绩。这方面内容，详见 50 米跑章节。

三、50 米跑

50 米跑可综合考验身体的灵活性、稳定性、协调性，以及肌肉力量、爆发力，可反映身体综合素质，良好的速度是从事任何体育活动的必备素质。

1. 测试方法

50 米跑全是直道，不能拐弯；另外要分道跑，必须各行其道——在自己道次全力向前跑，冲刺过正前方的记录杆，完成测试。

在起点线后，每人一道，采用站立式起跑。起跑只有两个口令，"各就位、跑"。当听到"各就位"时做起跑准备，听到"鸣枪"时迅速起跑，尽全力加速，努力向前冲刺，当测试者冲刺过终点计时杆时，完成测试。以秒为单位记录成绩，如 7 秒 69 毫秒，则直接计成 7.6 秒，忽略掉毫秒个位。

易犯错误：窜道、抢跑等犯规会导致没成绩；终点提前减速、起跑动作不对，会影响成绩。

50 米跑赋分见附表 2-4。

附表 2-4　50 米跑赋分

等级	单项得分	女生		男生	
		大一 大二	大三 大四	大一 大二	大三 大四
优秀	100	7.5	7.4	6.7	6.6
	95	7.6	7.5	6.8	6.7
	90	7.7	7.6	6.9	6.8
良好	85	8.0	7.9	7.0	6.9
	80	8.3	8.2	7.1	7.0

续表

等级	单项得分	女生		男生	
		大一 大二	大三 大四	大一 大二	大三 大四
及格	78	8.5	8.4	7.3	7.2
	76	8.7	8.6	7.5	7.4
	74	8.9	8.8	7.7	7.6
	72	9.1	9.0	7.9	7.8
	70	9.3	9.2	8.1	8.0
	68	9.5	9.4	8.3	8.2
	66	9.7	9.6	8.5	8.4
	64	9.9	9.8	8.7	8.6
	62	10.1	10.0	8.9	8.8
	60	10.3	10.2	9.1	9.0
不及格	50	10.5	10.4	9.3	9.2
	40	10.7	10.6	9.5	9.4
	30	10.9	10.8	9.7	9.6
	20	11.1	11.0	9.9	9.8
	10	11.3	11.2	10.1	10.0

2. 优化提高

从提高步幅步频和向前性、发展稳定性和力量以及起跑等方面介绍。

（1）优化跑姿会发力，解决步幅步频和向前性。

①摆臂训练：站姿，屈肘 90 度，大臂贴近躯干，以肩为轴前后摆动；后摆有力，前摆放松。练习要求"前不漏肘，后不漏手"，即向前摆动时，从体前看不到肘关节；向后摆动时，从体后看不手，一组 20 秒。亦可坐姿、单腿跪姿练习。另外前摆时手不能越过身体中线。纠正一个坏习惯，比建立一个新习惯还难，同学们勤加练习肯定会获得大的进步。摆臂随时随地都能练，上下学的路上，边走边摆臂；吃饭排队时，也可原地试一下。

易犯错误：绕线团摆臂；左右摆臂；打拳摆臂；弧线摆臂（大臂旋转过多）。

②腿的蹬摆训练：扶墙提膝，身体绷直，手扶与墙。训练左腿时，右腿支撑，左腿迅速屈髋、屈膝、上提并略停顿，检查提起的膝盖，脚尖正对前方，脚踝收紧，脚尖略向上用力，且充分屈膝，小腿折叠于大腿下；轻轻放下，重复 12 次，换另外一侧。动作过程右腿和躯干始终保持呈直线。

踏步训练，轻轻屈髋、屈膝并将膝盖抬高，充分屈膝，小腿折叠与大腿下。检查向前性，然后迅速踏下去。和提膝节奏相反，一个向上屈膝上提时用力，轻放；一个轻轻屈膝上抬，迅速下踏，再进阶将提踏组合。持续进阶：单腿连续、交替两步、交替三步、交替五步，交替连续进行。

易犯错误：膝盖没有指向前方；脚尖没有指向前方；脚尖下垂；身体扭曲。

③跨步跑，努力前伸摆动腿，屈膝上攻，同时后蹬腿有力地向后蹬伸，拉大两膝关节的距离，侧面看增大了两大腿角度，增加步幅。

④跑的专项训练 ABC。

（2）增强力量跑得快。

力量产生动作，大力量产生迅猛动作。下面几个经典的下肢力量训练，能很好地提高跑步速度。

①弓步蹲起。可手扶墙，距墙一臂距离，双手于肩部高度扶墙，左脚尖抵住墙，右脚距墙一大步，双脚尖、肚脐和胸口正对前方，注意力集中于屈后侧膝关节下蹲，下蹲至膝盖接近于地面，且后侧大腿与躯干保持直线。

易犯错误：后侧膝关节没有屈曲；后侧大腿和躯干没能保持直线。

一侧连续 8~12 次换另一侧，计一组。动作熟练后可离开墙进阶，继续进阶可负重，提高训练强度。

②后脚抬高分腿蹲，后脚抬高的弓步蹲。增加了稳定性挑战，要求更好地控制身体，努力减少晃动，训练效果更佳，更有利于提高跑步力量。

③弓步上台阶，成弓步姿势左脚在台阶上，右脚在地面。上台阶后，右腿上摆，左腿和躯干成直线。一侧练 12 次，换另外一侧。徒手练习时，一定带手臂的摆动，协调发力。动作熟练后可负重增加强度。

④单腿直腿硬拉。左腿支撑，右手持壶铃。准备姿势：左腿和躯干呈直线，右腿屈髋屈膝上抬。屈左髋关节俯身，右腿向后伸，发力意识：右脚踩后面的墙；持壶铃手臂自然下垂。俯身时左侧支撑腿微微弯曲，躯干和右侧摆动腿绷直呈一条直线。结束动作至躯干和摆动腿近乎水平。返回起始姿势，重复 12 次，换另外一侧。

（3）稳定性提高更高效：核心 3D 稳定性训练。

①平板支撑，平卧于垫子，大臂竖直，双肘置于肩部正下方，脚尖正对地面。腹部用力将身体绷直成一条直线，努力保持 30 秒一组。

易犯错误：臀部太高；腰部凹陷；脚没有正对地面；大臂没有竖直。

②俯卧两头起，俯卧与垫子，手上举头顶，腰臀部用力，将手臂和腿抬离地面，缓缓放下。动作过程手臂和腿伸直。

易犯错误：颈部屈伸过多。

③侧平板撑，侧卧于垫子，双腿并拢，整个身体绷直，肘部于肩部正下方，支撑身体，一侧保持 30 秒，换另外一侧。

易犯错误：身体没有绷直；肘没有在肩部正下方，会导致身体往外滑。

④抗旋转平板撑，在平板支撑基础上抬起一只手，抬手时除了手臂动，努力保持身体其他部位没有形变，才能达到更好效果。

（4）起跑优良如枪上膛。

起跑要巧用弹力和重力，即将蹬地、前倒两个力量有效叠加。一是蹬地时，髋膝踝三连伸，犹如弹簧般，强力弹出；二是前倒，将身体充分前倒，巧用重力，跑的轻松。

听到发令后，迅速前倾，将重心向前推出，再有力地蹬伸下肢，将身体弹射出去。

站距前后两个脚长，左右同肩宽。有力腿在前，灵敏腿在后；惯用右手的人通常左腿有力，左脚尖抵住起跑线，右脚尖在左脚跟后，双脚左右距离同肩宽。有个很巧妙的方法，左脚站好后，两脚跟并拢，脚尖成直角；然后以右脚尖为轴，右脚逆时针旋转，至脚尖正对前方，就是很合适的站距。

手臂和腿的动作相反，右臂在前，左臂在后，即哪侧腿在前，同侧的手臂在后。惯用左手、右腿有力的同学，换一下双脚的位置即可。另外也可根据自己腿长和习惯适度调整脚的位置，找到最有利于起跑的双脚位置。

易犯错误：腿太直，没蓄积上力；起跑姿势手放错；双脚站距不对；重心没放到支撑面前端，均不利于起跑。

四、坐位体前屈

坐位体前屈是反映柔韧性的测试。美国医学会将柔韧性定为健康体适能四要素之一，良好的柔韧性让人更舒服，身体舒展，没用僵硬，没有压力的生活。

人体软组织像气球一样，天然具有蜷缩特点，大家日常无意识中，都会做的伸懒腰动作，就是对抗这种蜷缩趋势的本能反应。现代人因为办公和驾车等长时间坐着，且坐姿不良，身体长时处于屈曲状态，导致柔韧性下降严重，所以维护身体健康，特别有必要加大柔韧性练习。各种版本的体质测试中多有坐位体前屈测试。

（一）测试方法

坐位体前屈测试：坐在测试床上，双脚平踩于前侧挡板，双腿伸直，双手手指绷直成掌上下重叠，双臂伸直。吐气时躯干前屈，用中指缓缓向前推动游标向前滑，至最远端。

重点要求：双腿伸直，缓缓向前推，否则会导致成绩无效。另外以下问题也会导致成绩无效：膝关节弯曲、单手向前推、暴力式向前推。

坐位体前屈赋分见附表2-5。

附表2-5 坐位体前屈赋分

等级	单项得分	女生		男生	
		大一 大二	大三 大四	大一 大二	大三 大四
优秀	100	25.8	26.3	24.9	25.1
	95	24.0	24.4	23.1	23.3
	90	22.2	22.4	21.3	21.5
良好	85	20.6	21.0	19.5	19.9
	80	19.0	19.5	17.7	18.2
及格	78	17.7	18.2	16.3	16.8
	76	16.4	16.9	14.9	15.4
	74	15.1	15.6	13.5	14.0
	72	13.8	14.3	12.1	12.6

等级	单项得分	女生		男生	
		大一 大二	大三 大四	大一 大二	大三 大四
及格	70	12.5	13.0	10.7	11.2
	68	11.2	11.7	9.3	9.8
	66	9.9	10.4	7.9	8.4
	64	8.6	9.1	6.5	7.0
	62	7.3	7.8	5.1	5.6
	60	6.0	6.5	3.7	4.2
不及格	50	5.2	5.7	2.7	3.2
	40	4.4	4.9	1.7	2.2
	30	3.6	4.1	0.7	1.2
	20	2.8	3.3	-0.3	0.2
	10	2.0	2.5	-1.3	-0.8

（二）优化提高

柔韧性训练分为静态拉伸和动态拉伸。静态拉伸更有助于提高柔韧性，且更舒适地完成。动态拉伸提高柔韧性同时，更有利于提高组织弹性和关节灵活性，将提高的柔韧性更好地转移到运动中。

1. 静态拉伸

所有的静态拉伸中，要求用力拉伸时缓缓吐气。吐气由副交感神经控制，让身体更放松，达到更好效果。

（1）坐姿单腿体前屈，左腿伸直，右腿屈曲，右脚掌贴于左腿大腿内侧，躯干挺直，努力屈髋向前，保持30秒，换另一侧腿，交替练习3组。可单腿跪坐拉伸，也可单腿俯立向前拉伸。

易犯错误：弯腰前屈，没能达到训练效果，且受伤的风险增大。

（2）仰卧单腿拉伸，仰卧与垫子，臀部靠近墙，将一腿伸直于墙面，另一腿弯曲，可保持两分钟，再换另外一侧。交替练习3组。这个练习特别轻松，可边练边听英语或音乐，多练习几组。

（3）坐姿髋部旋转拉伸：双腿成90-90坐于垫子上，躯干挺直身体向前屈曲，可向左右斜前方等不同方向屈髋用力，从不同角度刺激髋部旋转肌群，达到更好的训练效果。

另外拉伸躯干其他部位，也有利于促进成绩，让身体更舒服。

（4）屈髋肌，单腿站姿拉伸，弓步拉伸，单腿跪姿拉伸。

（5）脊柱 3D 拉伸。

2. 泡沫轴放松背侧

仰卧将泡沫轴横置于下背部、上背部，屈伸膝关节，躯干上下滚动；仰卧将泡沫轴横置于颈部后，左右转动头部。坐姿，泡沫轴置于臀部、大腿后侧、小腿后侧滚动。

3. 动态拉伸

提高柔韧性的同时更好地发展关节灵活性。下列动作可原地练习，也可行进间练习。行进间练习，增加了重心流动和稳定性挑战，更有利于发展身体功能、提高运动能力。行进间可左右交替练习。

（1）前踢腿：原地练习，收紧核心，支撑腿和躯干呈直线，摆动腿绷直，踝背屈，有力地向前向上摆。一侧 12 次，换另一侧同样次数。

（2）侧踢腿：原地练习，收紧核心，支撑腿和躯干呈直线，双臂侧平举。摆动腿绷直，踝背屈，用力向侧摆，至同侧手的高度。

（3）弓步压腿：左脚向前一大步，屈膝 90 度，右腿绷直，两脚尖均指向正前方，成弓步，收腹挺胸躯干正直，双手扶左膝，有力地向下弹振。2 个 8 拍后，换右脚在前同样的次数。亦可行进间练习。

（4）侧压腿，左脚向侧迈一大步，屈膝下蹲，右腿绷直，两脚尖均平踩于地面，且正向前方，右手有力地向右脚方向努力伸够。2 个 8 拍后，换另外一侧，做同样的次数。

五、肺活量

肺活量反映肺通气能力，是良好心肺功能的必备条件。肺和心血管系统协调工作叫"心肺功能"，是健康体适能四要素之一。良好的心肺功能将氧气高效摄入和运输到身体各组织，从而保持旺盛的机能。所以良好的肺部功能是健康的重要条件，而肺活量是反映肺功能的重要指标，所以测试肺活量意义重大。

（一）测试方法

首先强调，测试要持续缓缓将一口气吐尽。测试时先将吹嘴固定于吹柄，挺起胸腔深深吸气后，适度用力将吹嘴包裹住整个嘴唇，持续、缓缓吐气至力竭。特别注意：适度用力将吹嘴包裹住整个嘴唇，持续缓缓吐气至力竭。还有个小窍门：吸气时挺胸，吐气时俯身，能测试出更好成绩。

易犯错误：

（1）停顿：没吐完气停顿，机器默认为测试结束，剩下的气再吐也没用，所以需一口气持续不停顿吹完。

（2）没吸满气：充分吸气时，应挺起胸腔。

（3）没呼尽气：充分呼气应该俯身弯腰。

（4）过猛吹气：吹嘴通气孔较细，猛烈吹气时阻力过大，影响成绩。

（5）漏气：吹嘴没能完全包裹住嘴唇。

肺活量赋分见附表 2-6。

附表 2-6　肺活量赋分

等级	单项得分	女生		男生	
		大一 大二	大三 大四	大一 大二	大三 大四
优秀	100	3 400	3 450	5 040	5 140
	95	3 350	3 400	4 920	5 020
	90	3 300	3 350	4 800	4 900
良好	85	3 150	3 200	4 550	4 650
	80	3 000	3 050	4 300	4 400
及格	78	2 900	2 950	4 180	4 280
	76	2 800	2 850	4 060	4 160
	74	2 700	2 750	3 940	4 040
	72	2 600	2 650	3 820	3 920
	70	2 500	2 550	3 700	3 800
	68	2 400	2 450	3 580	3 680
	66	2 300	2 350	3 460	3 560
	64	2 200	2 250	3 340	3 440
	62	2 100	2 150	3 220	3 320
	60	2 000	2 050	3 100	3 200
不及格	50	1 960	2 010	2 940	3 030
	40	1 920	1 970	2 780	2 860
	30	1 880	1 930	2 620	2 690
	20	1 840	1 890	2 460	2 520
	10	1 800	1 850	2 300	2 350

（二）优化提高

1. 呼吸训练

吹纸练习。找一张薄纸，铺在墙面头部高的位置，用力吹气时松开手，力争让纸在墙面保持更长时间。快来和同学们比试一下哦。

吹"蜡烛"，将一张纸尖置于嘴前，当成蜡烛的火苗，轻轻将其吹弯，同学们可以比一下，谁吹的"火苗"弯曲时间更长。

腹式呼吸，坐姿练习。假想胸腔下有个像注射器里一样的黑色塞子，吸气时犹如下拉这个塞子，表现出肚子变大，好像空气进入腹腔，实际是膈肌下沉，腹部器官被压缩而横向移动，呼气时变小。另外可站姿或仰卧练习。

增强呼吸肌肌力，吹气球。可以找一个略厚的气球挑战，尝试气球不离开嘴，持续吹气吹起来。其他用嘴吹的玩具或游戏都能增强呼吸肌肌力。另外深吸气后用力屏气，保持5秒左右时间，给呼吸肌静态刺激，同样有效。

一个立竿见影的呼吸小诀窍：先腹式呼吸呼气至力竭，接着胸式呼吸吸气至力竭。能帮助肺部进更多的气，从而测出更好成绩。具体讲，腹式吸气时膈肌下沉，肚子变大，至极限；接着胸式吸气，胸廓张开，继续补进更多气，迅速将吹嘴包住嘴唇尽力呼气。经验证，此方法普遍能使肺活量增长200~300毫升。

拉伸胸椎和胸腔周围。脊柱前屈、后伸、侧屈、回旋；拉伸肩关节、扩胸运动、单臂后振、仰卧负重拉伸。

保持良好体态，站姿训练。背身靠墙站，做到"四贴两关键"。四贴：脚跟、臀部、肩部远端、后脑勺贴于墙；两关键：膝盖并拢，臀部和腹部收紧，可以每天睡觉前靠在宿舍门后，边听英语单词边练习3~5分钟。

跑步、跳绳、游泳等有氧运动可针对性提高心肺功能，足球、篮球、羽毛球各种运动，只要活动起来，且给心肺一定的负荷，都会促进肺活量的提升。

六、立定跳远

立定跳远反映下肢爆发力，是衡量身体素质的重要指标，成为学生体质健康测试和其他国民体质健康测试的常测项目。立定跳远练习简便易行，有平地就能进行。其也常用于发展下肢爆发力与弹跳力。

（一）测试方法

立定跳远测试，双脚开立与髋部同宽，站于起跳线后，预摆时双手上举，提踵，充分拉展身体，再屈膝下蹲，手臂后摆。双手迅猛向前上摆动，双腿像弹簧一样，"噌"的一下将身体弹出，离地时能有力蹬地，髋、膝、踝充分伸展成反弓，将髋部力量释放出来。离地腾空后及时收腿前伸，落地缓冲后向前走。另外预摆最多两次，如果觉得没做好，可以退回重新开始。

技术熟练同学可脚尖接近起跳线，动作不熟练同学可离线3厘米左右起跳，以防止起跳时踩线犯规。老师更希望大家按照后面的方法认真训练，充分发挥出自己的水平。落地后向前走出测试垫，切忌后退，以免影响测试成绩，甚至导致成绩无效。

标准动作：脚站距与髋同宽，屈膝下蹲犹如弹簧被压缩，蓄力，双手迅速向前上方上摆动，"噌"的将身体弹出。

易犯错误：

（1）踩线犯规。

（2）离起跳线过远，影响成绩。

（3）落地技术不佳，手臂或者臀部着地，或控制不住的向后走。

（4）动作不协调，不会发力，不能全面展示出自己的水平。

立定跳远赋分见附表2-7。

附表 2-7　立定跳远赋分

等级	单项得分	女生		男生	
		大一 大二	大三 大四	大一 大二	大三 大四
优秀	100	207	208	273	275
	95	201	202	268	270
	90	195	196	263	265
良好	85	188	189	256	258
	80	181	182	248	250
及格	78	178	179	244	246
	76	175	176	240	242
	74	172	173	236	238
	72	169	170	232	234
	70	166	167	228	230
	68	163	164	224	226
	66	160	161	220	222
	64	157	158	216	218
	62	154	155	212	214
	60	151	152	208	210
不及格	50	146	147	203	205
	40	141	142	198	200
	30	136	137	193	195
	20	131	132	188	190
	10	126	127	183	185

（二）优化提高

从两个方面讲，一是学会动作，充分发力，展示出水平；二是提高力量，跳更远。

每周训练两次，每次从下面两类练习中，各选两三个动作，每个动作做三组，每组 8~12 次，就能很好地提高立定跳远成绩。

1. 优化技术，身体协调会发力，将水平展示出来

解决有人跳跃不展体，俗话说撅着屁股跳，或不会摆臂问题。

跪跳起：摆臂、伸髋，跪坐丁垫子，手臂有力地卜摆，挺髋，臀部前推，跳起成蹲姿。

下手抛球，提高摆臂和展体速度。抛高：双手持篮球，有力地向上，同学们比赛一下，看谁能抛到灯杆顶端；也可背向抛远或前抛比远。

收腹跳，用力向上起跳，迅速屈髋屈膝，将两膝向胸口靠拢。

屈体跳，跳起成屈体，用力向上起跳，屈髋直腿向上抬。

战斗机三式，练流畅。

① "枕戈待旦"，战斗位摆出来。双脚站距与肩同宽，屈髋俯身下蹲，重点是躯干要直。可持一长杆于背部，要求头、背、臀部贴合于杆。很简单但意义重大的动作，因为跳跃和移动要求"髋膝踝"三连伸，如果三连伸是发力，那么三连屈就是蓄力，不能很好蓄力，自然不能很好发力。无论是足球守门员，还是羽毛球接发球等，各种运动中都能看到枕戈待旦的战斗位身影。

易犯错误：弓背，或膝盖内扣，晃动太大。

② "蓄势待发"枪上膛，整合身体迅速进入战斗状态的能力，迅速蓄力。从双手上举伸展位，迅速进入战斗位。

③ "一飞冲天"跳的远，从双手上举伸展位，一屈曲、二伸展，有力向上跳。可退阶，准备动作直接从"枕戈待旦"战斗位，迅速摆臂向上跳，充分展体成反弓；可进阶，加上预摆，从"枕戈待旦"战斗位，一伸展、二屈曲、三有力地向上跳

2. 第二阶段提高力量（真的远）

每个动作练习三组，一组 8~12 个。单侧练习，两侧要做同样多的次数，计一组。

蛙跳，每一次跳跃，起跳时充分展髋。易犯错误：动作幅度太小。

深蹲，犹如坐凳子般下蹲，重心尽量靠后。双脚站距与髋部同宽，脚尖正向前方，屈膝下蹲时双膝距离不变，大腿延长线正对脚尖方向，躯干正直。最重要的两个安全要求：一是整个蹲起过程躯干正直；二是膝盖和脚尖方向一致。

常见错误动作：弓背，或膝关节内扣，或犹如下跪般下蹲，训练效果不好，且容易造成运动损伤。

双脚站距不同，训练侧重点不同，与髋部同宽能更好地训练大腿前侧股四头肌，站距更大时会逐渐刺激更多臀部肌肉。另外随站距变大时，会逐渐增加脚尖外旋角度，但始终大腿延长线指向脚尖方向。动作熟练后可增加负重，如双手持哑铃于胸前，大臂紧贴躯干，屈肘；亦可采用杠铃深蹲，训练效果更好。

✈ 七、一分钟仰卧起坐

只有女生需要测试仰卧起坐，但男女生均能在此类练习中获益。仰卧起坐有助于提高腹部力量和耐力，增强核心功能，提高运动能力。腹肌力量增强后，更容易保持良好体态，且减少腰肌劳损或腰椎间盘突出等风险。同时收紧腹腔，减少腰围，让腰部更紧致纤细，体形更好。

（一）测试方法

测试者仰卧于测试床上，屈膝约 90 度，将双脚固定与仪器挡杆下，双手交叉于脑后，为起始位置。当听到仪器发令后开始仰卧起坐，上起时双肘必须触及膝关节，为结束位置，计一次；返回时必须双肩触及垫子，回到起始位置，才能继续下一个。仰卧起坐通常测一分钟最多次数，所以要加快频率，努力最快的速度测试。

易犯错误：手没有抱头；动作幅度不够，向上时高度不够或向下没返回起始位置；扭转身体。

女生一分钟仰卧起坐赋分见附表2-8。

附表2-8　女生一分钟仰卧起坐赋分

等级	单项得分	女生	
		大一 大二	大三 大四
优秀	100	56	57
	95	54	55
	90	52	53
良好	85	49	50
	80	46	47
及格	78	44	45
	76	42	43
	74	40	41
	72	38	39
	70	36	37
	68	34	35
	66	32	33
	64	30	31
	62	28	29
	60	26	27
不及格	50	24	25
	40	22	23
	30	20	21
	20	18	19
	10	16	17

（二）优化提高

提高仰卧起坐的训练动作，都有练出腹肌马甲线的效果，能帮助瘦腰，所以同学们加油练起来，提高测试成绩的同时还能练出腹肌，秀出更好身材。为更有利于身体健康和保持好身材，每训练完身体前侧的腹部肌群，还应练习身体后侧的腰背肌群，全面加强脊柱的稳定，提高运动能力，也能促进仰卧起坐的进步。

仰卧起坐：速度训练——计时30秒全力以赴，挑战更多次数；再挑战45秒更多次数，进一步60秒能满分。耐力训练——计次56次，努力减少完成时间，至一分钟能完成。

仰卧卷腹：卷腹于仰卧起坐比训练腹肌效果更好。准备姿势，仰卧于垫子，屈膝60度，双脚并拢，平踩于地面；腹部肌群发力将胸腔拉向骨盆，腰椎屈曲至上背部离开垫子。缓缓返回准备姿势，重复练习 25 次，练习 3 组。

反向卷腹：准备姿势，仰卧于垫子，屈髋至大腿竖直，自然屈膝；腹部肌群收缩，尽力将膝关节拉向下颌位置。缓缓返回准备姿势，重复练习 25 次，练习 3 组。

仰卧举腿：准备姿势，仰卧于垫子，双臂伸直于体侧，掌心按向地面稍用力，全程双腿并拢，并微微屈膝，腹部肌群收缩稳定躯干，仅仅屈髋至大腿竖直。缓缓返回准备姿势，重复练习 25 次，练习 3 组。切忌屈髋过多，大腿越过竖直面。

元宝收腹：准备姿势，仰卧于垫子，双臂伸直于体侧，掌心按向地面稍用力，双腿微屈，双脚离开地面。屈髋屈膝，屈曲躯干，将膝关节和肩部向中间肚脐上方靠拢，返回再进行下一个。

俯卧两头起：俯卧于垫子上，双手上举于头顶，双腿伸直，腰臀部用力，将躯干伸展，上下肢努力抬离地面更高，缓缓回到起始位置，重复 15 次；也可对侧的手脚离开地面，左右交替，增加躯干的旋转力量。

八、引体向上

男生训练引体向上，能让身材更好。一是可以增强背阔肌，加大胸围，穿衣服更伟岸雄壮；二是可以强大肱二头肌，夏天穿短袖更霸气。男生给人秀身材都会弯曲肘部，展示肱二头肌。

练习引体向上能够增强自信心：首先身材好，人更有信心和魅力；进步之美，开学仅能拉 3 个，期中能拉 6 个，滋生进步的成就感和喜悦；成人不能成之美，引体向上是大部分人难以完成的高难度动作，若能拉上，则有做别人不能做事的喜悦。叫上你的舍友，在宿舍楼下的单杠，加油练起来。

（一）测试方法

引体向上测试，要求双手掌心向前，仅此一种握法，没有其他。面对单杠，跳起，双手与肩同宽，掌心向前抓握单杠，双臂同时用力向上引体，当下巴越过单杠时计一个；下放至手臂完全伸直，再向上拉下一个；努力持续至力竭。停顿超过 10 秒或双手离开单杠结束测试。

测试诀窍：

（1）双手锁握抓杠，尽量用食指和中指包住大拇指，抓的牢，有助于发力，拉更多次数。

（2）手距同肩宽。

易犯错误：

（1）掌心向后握杠，无论两手同时向后，还是单手向后，成绩为零。

（2）动作幅度不够，向上拉下巴没有越过单杠，或下放时手臂没伸直，不计成绩。

（3）手太宽，难度加大，影响成绩。

男生引体向上赋分见附表 2-9。

附表 2-9　男生引体向上赋分

等级	单项得分	男生	
		大一 大二	大三 大四
优秀	100	19	20
	95	18	19
	90	17	18
良好	85	16	17
	80	15	16
及格	78		
	76	14	15
	74		
	72	13	14
	70		
	68	12	13
	66		
	64	11	12
	62		
	60	10	11
不及格	50	9	10
	40	8	9
	30	7	8
	20	6	7
	10	5	6

（二）优化提高

一周训练两次，每次从下列动作选择 3~4 个，每个动作 3 组，一组 10~12 个；或者每次路过宿舍楼下看到单杠时，就顺势拉上一组。

助力引体向上：标准引体向上，大多数学生训练初期多难以完成，前期可借助外力训练。搭档站于体后，双手抓握住训练者脚踝，上拉时根据练习者情况，适度向上助力，帮助流畅的完成动作，争取 10 次左右。根据练习者进步，逐渐减少助力，至练习者独立完成；也可用弹力绳助力，将一个环形弹力带一段固定于单杠中间，双脚踩在弹力带下端，增加一个向上的助力，更容易完成。

引体向前：找一低单杠，人面向单杠，双手抓杠，双脚向前走一步，身体绷直于单杠下，斜向前将胸口拉至单杠，缓慢放回起始位置，重复进行。或者与俯卧撑动作接近，用力方向相反。

仰姿引体向前：找一双杠，双手抓握双杠，双脚挂在双杠上，人悬挂于双杠下，发力向上拉，将胸口拉至双杠间，缓慢放回起始位置，重复进行。或者找一低单杠，将双脚抬高，搁在凳子上，也可收到同样的效果。

反握引体向上：是标准引体向上的退阶。反握引体向上，更容易发力，往往是大家先挑战成功的引体向上。其也可作为正常训练的补充动作，在进步到刚能拉上标准引体向上的阶段，若每次用标准动作训练不能完成更多量，为加大进步节奏，则可再多做两组反握引体向上，积累训练量。

屈臂悬垂：静态训练，保持引体向上顶端姿势，保持 30 秒或更长时间。

仰卧下拉：屈膝仰卧于垫子上，双臂伸直上举于头顶，双手掌心向上，虎口相对合托一个哑铃，做直臂下压。仰卧于长训练凳，加大动作幅度，效果更好。使用弹力绳亦可。

俯卧撑：引体向上上拉时大臂内收动作，依靠背阔肌和胸大肌协同完成，这两块肌肉都发展，引体向上才能进步更快，所以提高引体向上成绩，还应训练俯卧撑、卧推等胸部肌群练习，加强胸部的力量。

每次路过宿舍楼下或操场，看到单杠时，就顺势拉上一组，积少成多也会进步很快。测试前不要过度训练，功夫放在平时。

参 考 文 献

[1] 张世榕. 大学体育 [M]. 北京：北京理工大学出版社，2020.

[2] 张明，张毅超. 大学体育 [M]. 北京：人民邮电出版社，2017.

[3] 温一帆. 大学体育 [M]. 广州：暨南大学出版社，2016.

[4] 李光华，杨华南. 大学体育与健康 [M]. 北京：人民邮电出版社，2017.

[5] 张平. 新编高职体育与健康 [M]. 北京：北京理工大学出版社，2021.

[6] 赫忠慧，张凯. 体育与健康 [M]. 北京：北京理工大学出版社，2024.

[7] 靳鲲鹏，顾丽娟. 大学体育与健康教程 [M]. 北京：化学工业出版社，2018.